曹烨程 ◎ 著

新型城镇化背景下我国城乡群众公共体育服务体系的建设研究
——以河北省为例

北京理工大学出版社
BEIJING INSTITUTE OF TECHNOLOGY PRESS

内 容 提 要

本书通过对我国公共体育服务体系现状的全面梳理，基于社会学、管理学、体育学等理论，探讨了城乡公共体育服务体系发展的科学内涵，分析了目前城乡公共体育服务体系发展的困境与价值，构建了城乡公共体育服务体系发展的框架，揭示了我国公共体育服务体系建设中存在的问题，给出了相关瓶颈问题的解决思路与对策。同时，在理论研究的基础上，对河北省部分地市的县区体育公共服务发展的基本情况进行了介绍，提出了城乡公共体育服务发展路径。

版权专有　侵权必究

图书在版编目（CIP）数据

新型城镇化背景下我国城乡群众公共体育服务体系的建设研究：以河北省为例/曹烨程著．—北京：北京理工大学出版社，2017.12
ISBN 978-7-5682-5048-1

Ⅰ.①新… Ⅱ.①曹… Ⅲ.①群众体育-社会服务-研究-河北 Ⅳ.①G812.4

中国版本图书馆CIP数据核字（2017）第311762号

出版发行 / 北京理工大学出版社有限责任公司
社　　址 / 北京市海淀区中关村南大街5号
邮　　编 / 100081
电　　话 / （010）68914775（总编室）
　　　　　（010）82562903（教材售后服务热线）
　　　　　（010）68948351（其他图书服务热线）
网　　址 / http://www.bitpress.com.cn
经　　销 / 全国各地新华书店
印　　刷 / 北京紫瑞利印刷有限公司
开　　本 / 710毫米×1000毫米　1/16
印　　张 / 10　　　　　　　　　　　　　　　责任编辑 / 王晓莉
字　　数 / 201千字　　　　　　　　　　　　　文案编辑 / 王晓莉
版　　次 / 2018年8月第1版　2018年8月第1次印刷　责任校对 / 周瑞红
定　　价 / 52.00元　　　　　　　　　　　　　责任印制 / 边心超

图书出现印装质量问题，请拨打售后服务热线，本社负责调换

前 言 Preface

中国共产党第十八届五中全会公报提出"健康中国"的建设目标。它是一个旨在全面提高全民健康水平的国家战略，而继续坚持发展体育运动、增强人民体质是推动这一国家战略实施的重要组成部分，有利于实现推动经济社会发展与增进人民健康福祉的协调发展，有利于通过加强顶层设计、深化改革和创新，促进体育发展方式转变，使体育发展成果为人民所共享。

2008年北京奥运会是我国竞技体育国际竞争力的卓越展示，由体育大国向体育强国迈进的号召使我国体育事业获得了一个重新审视自身历史方位和发展方略的契机。要建立一个能满足全国人民体育需求的新机制，促进群众体育与竞技体育全面发展、体育事业与体育产业协同发展，构建公共体育服务体系则是其核心与关键。但是与建设体育强国的目标和人民群众的期盼相比，我国公共体育服务在资源配置、体系构建、运行机制和绩效产出方面还存在诸多问题。基于此，五年来，课题组牢牢坚持问题导向，紧密结合国情，把研究重点放在认识我国公共体育服务现状、揭示存在问题以及解决相关瓶颈问题的思路对策上。

我们应该清楚地认识到，"城乡一体化"是我国经济社会发展的一个战略部署，虽然人们对"城乡一体化"普遍关注和欢迎，但对其中的几个问题还缺乏理性认识。中央所提的"城乡一体化"并不是"城乡同一化"，实现"城乡一体化"不是让农村人都成为城市人，不是让农村都变成城市，不是让农民都成为农业工人，"城乡经济社会发展一体化"是指经济社会的城乡相互补充、协调发展，而不是单纯的"农村城市化"。

同时，我国"大城市、大农村"的特殊国情，决定了城市经济社会发展和农村经济社会发展的巨大差异。长期以来，在二元结构和管理体制下，城乡差异形成了两个社会系统和两个经济系统，两者之间缺少真正的经济联系，缺少沟通。由于各地重城市工业经济轻农村经济，缺少对两者经济发展融合的考虑，城乡差别、城乡矛盾、城乡权利隔阂越来越大，影响了国家的整体发展。农村经济发展与城市经济发展相结合，就是要打破原有的格局，让农村与城市不再是互不相干的经济体和社会体，而成为一个有机的整体。要实现上述目标，就要求农村公共设施建设、农村社会文化建设与农村生产生活相适应，而不是盲目地"向城市看齐"。农村生产生活与城市生产生活有着很大的不同，如果片面追求"向城市看齐",不利于农村的可持续发展。因此,"城乡一体化"中的农村公共设施建设,不是让"农村城市化",而是要"构建现代公共文化服务体系,建立公共文化服务体系建设协调机制,统筹服务设施网络建设,促进基本公共文化服务标准化、均等化"。

改革开放以来,我国国民体质持续下降,这迫切需要构建惠及全民的体育健身服务体系、体育公共服务体系。20世纪90年代以来,党中央、国务院多次颁布及制定了关于构建全民健身服务体系的决定、条例。例如,1995年国务院颁布了《全民健身计划纲要》;2002年,《中共中央、国务院关于进一步加强和改进新时期体育工作的意见》发出了大力推进全民健身计划、构建多元化体育服务体系的号召;2009年国务院第77次常务会议通过的《全民健身条例》,明确规定了要"有计划地建设公共体育设施,加大对农村地区和城市社区等基层公共体育设施建设的投入,促进全民健身事业均衡协调发展";2016年,国务院印发了《全民健身计划(2016—2020年)》。从党中央、国务院一系列的举措中不难看出,国家的方针政策就是构建城市与农村协调发展的全民健身服务体系,或者说是构建"城乡一体化"的全民健身服务体系。体育公共服务是全民健身服务的核心,对城乡体育公共服务一体化发展进行理论与实证研究也是顺应国家发展群众体育事业、增强国民体质的体现。

本书结合国家以及河北省公共体育服务发展的实际,提出了城乡体育公共服务一体化发展的策略,如逐步建立覆盖城乡的公共体育财政体制、建立城乡统一的体育行政管理体制、强化城乡体育公共服务一体化发展制度的制定与执行等。

习近平总书记指出,没有全民健康就没有全面小康。对个体生命的存续而言,健康是最基本也是最根本的需求,而发展体育运动、增进健康福祉也成为各国保障公民权益、履行政府职能的基本内容之一,成为社会文明进步的重要体现。全面建成小康社会,必须以人的健康为中心布局,与经济和社会发展的一系列举措协同并进。"健康中国"建设是一项人人参与、人人尽力、人人享有的全民事业,需要学界和业界的全体同人付诸行动。希望本书的出版能铺就一块石阶,让后来者拾级而上,不断在"健康中国"的建设进程中收获硕果。

石家庄学院 曹烨程
2017年10月

目 录 Contents

第一章 公共体育服务的研究框架及内涵 …… 1
第一节 公共体育服务的研究框架 ………… 1
第二节 公共体育服务的内容、类型、特性和作用 ……… 7

第二章 公共体育服务的发展理念及目标 … 22
第一节 公共体育服务理念的演变 ………… 22
第二节 公共体育服务发展理念的确立依据及内容 ……… 26
第三节 公共体育服务发展目标 …………… 31
第四节 实现公共体育服务发展目标的基本保障 … 36

第三章 公共体育设施体系建设 ……… 41
第一节 公共体育设施体系建设的重大意义 …… 41
第二节 公共体育设施建设的基本架构 ……… 43
第三节 公共体育设施发展现状 …………… 44
第四节 公共体育设施发展存在的主要问题 …… 54
第五节 公共体育设施发展存在问题的成因分析 … 65
第六节 公共体育设施发展建设的对策建议 …… 74

第四章 公共体育服务组织体系建设 ……… 84
第一节 公共体育服务组织体系建设的基本状况 84
第二节 公共体育服务组织体系建设存在的问题 98

第三节 公共体育服务组织体系的构建 …… 107
第四节 公共体育服务组织体系的建设发展
　　　　对策 …… 110

第五章　河北省城乡群众公共体育服务发展研究 …… 128

第一节 河北省部分地区城乡公共体育服务
　　　　发展现状调查 …… 128
第二节 河北省城乡一体化规划与公共体育
　　　　服务发展 …… 138
第三节 河北省城乡公共体育服务一体化
　　　　发展途径 …… 143

参考文献 …… 151

第一章 公共体育服务的研究框架及内涵

第一节 公共体育服务的研究框架

一、公共体育服务的理论分析框架

公共体育服务的产生和发展有一个历史进程,在不同的国家及其不同的时期具有不同的形式和内涵。中华人民共和国成立以来,从提供公共工程的公共服务,到人民主权的公共服务,再从市场经济下的公共产品提供的公共服务,到为顾客服务的公共服务,人们对公共服务的认识随着公共服务的实践而深化。公共体育服务在这一发展历程中逐渐进入学界的视野,走进人们的生活。

根据公共体育服务的内涵,结合公共体育服务的特性,公共体育服务可以通过公共部门直接提供,也可以由政府提供,或是政府提供资金支持而由私人部门提供服务。下面从公共体育服务定位,公共体育服务模式、结构与政策,公共体育服务机制与体制,公共体育服务管理四个方面考虑分析公共体育服务的基本理论问题。公共体育服务的理论问题是各国公共体育服务发展中都必须面对的,只是不同国家或地区因处于不同发展阶段,所面对的主要问题处于不同层次,或是虽处于同一层次但发展程度不同。

(一)公共体育服务定位

从我国目前的实际情况来看,公共体育服务重点在于强化政府公共服务职能,强化政府在公共体育服务体制中的主体地位和主导作用。体育公共产品内在的非竞争性和非排他性,决定了政府必须在公共体育服务供给中居于主体地位,这也是我国经济社会发展的必然。

第一,政府体育职能的定位是公共体育服务与产品的提供者、管理者。《中共中央、国务院关于进一步加强和改进新时期体育工作的意见》中明确指出:"大力推进全民健身计划,构建多元化体育服务体系,构建群众性体育服务体系,要坚持政府支持与社会兴办相结合。政府重点支持公益性体育设施建设,群众性体育组织和体育活动以社会兴办为主，鼓励、支持企事业单位和个人兴办面向大众的体育服务经营实体，积极引导群众的体育消费，大力培育体育市场，加强规范管理，逐步形成有利于体育产业发展的社会氛围。"

第二，政府体育职能的本质是提供公共体育物品和服务。2008年北京奥运会后，政府体育职能转移到提供公共体育物品和服务上来，包括全民健身以及相应体育公共设施的提供和保障，切实发挥了体育在教育、国民健康领域的重要地位和作用。

第三，政府体育职能的转变是一个渐进过程，需要政府与社会的共同努力和配合。政府是一个与时俱进、不断变革的政府，这就要求政府体育职能转变采取一种循序渐进的方式，以确保政府发挥积极的作用。政府体育职能的理顺、政府观念意识甚至社会观念意识的转变、市场主体与大众体育消费意识的培育都需要一个在摸索中不断前进的过程。同时，渐进性转变也会产生许多新的问题，如体制转变中存在的双重体制问题、政府体育职能转变中的主体利益冲突问题、政府在提供公共体育服务中培育市场与权力垄断问题等。这些问题的解决和处理都需要一个循序渐进的过程，需要政府与社会共同努力和配合。

（二）公共体育服务模式、结构与政策

公共体育服务模式与社会经济、历史传统有关。在当前的背景条件下发展公共体育服务，首先必须准确界定政府的公共体育服务职能。

公共体育服务结构决定公共体育服务资源的主要投向。一方面，公共体育服务的基础设施、公共体育服务法律体系必须由政府提供，明确中央和地方各级政府在公共体育服务提供方面的职责；另一方面，法律为公共体育服务发展提供财政预算保障。公共体育服务的其他方面可以由政府直接生产，也可以由市场或非政府公共部门生产，政府监管。

公共体育服务政策决定发展价值目标的判断与发展方向的选择。公共体育服务政策的形成过程，实际上是政策主体对复杂的利益关系进行调整的过程。因此，这一过程暗含着各种利益冲突，包括长远利益与短期利益、社会利益与经济利益、政府利益与社会利益等冲突。公共体育服务政策路径选择主要需考虑以下方面：一是从体育事业发展与体育改革的结合上来规划；二是从财力与制度的结合上来操作；三是从公共体育服务供给与需求的结合上来实施；四是从政府与市场的结合上来运作。政府提供公共体育服务可选择的方式：一是规制，政府可通过制定相关制度、规则来提供公共体育服务；二是付费，即政府出钱购买服务提供给居民；三是政府自己生产，即政府生产产品用于公共体育服务。

（三）公共体育服务机制与体制

公共体育服务实践运行机制主要强调在实践中，如何保证公共体育服务的效率和公平，并确定采用什么样的机制来实现这一目的。公共体育服务运行需要考虑以下四个因素。

第一，公共体育服务的地理范围与政府层级间的关系。根据管理范围与地理范围一致的原理，管理单位应该根据公共体育服务的地理范围来设置。公共体育服务的管理单位应该是多范围的，而且是相互联系的。目前，我国公共体育服务的管理基本上是以行政区划为范围，而不是以公共体育服务的地理范围划分管理范围。

第二，公共体育服务的受益范围与政府层级间的关系。不同的公共体育服务的受益范围是不一样的。从理论上来说，所有的公共体育服务都是开放的，向所有的公民乃至外国人士开放，如健身场所、体育公共设施等。公共体育服务的管理范围最好与公共体育服务的受益范围相一致。从政府层级管理关系来看，每一级政府都有自己的受益范围，对于这类公共体育服务，每一级政府都可以自己处理。如果本级政府不处理，而由上级政府来处理，就会出现管理范围过大的问题；如果本级政府不处理，而由下级政府来处理，就会出现管理范围过小的问题。

第三，公共体育服务的成本范围与政府层级间的关系。公共体育服务的成本也有一定的范围。公共体育服务的融资范围，直接关系到公共体育服务资源配置是否适当。对于全国性的服务，全国性的融资范围比较合适；对于地方性的服务，地方性的融资范围比较合适。公共服务管理范围最好与公共服务的成本范围相一致。如果管理范围大于成本范围，则出现局部融资、大范围受益的问题；如果管理范围小于成本范围，则出现局部受益、大范围融资的问题。就转移支付来说，中央拨给地方的转移支付资金，最好直接拨到受益单位，让受益单位直接接受中央拨给的转移支付资金，而不要经过中间环节，以免出现管理范围和受益范围不一致的问题。

第四，公共体育服务的管理范围与政府层级间的关系。公共体育服务往往是通过组织来进行管理的。在计划经济时代，考虑公共体育服务，往往是从政府能做什么入手，而不是将政府服务作为对市场的补充，这种理念塑造了无所不能的大政府。而当前的改革核心是，精简政府职能，使政府撤出可以由市场调节的领域。因此，确定我国公共体育服务管理范围时，应主要着眼于基本职能和中型职能，集中力量办好公共体育服务最基础、最重要的项目，体现"立足国情，抓主放次"的发展策略。

(四)公共体育服务管理

从公共体育产品与服务的资金来源的发展趋势来看，今后的资金来源主要有三种：政府出资、服务收费及非政府公共服务部门参与。要大力促进我国公共体育服务供给过程中的公民参与和需求表达，加强制度化建设和公民意识教育，保障公民的参与权利与参与能力；大力培育基层民主与公民社会，进一步提高公民参与体育的热情，积极反映民众诉求，增强社会自治功能。

(1)政府出资,要提高透明度。经济学家认为,政府应以公共利益和社会福利最大化作为财政支出目标。在社会经济生活中,人们也都希望政府按公共需求及其重要性安排各项开支。公共体育产品与服务的提供作为人类社会特有的活动,就其本质而言,它是社会对大众施加有目的的影响,把他们培养成符合社会要求的人,从而促进人类个体发展和社会整体发展的一种生产活动。公共体育产品与服务领域不仅具有特定的生产、经济功能与价值,也具有十分广泛的社会、政治功能与价值。从这个意义上讲,政府对公共体育产品与服务的社会、政治价值的追求,以及满足社会或国家对这些政治、文化等价值与功能的公共需要,就成了政府为公共体育产品与服务出资的一个主要原因。

(2)服务收费,需符合一定的准则。服务收费是指由市场向居民提供特定服务或实施特定管理所收取的规费以及政府对其所提供的公共产品与服务而直接向使用者或受益者收取的使用费。公共体育产品与服务有偿收费必须符合一定的准则。其一,按照受益的大小来确定收费标准,受益多则多收费,受益少则少收费。公共体育产品与服务大多具有准公共产品特性,部分收益是外部化的,确定收费标准时,应以其私人收益为主要依据,而不应将公共体育服务所产生的社会收益纳入私人收益来确定其收费高低;其二,如果提供公共体育服务的是非政府部门,收费就是以营利为目标的,此时绝不能把收费看作创收手段,收费只是要收回公共体育产品与服务的全部成本或部分成本;其三,应对容易产生"拥挤"的公共体育产品与服务进行收费。

(3)非政府公共服务部门参与,内容是福利、慈善与环保活动。非政府公共服务部门的非营利性决定了它的活动领域——营利部门不愿涉足的领域,以福利、慈善与环保活动方式提供公共体育服务,以特定人群、弱势群体(包括贫困人口、外来务工人员、残疾人士等)、自己的会员、一般公众为服务对象。非政府公共服务部门是我国刚刚兴起的一股社会力量,它的影响力十分有限。随着政府改革的深入和建立服务型政府工作的推进,非政府公共服务部门在公共体育服务领域可以获得更大的活动空间,逐步发展,并成为一种重要的社会力量。

因此,要加强公共体育服务政策制定过程中的公民参与力度,为公民表达公共体育服务需求营造良好的民主环境;要增强政府体育行政部门对公众需求的回应意识与回应能力,提高公民参与的有效性,将公众满意度作为衡量公共体育服务供给效果的根本标准。

二、公共体育服务的系统结构框架

构建公共体育服务系统的最大困难不在于理论上如何成为可能,而在于实践上如何成为可能。公共体育服务自身独特的范式,使其内部存在必要的结构和张力,人们有必要把公共体育服务的范式、系统结构和张力揭示出来。公共体育服务系统至少包括公共体育服务管理系统、公共体育服务规划系统、公共体育服务融资系统、公共体育服务提供系统和公共体育服务绩效评估系统。

(一)公共体育服务管理系统

公共体育服务管理系统结构因政府体制、历史文化和服务内容的不同而不同。公共体育服务管理系统由总体统筹规划层、特定领域和部门管理层、具体服务单位层以及需求回应性处理层构成。

总体统筹规划属于政府核心决策者以及宏观管理部门的决策职能。主要是根据国情以及某一个行政区域内的人口资源和财政能力来确定公共体育服务的总体目标、水平、策略、原则等,并经同级权力机构批准实施。

特定领域和部门管理属于特定领域和部门的管理职能。如社会保障部门、公共基础设施建设部门、群众体育管理部门等,要在政府公共服务部门的总体规划下,具体部署公共体育服务的目标标准以及公共体育产品的生产与供给。

具体服务单位处理属于具体服务单位的执行职能。如体育局群体部门、街道文体管理机构、社区居委会、社区体育服务组织等,它们承担着公共体育服务的实施任务。

需求回应性处理是对特殊需求的回应性处理的反馈职能。即根据一个服务组织明确的承诺规定,通过一个反映途径对某种特别要求提供回应性服务,是百姓反映公共体育服务需求、解决实际困难的有效渠道。

(二)公共体育服务规划系统

公共体育服务规划系统包含五个环节:第一,公共体育服务的环境规划;第二,公共体育服务目标、标准的确定;第三,工作方法的选择;第四,公共体育服务计划的执行和落实;第五,根据监督和反馈的结果以及与结果相关的环境规划进一步完善规划。完善的公共体育服务规划至少包括对目标的说明、方法的选择、执行和落实的行动细节,以及评估标准,这样可以让公共体育服务管理清楚有序。

(三)公共体育服务融资系统

我国目前财政和税收体制实行的是"以分税制为基础的分级财政"。中央政府开支只占总预算开支的30%左右,其余的在四级地方政府之间分配。因此,我国中央和地方政府的事权划分及财政税收体制决定了公共体育服务作为政府服务模式是有层次的,可分为中央、省(直辖市、自治区)、地级市、县(市、区)、乡镇(街道)五个层次。公共体育服务分级供给体制,进一步明晰了各级政府的责任和义务,即中央政府提供的公共体育服务面向全国,地方各级政府提供的公共体育服务面向本地区。公共体育服务融资系统的基本格局是各级政府在事权划分的范围内,统筹本地区,承担起本级的公共体育服务发展职责,也就是说,要承担地方体育场地设施系统和信息供给系统的完善责任。目前,我国公共体育服务的资金来源比较单一,今后将会出现各种形式,比如借贷、收费、公共认缴、经营剩余、自愿捐献、征集、许可证出售等。非营利性组织公共服务模式有助于弥补政府公共服务模式资金不足的缺陷，增加公共体育服务资源运用的透明度和合理性，也将是今后公共体育服务融资系统的重要补充。

(四)公共体育服务提供系统

公共体育服务提供系统的核心问题是提供多少公共服务。公共服务产品的最优供给在财政理论中是最活跃的，也是争议不断的领域。理论上一般假定公共产品的最佳供给条件是萨缪尔森条件，即公共产品对所有受益人的边际收益之和等于其产出的边际成本。

根据我国公共体育服务的现实和今后发展的趋势，公共体育服务将形成分权化、市场化和多中心化的供给方式。理由在于：第一，公共体育产品存在层次性、地区性，由地方政府提供能更好地反映特定的地区偏好，从而有利于体育公共产品供给水平的确定；第二，地方政府相对中央政府来说，在对地区性公共体育服务的提供上具有信息优势，更贴近大众需要；第三，鼓励政府之间竞争，可以提高公共体育服务效率，优化地方政府治理。

公共体育服务供给配置是指一定时期内公共体育服务的提供主体在各种条件下有能力提供某种公共体育服务的数量，包括自我供给、非营利性组织供给和公共部门供给。

自我供给服务是目前我国公共体育服务领域的主要表现形式，这类公共体育供给服务对他人和社会性设施和服务依赖较小。非营利性组织一般只向符合条件的人(如有同类兴趣爱好的会员)免费提供某些特定的公共体育服务。公共部门供给的公共体育服务一般都是纯公共产品或半公共产品，公共体育服务具有消费非竞争性和非排他性。公共体育服务产品的公共性质并不是政府免费供给的全部理由，因为政府并不是对所有的公共产品都免费供给，只有当政府免费提供这类产品的社会收益高于社会成本时，政府才会免费供给。

由此可见，我国公共体育服务供给有公共服务模式和市场服务模式两种。公共服务模式主要面向社会公共需求，以公益性和非营利性的方式运作，保障大众享有公共体育服务的权利。市场服务模式主要面向私人，采用市场化运作，满足私人的个性化需求和消费需求。

公共服务模式和市场服务模式是相互补充、相互依存的关系，它们在公共体育服务上具有不同的功能并发挥不同的作用，随着社会政治、经济和文化的发展，人们服务需求的变化，两者将呈现出动态变化趋势。

(五)公共体育服务绩效评估系统

到目前为止，我国还没有针对公共体育服务的专门和系统的绩效评估体系，我国政府领域的绩效评估尚处于初级阶段。公共体育服务绩效评估系统主要考虑以下两个方面：

第一，公共体育服务的绩效评估。虽然公共体育服务的效率不能像普通产品生产效率那样用货币形式准确度量，但是，公共体育服务的效率，即服务的投入和产出还是可以度量的。公共体育服务主要借鉴政府（公共服务）绩效评估的几种主要方法，例如，美国的"3E"评价法，即评价公共体育服务的经济性、效率性、效果性并重的方法，从单一指标扩展到多重指标等；英国的绩效信息投入、产出与效果评估方法等，既定的投入和成本带来产出和收益的变化，或者既定的产出和收益的投入与成本的变化，都反映出公共体育服务的效率状况。对既定成本的某项公共体育服务，完全可以知道做了哪些事，使多少人受益；对既定收益的公共体育服务，完全可以知道投入了多少人力、物力和财力。

第二，公共体育服务的公平度评估。社会公平有三层含义：机会平等、规则平等和结果平等。机会平等是社会公平的前提，规则平等是社会公平的保障。在公共体育服务领域，既要注重机会平等和规则平等，更要注重一定程度上的结果平等。原因在于，公共体育服务以公共利益为目标、以满足公共需求为目的，必须强调一定程度上的结果平等或平均分配（目前国家强调的基本公共服务均等化理念），即所有地区和所有个人都应该享受到同一基准或同一水平以上的公共服务供给。当然，机会平等和规则平等并不是绝对的，机会和规则总是相对于一定群体的，如某些体育竞技项目是按年龄段、重量级、性别组来划分的。对所有人给予同样的机会、实行相同的规则是不可能的。公共体育服务的机会平等和规则平等同样具有相对性，群体间存在差异和区别对待不可避免。

第二节 公共体育服务的内容、类型、特性和作用

一般而言，公共服务具有三个层面的含义：其一，国家是公共服务型国家，其所作所为都是提供公共服务；其二，政府是公共服务型政府，其所作所为都是提供公共服务；其三，公共服务是政府的主要职能之一，有其具体的内容和特殊的形式，并且与政府的其他职能相区分。

2006年10月，中国共产党第十六届六中全会审议通过了《中共中央关于构建社会主义和谐社会若干重大问题的决定》，确定了2020年构建和谐社会的目标和主要任务，其中包括"基本公共服务体系更加完备，政府管理和服务水平有较大提高"，提出逐步形成惠及全民的基本公共服务体系，把建设服务型政府作为重要内容。

公共服务体系主要是指以政府为主导、以提供基本而有保障的公共产品为主要任务、以全体社会成员分享改革发展成果为基本目标的一系列制度安排，这些制度安排主要表现为政府主导、社会参与体制创新。内容包括提供公共基础设施，创造就业岗位，完善社会保障体系和社会福利体系，促进教育、科技、文化、卫生、体育等公共事业发展，也包括宏观调控、市场监管、发布公共信息等。其涵

盖市场难以有效提供的公共物品、自然垄断和外部经济等。

2008年2月，时任中共中央总书记的胡锦涛在政治局第四次集体学习时的讲话指出，对基本公共服务体系的建设构想包含三个层次：第一，公共服务体系建设建立在经济发展的基础上，应依据经济发展程度和水平，逐步建设。公共服务体系建设的指导思想是惠及全民和公平公正，但建设步骤要把握水平适度、可持续发展的原则。第二，基本公共服务均等化，是公共服务体系建设的长远目标，也是服务型政府建设的重要价值追求，但也需要逐步实现。应围绕逐步实现基本公共服务均等化的目标，协调处理好公共服务的覆盖面、保障和供给水平、政府财政能力三者之间的关系。第三，公共服务体系建设的关键是创新公共服务体制，改进公共服务方式，形成公共服务供给的社会和市场参与机制。通过公共财政、社会组织、企业与家庭的合作，发挥和体现财政资金的公益性价值，提高公共服务的质量和效益。

针对上述认识，在我国现有国情背景下，界定公共服务的内涵还要考虑三个思维角度。第一个思维角度，从物品的角度，即根据物品的特性来界定公共服务。从19世纪末开始，西方经济学一直按照用物品特性解释公共服务的思维逻辑前进，从"公共物品"，到"准公共物品"，再到"有益物品""混合物品""中间物品"等，物品分类理论不断丰富，其目的无非是用物品的规定性解释公共服务。从认定"公共服务就是提供公共物品"，到认定"公共服务不仅仅提供公共物品"。第二个思维角度，从政府的角度，即根据政府的特性来界定公共服务。由于现实中政府提供的各种物品规定性存在明显差异，用物品的规定性界定公共服务的解释力和概括力受到限制，人们转而寻找概括公共服务的捷径。虽然政府服务不是公共服务的全部，但政府是重要的公共部门，政府服务无疑是判定公共服务的重要标尺，以政府服务为基准界定公共服务成为一种重要方式。第三个思维角度，从服务的角度，即根据服务的特性来界定公共服务。有人认为，公共服务是一个有着特定含义的概念。公共服务是指为社会公众提供的基本的、非营利性的服务。第一，公共服务是大众化的服务。公共服务不是只为特定少数人提供的服务。第二，公共服务是基本服务。人们日常生活中离不开水、电、气、安全、教育、文化等方面的服务，否则，人们就不能正常地生活。公共服务是满足人们日常生活中基本需求的服务。第三，公共服务是内容广泛的服务，公共服务既要提供物质产品（水、电、气、路、通信、交通工具等），又要提供非物质产品（安全、医疗、教育、娱乐等）。并且，公共服务是一种低价位的服务，以保证人们能够持续性消费。

鉴于我国目前的社会发展实际，应使用广义的公共体育服务概念，即公共体育服务就是提供体育公共产品和服务行为的总称，包括加强体育公共设施建设，发展体育公共事业，发布体育公共信息等，为丰富社会公众生活和参与社会体育活动提供社会保障与创造条件。体育公共产品和服务是整个社会共同消费的，由政府和市场提供。

第一章 公共体育服务的研究框架及内涵

一、公共体育服务的内容

公共体育服务是一个体现公平、公正、公益,且能够为广大市民提供基本体育服务的体系,是一个保障市民体质和健康水平并使之得到普遍提高的体系,是一个政府领导、部门组织、行业合作、社会兴办的多元体系。其实质是把影响公共体育服务的相互作用、相互制约的多种事物整合成一个有机整体,使资源配置最优化、管理工作规范化、服务效益最大化,从而保障广大市民享有基本的体育服务。基于较为普遍的认识,并从通常政府施行公共管理的角度来看,公共体育服务的内容可以归纳为以下几个方面。

(1)健身设施服务。加强对各级各类公共体育设施的管理,规范服务标准,扩大服务范围,建立包括学校体育设施和社会体育设施的体育服务网络,实行多层次、多时段、多种优惠的多元化服务,为市民提供便利。

(2)健身组织服务。增加体育组织尤其是室内基层体育组织的数量,扩大有组织活动的体育人口。提高健身组织服务质量,加强对群众性体育组织、体育团队的管理,帮助自发性体育群体提高自我组织和管理能力。开展体育援助服务,培育和发展体育社团,建立体育骨干培训、培养体制,鼓励有组织地进行体育活动。

(3)体质监测服务。加强对市民体质研究和体质监测,建立市民体质监测服务系统,形成市民体质监测的预警机制,实施体质监控和追踪研究,定期公布体质监测结果,引导市民关注体质。

(4)健身指导服务。加强体育健身咨询、体育健康指导,促进科学健身指导工作,提高市民健身科学化程度。推行公益性和职业性社会体育指导员制度,加强社会体育指导员培训,实行分类指导和体育教学服务。

(5)体育活动服务。积极开展形式多样的群众性体育活动,丰富体育活动内容,提高体育活动效果。大力提倡体育项目创新,积极引进新型体育项目,对深受群众欢迎、有较好健身作用的新型体育项目进行资助。鼓励举办各种体育竞赛、展示、表演活动,鼓励市民参与。

(6)信息咨询服务。强化体育宣传教育,为市民提供体育情报及咨询服务,建立包括互联网、电话热线、市民信箱、广播电视、报纸、杂志等多渠道信息沟通网,加强体育服务信息化建设。以信息服务为主,构建公共体育服务平台,方便市民获得体育服务。

二、公共体育服务的类型

我国自改革开放以来,一直将公共部门的改革作为推进经济体制改革的重要组成部分,先后制定了一系列有关教育、科技、文化、体育、卫生等公共事业领域管理体制改革的政策,推行了一套由政府主导、市场参与和扩大融资渠道的公共服务与基础建设管理体制。这些改革的推出,在实践中确实取得了一定的成绩,但是也暴露出很多问题，主要体现在：政府公共服务部门管理体制陈旧，管理手段单一，不能满足推进公共服务多元化供给机构的管理要求；公共服务部门组成以政府机构为主体，形式单一，对于公共领域的社会多元化参与控制严格，或者进入门槛较高；公共事业部门在推行市场化过程中推行公共产品和服务（如教育、医疗等）收费制，阻碍了低收入人群获得必要的服务；地区经济差异性和收入差异性不断扩大，行政"条块"垄断和地方财力的不同使得各地的公共服务供给水平参差不齐，管制法律法规体系的建设也相对缓慢等。

西方新公共管理和新公共服务改革的实践经验表明，提升公共服务的有效性、公平性和可选性，并不是一个简单地将公共服务供给的任务交给政府或交给市场的问题，而是一个实现公共服务供给主体多元化的问题。

政府和市场在提供公共体育服务方面各有其优势和不足。公共体育服务由什么机构供给更为有效，并不在于"公营对私营"的问题，本质在于"竞争对垄断"的问题，在于对公共体育服务进行合理的区分，并依此实行不同的公共体育服务供给机制。有研究表明，我国公共体育服务面临的供给困境主要体现为："公共体育服务供给的主体单一，公共体育服务供给的对象有限，公共体育服务供给的总量不足，公共体育服务供给的结构失衡，公共体育服务供给的方式简单和公共体育服务供给的制度缺乏等。"

在传统观念中，公共体育服务是第三产业服务业中的免费部分，即最狭义的服务业。受众的全民性、需求的普遍性、供给的（政府）垄断性、交易的免费性、管理的政治性（作为政治任务来完成）构成了公共体育服务概念的应有之义。如果囿于这样的理解，政府就不能从公共体育服务唯一直接供给者的角色中脱身，非政府组织也就没有进入公共体育服务业的空间和动力。因此，需要科学地对公共体育服务的概念做出新的归纳。但是公共体育服务包括哪些内容，仍是众说纷纭。

我国现行的统计口径，主要是把公用事业，居民和服务业，卫生、体育、福利救济业，教育、文化、广播电视事业，科学及技术综合服务业列入社会公共服务业的统计范围。这种统计方法为人们清晰地勾画出公共体育服务的外延，而且为人们正确地把握公共服务的内涵提供了两组线索。一组是公共服务的基本性与选择性，另一组是公共体育服务的营利性与非营利性（志愿性）。前一组属性是说公共体育服务既有关于公民生活之必需的，又有属于公民根据各自的情况选择的；后一组属性是说公共体育服务有些确实是要免费向公民提供的，或者仅为维持性收费，有些则是可以产生利润的。如果将两组属性组合起来，就形成了公共体育服务的新类型。

由于政府公共服务的分类方法很多，本书结合上述公共体育服务的概念，采用一种比较实用的分类方法，从公共体育服务的发展过程、理论基础和实际运行过程的角度，将公共体育服务分为维护性公共体育服务、基础性公共体育服务、经济性公共体育服务和社会性公共体育服务。

(1)维护性公共体育服务。维护性公共体育服务是保证公共体育服务存在和运行的政策保障与管理体制的服务模式，如政府的一般体育行政管理、公共体育服务的法律法规、公共体育服务的政策、政府实施公共体育服务的模式等。

(2)基础性公共体育服务。基础性公共体育服务是指公民及体育组织从事体育娱乐活动等需要的，有某种政府行为介入的基础性服务，如提供体育设施、体育活动场所、体育经费等。

(3)经济性公共体育服务。经济性公共体育服务是指通过某种政府行为的介入，由非政府公共部门提供的无偿服务或有偿服务，如体育科技推广、体育咨询服务、提供体育信息等。丁元竹认为，中国非政府部门实际在很大程度上承担着公共服务的职能，超过这个范围去从事其他活动的很少。中国非政府公共部门基本提供完全无偿的服务，仅有少数组织(3.7%)提供的是完全有偿服务，同时有39.5%的组织提供一定补偿(来补偿经费不足)的服务活动。

(4)社会性公共体育服务。社会性公共体育服务是指通过某种政府行为的介入为公民的体育生活、身心健康的发展与体育文化娱乐等社会性直接需求提供的服务。此类服务的最大特点是具有体育"公民权利"的性质，体育权利作为一种基本人权，它和实现公民的政治、经济和社会权利一样，依赖于政府主体作用的发挥，构成了政府最基本的职责之一。社会性公共体育服务对公民享有平等的公共体育服务目标给予了高度关注，在社会性支出的分配中居于重要地位。社会性公共体育服务与经济发展有关，只有在经济发展达到较高阶段以后，公民才可以享受到较高水平的社会性公共体育服务。

三、公共体育服务的特性

公共体育服务作为市场经济条件下政府组织提供的公共产品，除了具有理论上公共产品的基本属性外，在实践中通常还具有以下几个特性。

(1)公共性。由于政府普遍实行分级管理，所有公共体育服务尽管通常是有区域范围和供给对象边界的，但在同一范围内、同类对象条件下应当是共同享有的，在消费上是非歧视的。公共体育服务要均等公平分配，逐步消除差别，以保障和服务于全体公民的基本定位，保障人人享有基本体育服务，如要对公共体育设施和活动进行均衡布局、同步开展，使所有人都能享受到政府提供的同等程度的公共体育服务。

(2)福利性。公共体育服务多带有社会福利色彩，表现为政府对纳税人的福利承诺和公共利益维护方面的责任。公民享有公共体育资源的多少不取决于其身居何地、纳税多少，与公民享有的基本权利一样，既不能被剥夺，也不存在特权阶层，而是民主化国家必须具备的政治精神。它基于这样一种思想，即公共政策应最终提高大多数人的福利而不只是几个人的福利。从公共体育服务发展的趋势来看，其福利性主要是保障市民享有基本的公共体育服务。政府提供的公共体育服务总体是免费的，不排除一些活动收取一定的费用，但经过政府补贴，也具有公益性质，以体现对公民的关怀。

（3）便利性。政府提供的公共体育服务是近距离的、经常化的服务，随时随地可以获得，更利于满足公民对体育服务的需求。这种服务对弱势群体增强体质、促进健康起"雪中送炭"的效果，远远大于"锦上添花"的效果，体现出政府基本的社会关怀。

（4）多样性。多样性表现在多个方面：一是提供的服务的丰富性，满足所有成员各种各样的体育需求；二是服务对象的多样性，服务要考虑惠及不同群体，提供多样的公共体育服务；三是组织管理的多元性，建立健全以政府部门为主导，以体育总会、项目协会、行业协会、文体站、社区体育协会为基础，以社会体育指导员和志愿者为骨干，以各种健身、休闲场所为依托的多元化组织管理系统；四是提供信息的多渠道，科学健身需要正确引导。

（5）增值性。公共体育服务是投资于人，并且是对全体国民的整体投资，具有人力资本再生产的特性。与一般的资本再生产相比，公共体育服务的投资收益往往是潜在的、非直接的，并且不容易量化，但它的整治效果还是存在的。

（6）演进性。公共体育服务随着经济发展水平的变化而变化。现代公共体育服务作为政府的主要职能，是随着工业化和城市化的发展而出现的。与时俱进是公共体育服务的一个重要特征。这种演进性表现在：社会对公共体育服务的需求随发展的变化而变化；公民对公共体育服务的需求呈现出由物质需要向精神需要、由单一需要向多方需要、由低层次需要向高层次需要发展的过程。政府提供公共体育服务的能力也呈现出由弱到强的趋势，公共体育服务的具体组织供应方式随着市场机制的完善也在不断变化。

四、公共体育服务的作用

（一）公共体育服务在经济发展中的作用

在经济发展的不同阶段，公共体育服务具有不同的作用。在以人均 GDP 为主要指标的经济增长过程中，公共体育服务起到了重要作用。特别是人均 GDP 达到 8 000 美元之后，向人均 10 000 美元增长的过程中，基本公共体育服务与经济增长之间具有一种互动与相互作用的基本机制和规律。基本公共体育服务，除了对于人的发展具有本体性的基础作用之外，更重要的是对经济社会的可持续发展发挥着巨大的推动作用。市场经济发展史表明，经济增长主要有两种方式：一种是以产权保护公共服务和市场秩序公共服务为平台的传统增长方式；另一种是以人力资本投资公共服务、社会保障公共服务和科技创新的公共服务来促进经济增长。公共体育服务在经济发展中的作用表现在以下三个方面。

第一，公共体育服务有助于推动经济增长。一方面，在健康和教育领域的公共体育服务供给，有助于促进人力资本积累，替代物质资源的投入，提高劳动生产率和资源的利用效率；另一方面，公共体育服务的供给，特别是基本社会保障水平的提高，有助于提高居民的健康水平，减少居民的预防性储蓄，促进消费，扩大内需。这都是新时期推动经济发展方式转变和经济结构优化的重要因素。

公共体育服务作为人力资本投资的重要组成部分，是国家"以人为本"理念的重要实践。公共体育服务关注人、爱护人、尊重人，对人的发展起着积极的作用，是对人的健康投资、未来投资，是提高劳动生产率、促进经济发展的重要保证。当前，以公共服务为重点的政府消费已成为政府宏观调控体系的重要组成部分。各级政府调整财政支出结构，增加与民生密切相关的公共产品供给，既可以有效地降低投资，减少政府支出对竞争性领域产生的"挤出效应"，又可以拉动消费，保持宏观经济的稳定。

第二，发展公共体育服务，是缓解社会矛盾、促进社会公平的重要手段。当前，民生问题与公共体育服务直接相关。公共体育服务作为社会保障公共服务的重要组成部分，是每个公民享有的社会福利权利的体现。目前，我国政府确立公共服务的原则是：体现人文关怀的人本原则；体现公共性和广覆盖的普遍性原则；保证公民享受同等公共服务的平等性和非歧视原则等。在确保每个公民享有国家福利的同时，不断提高公共服务质量和水平，使人人都享有基本公共体育服务，从而在促进经济增长的同时达到社会公正的效果。把要完善的公共体育服务保障制度作为政府体育职能的主体，逐渐建立覆盖全体劳动者的公共体育服务保障体系。

第三，公共体育服务是促进体育消费的有力杠杆。在社会主义市场经济改革的进程中，体育产业伴随体育市场的形成与发展，体育消费业已成为一个日益重要的消费市场。体育市场的产生以经济发展和人们消费观念的转变为前提。现阶段我国的经济总量呈现持续增长的势头，因此，进一步加快体育消费的市场化进程将是一个客观趋势，会让潜在的、巨大的体育市场催生一个繁荣的体育产业。

中国社科院 2010 年《社会蓝皮书》预测，到 2020 年年底，我国人均国民生产总值将接近高收入国家水平。国民的教育、医疗、通信、旅游、文化等消费支出的比例迅速增加，而这也将促进体育消费的增长。体育消费从本质上讲属于满足人们享受和发展需要的消费，我国目前将实现由第二步发展向第三步发展战略的转变（由小康社会向中等发达国家过渡）。这个时期是消费结构发生重大变革的时期，总的趋势是人们对物质消费品的需求增势将会减弱，面对服务消费品，尤其是与人的健康和生活质量提高直接相关的服务消费品需求将会迅速上升，这将极大地促进体育消费和人们对健康关注的消费。国家统计局"十七大到十八大经济社会发展回顾系列报告"统计表明，城乡居民生活明显改善，服务性消费的需求不断上升，居民消费支出逐步向服务性消费支出分流，2015 年城镇居民人均服务性消费支出比 2011 年增长了 45%。体育性消费资料形式包括服务形式的消费资料、实物形式的消费资料、精神产品形式的消费资料。此类物品消费与公共体育服务产业链条内的体育产品属于替代关系，对于扩大服务消费需求、促进我国经济快速增长有着重要的作用。

(二)公共体育服务在社会发展中的作用

联合国《世界人权宣言》认为，公民有权享受"为维护他本人和家属的健康与福利所需的生活水准，包括食物、衣着、住房、医疗和必要的社会服务"。公民享有公共体育服务是现代民主政治制度的基本体现，公民享有公共体育服务的权利由政府履行公共服务义务来保障与实现。人们享受到的公共服务水平从一个侧面反映了一个国家或地区的经济社会发展水平。一定历史时期的社会发展状况都可以在公共服务这个断面得到集中的展示。公共体育服务作为满足社会公共需要的基本途径，其在现代社会中的作用主要体现在以下五个方面。

第一，公共体育服务以满足人的公共需要为逻辑出发点，是社会良性运行和发展的基础。人的发展是社会发展的目的，人是社会主体，社会结构是社会客体，人与社会结构正是这样一种社会主体和社会客体的关系。人（社会主体）的发展是目的，而社会结构（社会客体）的发展是手段。手段服务于目的，社会发展最终要为人的发展服务。在社会发展的实践中，公共体育服务的出发点是立足于人的发展，包括人的生存状态的改善和各方面需要的实现。恩格斯强调指出，社会发展应包括"物"的生产和"人"的生产两方面。其中，"人"的生产更为根本，因为"物"的生产归根到底是为了人，如果社会发展中忽视人的价值，社会发展就会出现畸形。而人的发展主要有三项内容：一是人的基本需要满足；二是人的素质提高；三是人的潜能发挥。而公共服务归根到底是为了促进人的全面发展，确保人人享有健康。公共体育服务属于维护公民健康的有力手段，政府应保证一定数量和质量的基本公共体育服务提供，保证基本公共体育服务的平等性。

第二，公共体育服务通过满足人们物质和精神方面的需要，使得社会获得存在的合法性依据。生产力是社会发展的根本动力，而需要和利益是社会生产不断向前发展的内在动因。任何社会变革归根到底都必须重新调整人们的利益关系，以促进和推动社会生产的发展，在物质生产力发展的基础上不断改善人的生存条件、生活质量，提高人的素质，以满足人们对体育文化的需求。公共体育服务的提供，意味着文化服务的数量增长和人们能便捷地接触文化。

第三，公共体育服务是维护社会公平的具体体现。促进社会和谐，就要按照民主法制、公平正义、诚信友爱、充满活力、安定有序、人与自然和谐相处总的要求和共同建设、共同享有的原则去做。中共十七大提出了"实现基本公共服务均等化"这一重要方针，从国家现有的经济实力和财力看，也具备了促进基本公共服务均等化的条件和能力。公共体育服务的建设和发展，是实现社会公平、推进基本规范均等化的最好实践。公共体育服务具有提高生活质量、提高整个社会满意度的作用，是整个社会公共价值与社会团结的基础，也是社会效益最大化的基础，能提高社会凝聚力，促进民族团结。

第四，公共体育服务既具有社会效益，又具有经济效益，是推动社会发展的重要手段。公共体育服务不仅可以为社会的发展提供稳定的社会环境，而且具有经济效益，与经济发展存在一种互补关系，是推动社会发展的重要手段。

第五，加强公共体育服务，构成深化改革的重要内容。就现阶段而言，加强政府公共体育服务职能，与进一步促进经济又好又快发展一样，构成新时期体育改革的动力来源。当前，全社会体育公共需求的全面快速增长，对建设服务型政府提出了迫切要求，构成了新时期体育改革和创新的重要推动力。

(三) 公共体育服务对人类健康的促进作用

"享有长寿"（而不是壮年时就过早死亡）以及在活着的时候享受好日子（而不是过着一种痛苦的、不自由的生活），是每个人都珍视而且向往的。"良好的健康状况既是人类发展最根本的目标，又是加快发展的手段"，也是增进国民福利的一种有效方式。世界卫生组织早在成立之初，就在《组织法》中明确规定："健康是人类的一项基本权利，各国政府应对其人民的健康负责。"随着社会的发展，世界卫生组织关于健康的定义及其内涵的阐释也在不断丰富。1964年提出"健康不仅是没有疾病或是体质强健，而且是生理和心理的健康，以及社会的福祉和完美状态"。1977年第30届世界卫生大会提出"2000年人人健康"的卫生战略目标。1978年国际卫生保健大会通过《阿拉木图宣言》郑重声明："健康是人类一项基本权利。健康不仅是无疾病或身体不虚弱，而且是身心健康、心理健康、社会适应良好、道德健康、社会幸福的完好状态。达到尽可能的健康水平是世界性的一项重要社会目标。要实现此目标，除卫生部门外，还需要其他社会部门和经济部门共同行动。"躯体健康一般指人体生理的健康。心理健康一般有三个方面的标志：第一，心理健康的人，人格是完整的，自我感觉是良好的，情绪是稳定的，积极情绪多于消极情绪，有良好的自控能力，能保持心理上的平衡。有自尊心，自爱，有自信心，而且有自知之明。第二，一个人在自己所处的环境中，有充分的安全感，能保持正常的人际关系，能受到别人的欢迎和信任。第三，健康的人对未来有明确的生活目标，有切合实际的进取心以及理想和事业上的追求。社会适应良好指一个人心理活动和行为能适应当时复杂的环境变化，为他人所理解，为大家所接受。道德健康最主要的是不以损害他人利益来满足自己的需求，要有辨别真伪、善恶、荣辱、美丑等是非观念，能按社会认为的规范的准则约束、支配自己的行为，能为人们的幸福做贡献。

人的一切活动都必须建立在健康地活着的基础上，健康是社会成员的本能要求，也是参与市场竞争的资本，更是经济发展的重要保证。健康状况的改善是一个国家、社会发展进步的直接体现，公平的医疗保障制度具有维护社会稳定、促进经济发展、调节社会收入分配等作用。

众所周知，影响健康的因素是多方面的，如遗传、自然环境、营养、生活习惯、药物以及体育运动等。另外，人格特征、社会环境等也是影响健康状况的重要因素。谁也不会期望单靠体育乃至学校教育控制营养、生活习惯以及遗传或自然环境等对学生健康状况产生重大影响的因素。公共体育服务对健康的促进作用，只有在上述因素的密切关联中才能发挥作用。

公共体育服务对人类健康的促进是指抽象概念上和整体意义上的关系。应该以人为本，以人的发展为中心，考虑生理、心理、社会等要素的相互促进和相互影响。

1. 公共体育服务与人类健康的关系

(1)抽象概念意义上的理解分析。按照世界卫生组织提出的健康定义，健康首先应该表现为无病。如果健康作为健全状态的一方来理解，与其对立的另一方就是患病。从实践来看，无论怎样科学和全面的体育运动方式和方法，都不能像医学那样救助人的生命。尽管生命体的存在本来就表现为运动状态，运动是生命的存在方式，但基于健康所需要的运动也绝不是奥林匹克选手所参加的那类运动。人类为了健康而进行的体育运动，实际上是对生命体存在状态的回归。也就是说，运动不足导致疾病的发生是由于人处于非自然状态。所谓"参加体育运动有助于增进健康和减少疾病的发生"，不过是从运动不足这一非自然状态恢复到自然状态的过程。因此，公共体育服务对人类健康的促进在不同的社会层面，有其不同的本质联系。

第一，公共体育服务与人的社会健康。社会健康指的是与他人及社会环境相互作用、培育满意的人际关系和实现社会角色的能力。社会健康包括参与社会，为社会做出贡献，与人和睦相处，建立起积极的相互依靠的关系。健康的概念不再局限于传统的个人健康概念，而已扩展为单个人的健康与社会健康和环境健康之间复杂的相互关系。这一概念的变化导致了对健康促进事业的强调，健康促进就是要通过提高个人的健康知识和技能水平，改变他们的环境，培养更健康的生活方式，以增进其健康水平。公共体育服务促进社会健康有其独特的不可替代的作用，公共体育服务与社会健康的关系显而易见。

第二，公共体育服务与个体健康。目前还无法从躯体上、精神上、社会上都健康的角度来判断健康程度，只是用医学临床检查有无疾病及程度来推断健康的程度。另外，一般认为体力被当作人类身体活动基础的身体能力，是健康的另一种定义。目前，明确表示体力与健康这两者的关系是困难的，但在维持健康上需要一定的体力是人们的共识。在构成体力的要素中，与健康关系比较密切的是耐力、肌力、肌耐力等。个体健康的另一个标志是体质，体质既反映着人体的生命活动的水平，也反映着人的身体运动水平。生命活动是身体的运动基础，反映着人的自然属性，身体运动又是生命运动得以充分发展的必然条件，从某种程度上反映着人的社会属性，两者是统一的。

国际标准体质测定指标包括医学检查、生理功能测定、人体形态学、身体成分和运动能力的测定四部分。体质、体力指标的测定及其水平能力的体现，基本是通过体育活动展现出来的，因此，体质、体力与体育有本质联系。

健康者必须以一定的体力为基础,而健康者的体质又各不相同。健康的前提是体质良好,并有一定的体力基础,同时体现为社会心理稳定、精神状态良好。可见,体育对增进个体健康具有重要作用,于是公共体育服务就显得尤为重要。

第三,公共体育服务促进人的心理健康和社会适应。体育锻炼有助于身体健康,是人所共知的事实。有些人在体弱、身体状况不佳时,除了服药打针外,也会考虑通过体育锻炼来增强体能,恢复健康。当人在学习、工作或生活中遭受挫折而情绪低落,或出现明显的心理障碍时,却很少会想到通过体育锻炼来改善情绪,消除心理障碍。实际上,体育锻炼既是身体活动,又是心理活动和社会活动,因此体育锻炼不仅有利于身体健康,而且对人的心理健康和社会适应能力具促进作用,能提高人的满足感和生活质量。体育促进心理健康主要表现在改善情绪、提高智力、确立良好的自我概念、培养坚强的意志品质、消除疲劳等方面。因此,喜好体育锻炼并从中获得乐趣,是体育锻炼产生良好心理效应的最重要因素。

为了维护身心健康,人们既需要营养、体育锻炼、休息和其他生理方面的满足,也需要通过安全、友谊、爱情、亲情、支持、理解、归属和尊重等人际关系获得心理方面的满足。从一定意义上讲,良好的人际关系是生命所需要的非常宝贵的滋补剂,体育锻炼能增加人与人之间接触的机会。通过与人交往,可以使个体忘却烦恼和痛苦,消除孤独感,并提高自己的社会适应感。由此可见,公共体育服务能促进社会交往活动,并且公共体育服务的社会交往特性又会吸引人参与和坚持体育锻炼,促进人的心理健康和社会心理稳定,进而提高锻炼者的社会适应能力。

(2)整体意义上的理解分析。尽管公共体育服务与人类健康在抽象概念上有着十分密切的关系,但体育规律表明,人体运动时总是作为一个有机的整体在活动。通过运动中枢发放冲动到所支配的肌肉,肌肉收缩牵动骨骼绕关节转动产生运动。任何体育活动,不仅是运动器官在活动,心血管、呼吸、泌尿、内分泌、感觉系统以至全身各组织、器官都会发生相应的机能变化,在神经系统的指挥下,相互配合进行运动。由于体育运动能促进全身从整体—系统器官—细胞分子统一协调地锻炼,人体各级机能得到全面提高。就人的生物体而言,体育促进着低级功能对高级的纵向服从和横向协调。它作用于人体,使之产生良好的健康效应,其价值不在于以往人们所描述的某一局部特征,而在于通过主动运动,使人体各个层次得到全面锻炼。因此说,公共体育服务是促进人体健康水平全面提升的最佳手段。

第一,公共体育服务提升了人在健康问题上的高度协调性。人作为客体是生物的人,作为主体又是社会的人。在人类社会历史发展的进程中,人以客体存在为基础,通过主体及其主体意识去推动社会及自身的发展。就人的存在而言,人的生物功能要服从社会功能,即要不断调整生物功能以适应社会功能的需要,两者之间这种主从关系如果不能协调发展,就会产生疾病。虽然人本身具有适应性,但良好的适应能力还需后天的锻炼和提高,这建立在系统的体育锻炼基础上。一方面,体育锻炼能改善人的生物状况和机能,奠定适应社会的生物学基础;另一方面,体育锻炼能弥补和纠正由于生物功能对社会功能适应而形成或产生的负面影响。所以,就人的双重性而言,体育能使人的社会性与生物性在健康问题上高度协调。

  第二,公共体育服务能促进人的心理健康,有助于社会心理稳定。研究结果表明,身体活动是保持或增进心理健康、消除心理疾病的一种重要方法。心理健康是构成人的健康的重要部分,而任何条件下进行的体育活动,必然会使人产生显著的心理活动。情绪状态是研究者用来检查身体锻炼对心理健康影响的最主要指标,情绪效应包括短期情绪效应和长期情绪效应。身体锻炼的情绪效应主要表现在:一方面,它与心理自我良好感正相关;另一方面,长期身体锻炼对焦虑、抑郁有治疗作用。并非任何形式的身体活动都能产生相同的情绪效益,只有科学的身体活动和(或)身体锻炼才与适当的心理效益相联系。通过群体的体育活动,增加人与人之间的接触,使社会交往增加,有助于消除孤独症,并从中获得社会需要感的满足,促进心理健康,从而形成社会心理稳定。

  第三,公共体育服务在现代生活中是增进健康的特殊生活方式。现代化是人类社会变迁的共同趋向。这种社会变革是需要现代化的人来设计、操纵和变革的。所以,人的现代化是社会现代化的承担者。然而,人的现代化不是从天而降的,它需要人的生物性、社会性以及附属于两者之间的意识性(心理)与未来社会发展趋势相一致的立体转化。公共体育服务是人类生活的一个组成部分,所以责无旁贷地肩负起了促进人的现代化过程的重任。一方面,健康强壮的身体是适应现代化的物质基础;另一方面,现代化的人要追求现代化的社会生活,追求文明、健康、科学的生活方式。社会生活科学化为公共体育服务的发展创造了优越的物质基础和发展空间,使其发展日益多样化,适合各类人群的需要。因而公共体育服务不仅成了人们现代生活方式的一个组成部分,而且改变了人类的生活方式。它调节并改变人们由于饮食、营养、文化娱乐、闲暇生活、作息习惯等长期不合理积累形成的生活方面的不健康效应,调适人们生活中家庭、社会交往等的心理、行为。就现代人的生活及其追求方式而言,公共体育服务是增进健康的特殊生活方式。

2. 公共体育服务促进人的整体健康

  健康是人类社会生存发展的一个基本要素,没有健康就一事无成。因此,健康既属于个人,又属于社会。人们对健康的认识,是随着科学的发展和时代的不同而变化的。以往人们普遍认为"健康就是没有疾病,有病就是不健康"。而现代健康观对健康衡量标准不仅是指四肢健全,无病或虚弱,除身体本身健康外,还要求精神上有一个完好状态。由于人的精神、心理状态和行为对自己和他人甚至社会都有影响，因此，更深层的健康观便是整体健康。它包括人的躯体健康、心理健康、心灵健康、社会健康、智力健康、环境健康等。可见，健康的含义是相当广泛的，只有用整体健康的观点来认识、了解健康，才能走出认识误区，使人人享受健康。

（1）整体健康的内涵。整体健康指的是有目的、有意义的生活，即以主动、负责、最大限度地提高躯体、精神和心灵的健康为特征的生活方式。健康不仅仅意味着没有疾病，还意味着主动采取实际步骤预防疾病，并努力生活得更加丰富、平衡和满足。

整体健康是发现、利用和保护人们的身体、精神、心灵、家庭、社会和环境的所有资源的过程。健康有很多组成部分：躯体、心理、心灵、社会、智力和环境。整体健康就是将健康看作一个不可分割的整体。尽管躯体健全是健康的基础，但健康工作者所使用"健康"一词的含义更加广泛。整体健康的道理类似驾驶汽车：没有疾病时车子停在中点，积极行为推进其向前驶去，当全部生活方式都建筑于增进健康行为之上时，人就像已经在全速行驶的汽车，这时就实现了完全健康。

在整体健康、身体健康和疾病状态中，心理、身体和心灵的功能有相当多的交叉重叠。正如科学家在最近几十年来反复证实的那样，心理因素在增进身体健康和预防疾病中起着重要的作用，心理因素也能够引发、加重或者延长躯体的症状。长期悲观、愤怒、焦虑或抑郁的人容易受到应激事件和疾病的打击。同样，在影响病人生理状态的同时，基本上所有的疾病都能够影响病人的心理状态。

①躯体健康。躯体健康的好坏程度由连续统一体上的各个点所示。左端是早期的夭折。右端是理想的健康状态，此时人的自我感觉和自我表现极佳。在连续统一体中间，虽没有需要治疗的疾病，但是每天的生活并没有充满热情和活力。为了达到最理想的健康状态，人们应当采取积极的步骤摆脱疾病，走向健康。必须满足身体对营养的需要，经常锻炼，避免不良行为，警惕疾病的早期信号，并且要注意防止发生事故。

②心理健康。与躯体健康相似，心理健康不仅指没有精神疾病，还包括情感和思维状态两个方面的健康，即情与知。心理健康包括对自己和他人的复杂情感的认识和接受的能力、表达情绪的能力、独立行为的能力以及应付日常各种应激源的挑战的能力。

③心灵健康。注重精神生活并不意味着要信仰宗教。精神生活的基本内容是对宇宙中某种意义或秩序的信念，一种给个人的生命带来伟大意义的高尚力量。心灵健康的人能明确其生命的根本目标，学会如何体验爱、欢乐、平和与成就，帮助自己和他人发挥潜能。

④社会健康。日益增多的研究显示，社会隔离引起患病危险的增加。有的研究还发现，社会隔离导致发生心脏病的危险增加。在对接受了心导管治疗的1 368名患者做的一项调查中发现，未婚或没有密友病人的死亡率是那些有配偶或密友

的 3 倍多。那些相信自己在日常生活方面可以得到家庭和朋友的充分支持的心脏病患者寿命有所延长。健康教育者日益强调社会健康的重要性,健康的概念不再局限于传统的个人健康概念,而已扩展成为单个人的健康与社会健康和环境健康之间复杂的相互关系。

⑤智力健康。头脑是唯一有智力的器官。人每天利用大脑收集处理信息,并根据这些信息行动。人们利用大脑思索自己的价值,做出决定,制定目标,计划如何应付问题或者应对挑战。智力健康包括思考和在生活经验中学习的能力。人的一生中,都要借助思维的能力,其中包括评估健康信息以保证个人健康的能力。

⑥环境健康。人们生活在物质和社会的环境中,环境能影响健康的各个方面。环境健康指的是周围环境对个人健康的影响。公共体育服务是这方面必不可少的重要因素。环境健康意味着通过防止空气、水和土壤污染,以及使用的产品所带来的对健康的危险,保护自己,同时要为保护环境而努力。

(2)整体健康认识的误区及影响健康行为的因素。很多人以为没有疾病就是健康,实际上,正如疾病的严重程度各不相同,健康的水平也各有差异。疾病状态与健康状态模式构成了一个连续的统一体,还显示了治疗模式与健康模式的关系。从连续统一体的中间向左进展,表示健康状况的逐步恶化。从中间向右发展,表示身心健康水平的提高。治疗模式(化学药物、中草药、外科手术、心理治疗、针灸等)只能使人达到中性状态,即疾病的症状得到缓解。健康模式则贯穿整个疾病、健康连续统一体,可以帮助人达到更完满的健康水平。健康模式并不能取代治疗模式,而是与之相辅相成。如果得了病,治疗是重要的,但不要在中性状态上止步不前,应当按照健康模式,努力达到高水平的完美健康。虽然必要时可以寻求外界人力、物力的帮助,但只有个人才能够实施自己的健康模式。健康不是静止的,高水平的健康需要人对自己身体的悉心呵护,建设性地运用思维,有效地表达情绪,与周围的人打成一片,富于创新精神,以及关心躯体、心理和精神的环境。

影响健康的行为包括是否经常锻炼、膳食营养是否均衡、有症状时是否及时就医、是否积极治愈疾病和恢复健康。如果想对一项影响健康的行为做出改变,首先要认识到改变并不容易。在想改掉不健康的坏习惯的人群中,40%~80%的人在六周内又走上了老路。为了做出持久有益的改变,应当先了解影响健康行为的三种因素:前置因素、启动因素和强化因素。

①前置因素。前置因素包括知识、态度、信仰、认知和价值观。但是,知识并不足以使大多数人改变其行为。例如,人们完全清楚吸烟的危害,但还是一如既往地吸烟。不管是喜欢还是不喜欢,态度都不足以改变行为。一个人可能不喜欢香烟的气味,但仍然吸烟。人们对健康的重视程度对于改变行为有着重要作用。很多人并不关心自己的健康,于是养成了许多坏习惯。如果人们能明白健康对生活的其他方面也有帮助,就会促使不良行为的改变,并能持之以恒。认知是人们

从自己的独特角度对事物的看法。认知随着年龄的增长会发生很大的变化。学生时代，可能并不认为多进行几个小时体育运动有什么显著的好处，但年龄变大以后，就会珍视每一分钟。

②启动因素。启动因素包括技能、资源、设施以及身体和精神方面的能力。当开始一项变化时，为达到目标，应动员一切可以调动的力量。不管动机有多强，如果行动总是遇到障碍，就会出现挫折感。因此，将一项任务或目标分解成若干个步骤的策略，在改变行为方面非常重要。

③强化因素。强化因素可以是朋友的赞扬、教师或父母的褒奖，或者是达到目标后得到的鼓励和承认。虽然这对短时期行为的改变有很大的帮助，但是持久的改变并不依赖外界因素，而要靠内心的决心和成就感。为了有所改变，强化必须来自内心。

(3)公共体育服务与人的整体健康促进。整体健康促进是涉及整个人群的健康，包括人们日常生活的各个方面，而不是仅限于造成疾病的某些特定危险因素；整体健康促进主要是直接作用于影响健康的病因或危险因素的活动；整体健康促进是采用多学科、多手段的综合方法促进群体健康，包括传播、教育、立法、财政支持、组织社会举办及当地群众自发性参与维护健康的活动；整体健康促进特别强调群众的积极参与，要求进一步启发个体和群体对自身健康问题的认识；整体健康促进主要作用于卫生和社会领域，而非单纯的医疗服务，它包括广泛的专业合作。公共体育服务是公众参与的重要领域，公共体育服务对人的整体健康促进的意义不言而喻。

整体健康促进概念涉及内容广泛，实质内涵主要包括健康教育及其能促使行为与环境有益于健康改变的一切支持系统，其中环境包括社会的、政治的、经济的和自然的环境。整体健康促进的目的在于激发个体、家庭、社会各自的健康潜能，其中包括培养有利于健康的生活方式和行为，促进社会的、经济的、环境的，以及个人有利于健康因素的发展。整体健康促进的发展不仅取决于个人行为，家庭与社会对个人行为的选择和干扰也起到了重要作用，社会与经济政策也是如此。同时整体健康促进也强调非卫生部门的积极参与对促进健康发展的作用。

第二章 公共体育服务的发展理念及目标

严格意义上的公共体育服务，是指向全国各地的居民提供在使用价值形态上大体相同水平的基本公共服务之一。我国的现实情况距离此目标还比较遥远，不能一蹴而就。公共体育服务的不同发展阶段，对政府责任的具体边界需要做合理的动态掌握。按照一个正确的大方向，循序渐进，既尽力而为，又量力而行，才能取得较好的效果。科学的发展理念和目标，有助于公共体育服务的良性发展，因此制定合理的发展理念及目标尤为重要。

理念是指独立存在于事物与人心之外的一般概念，它是事物的原型，事物不过是理念的不完善的"摹本"或"影子"。事物之所以存在，是因为它们有了理念，理念是永恒不变的、绝对的，是唯一真实的存在。首先，理念是通过对事物的抽象而形成的普遍共相，亦即事物的类概念或本质。其次，理念是事物存在的根据。个别事物是由于有了理念而成为这一事物，离开了理念就没有事物。再次，理念是事物模仿的模型。理念是事物完满的模型，事物则是理念的不完善的"摹本"，事物是因为模仿了它的理念而成的。最后，理念是事物追求的目的。理念是事物的本质，事物存在的目标就是实现它的本质，从而成为完满的存在。

目标是个人、部门或整个组织所期望的成果。在现实生活中，任何组织的任何一项改革都需要在认清改革规律的基础上明确发展目标，用以设计改革的方案，引导并协调组织成员的改革行为，从而使各项改革朝着目标而努力。我国公共体育服务的发展，也需要确立适宜的发展理念和目标。

第一节 公共体育服务理念的演变

一、体育为人民服务，彰显公共服务理念

从中华人民共和国成立起，党和国家始终把普及群众性体育活动、改善和提高全民族的健康水平、增强人民的体质作为我国体育事业发展的基本国策。1949年9月，中华人民共和国成立前夕，《中国人民政治协商会议共同纲领》中明确提出要"提倡国民体育"。中华人民共和国成立后第26天，即1949年10月27日，朱德总司令在中华体育总会筹备委员会第一次全体会议上就提出了"体育一定要为人

民服务"的思想。1952年6月10日,毛泽东同志为中华全国体育总会题词:"发展体育运动,增强人民体质。"这个题词成为我国开展体育运动的根本任务所在。1953年,毛泽东同志在中共中央讨论体育工作时指出:"体育是关系6亿人民健康的大事。"1954年1月8日,中共中央在批转中央体委党组《关于加强人民群众体育运动工作的报告》中明确指出"改善人民的健康状况,增强人民的体质,是党的一项重要政治任务"。1954年政务院颁发了"在每天上午和下午的工作时间中各抽出10分钟做广播体操"的通知。

  中华人民共和国一成立,党和国家就把群众体育纳入国民经济发展计划,我国群众体育因而进入了一个快速发展时期,特别是1956年团中央发出了《创新纪录的群众体育竞赛活动的通知》后,随着中央体委颁发了"劳卫制",举国上下掀起了锻炼身体、达标创纪录的热潮,经过短短10年的努力,我国人民群众的体质普遍增强,人均寿命大大延长,到了1959年,人均寿命达到了55岁,比中华人民共和国成立前的35岁增加了20岁。毛泽东同志关于"发展体育运动,增强人民体质"的题词,不到10年就产生了效应,结出了丰硕的成果。

  这一时期的发展历程表明,群众体育的发展不是孤立的,它始终受到社会的政治、经济、文化、体育政策以及其他体育形态的深刻影响,发展群众体育必须从国情出发,遵循客观规律。"体育一定要为人民服务"的思想,是当今公共体育服务在我国产生的萌芽,也应该贯彻到当今公共体育服务的实践之中。

二、普及与提高相结合,体现把人民群众利益放在第一位的公共服务理念

  改革开放后,我国群众体育的发展和其他各行各业一样恢复了活力,逐渐焕发生机。1978年5月12日,国务院在批转国家体委(现国家体育总局)1978年全国体育工作会议纪要中指出:"坚持普及与提高相结合的方针,进一步广泛开展群众体育运动,重点抓好关系两亿青少年健康成长的学校体育工作,积极地、有步骤地开展军事体育,大力加强专业和业余训练,增强人民体质,迅速赶超世界先进水平,以迎接经济、文化建设的新高潮,适应四个现代化的需要。发展体育运动,是增强人民体质,振奋革命精神,进行共产主义教育,增进与世界各国人民团结友谊的重要手段,是一项重要的政治任务。各地应加强对体育工作的领导,将其列入议事日程,一年抓几次,努力把体育工作抓好。"党和国家对体育事业的关心和支持成为我国群众体育事业迅速发展的动力。从此以后,学校体育逐步走向规范化、制度化,职工体育也随着1979年第二届全国工人运动会的召开掀起了热潮。

  在这次运动会的推动下,全国经常参加体育锻炼的工人增加到4 000万人,成为改革开放初期我国群众体育活动的主力军。与此同时,农村体育事业也有所突破,从1985年起,在全国范围内开展的争创体育先进县活动,把农村体育事业的发展落到了实处,极大地调动了基层工作人员的积极性,使农村体育设施建设有了长足进步。1988年首届全国农民运动会的召开,对农村群众体育的发展起到了

推动作用，农民群众参加体育活动的人数急剧增加，出现了良好的发展势头。1989年中国农民体育协会成立，使全国9亿农民兄弟有了自己的体育组织。在20世纪80年代这段时间里，国家体育事业发展的总体思路是普及与提高相结合，重点是抓提高，也就是要优先发展竞技体育运动。随着经济体制改革的深入和人民群众生活水平的提高，人们参与体育运动的意识不断增强，这时，竞技体育与群众体育同步协调发展的战略方针逐渐浮出水面。国家体委积极筹划全民健身计划，并于1991年起对全国各地群众体育工作进行评估，使全国群众体育工作逐步走上了科学发展的轨道。

1993年12月，我国第一个事关广大社会体育工作者权益的法规制度《社会体育指导员技术等级制》正式颁布。自此，社会体育工作者这支业余队伍的建设被纳入规范化、制度化发展的轨道。这一举措填补了我国群众体育人员管理的空白，使社区体育迅速崛起。

1995年3月15日，时任国务院总理的李鹏同志在第八届全国人民代表大会第三次会议上所作的政府工作报告有关体育事业发展的论述中指出："体育工作要坚持群众体育与竞技体育协调发展的方针，把发展群众体育、推行全民健身计划，普遍增强国民体质作为重点。"这是党和国家第一次在政府工作报告中把群众体育的发展作为重点，标志着我国群众体育的全面振兴。

1995年4月25日，国家体委下达了《关于公共体育场馆向群众开放的通知》，提出体育场馆原则上免费向群众开放，体育场馆设施也可实行有偿服务。在群众体育活动的经营方面，一改过去国家单一拨款的形式，鼓励社会多元投资，实行股份制和有限责任制等多种形式，加快了群众体育设施和娱乐场所建设以及体育人才培养，满足了大众多层次健身的需要。

1995年6月20日，《全民健身计划纲要》正式出台。这一举措表明增强12亿多人民的体质，已成为我国体育事业发展的根本宗旨。为了切实落实全民健身计划，向广大群众提供科学、简便有效的体育健身方法，国家体委从1996年开始在全国征集体育健身方法，共征集各类民间功法和传统锻炼项目3 000余种，并精选其中200余种分4卷隆重推出。作为进一步推动城市体育快速发展的一项新举措，体育先进社区评定工作于1998年在全国全面推出。

《全民健身计划纲要》的出台，竞技体育与全民健身协调发展战略思想的形成，标志着国家把体育工作重心逐渐转移到关注全体中国人的健康上来。群众体育不再受行业的限制，非公有制经济的积极介入，大大推动了群众体育的发展，以生活区域为单位的社区体育格局开始形成，各种福利性或营利性的体育俱乐部如雨后春笋般建立起来，实现了体育与经济的真正契合。

1998年8月，历时一年半的《中国群众体育现状调查与研究》圆满完成，它是我国体育系统首次全国性的社会调查，也是迄今为止在体育领域层次最高、规模最大的一次调查。调查显示，我国体育人口占全国总人口的31.4%，高于发展中国家的平均水平。我国群众体育向以"生活化、普遍化、社会化、科学化、事业化、法制化"为改革目标的"六化六转变"方向逐步深入。随着体育市场的迅速繁荣和成熟，健身休闲市场、彩票市场、人才交流市场、信息市场等使我国群众体育成为一种新的产业，并且具有公益性和经营性的双重特点，具备了自我完善和自我更新的运行机制。在大规模调查研究的基础上，我国修改了《中国体育锻炼标准》，制定出《中国学生体质综合评价方法和标准》《中国成年人体质测定标准》，并建立了国家、省、地市监测中心及监测点四级监测网络。

社会必须是一个统一的整体而不是原子个体的聚合，社会作为一个有机体，必然有着某些共同的利益要求、公共生活的场所和公共生活的秩序。这些东西，无论个体还是某个集团都无法提供，正是社会本身的这种缺陷才导致了政府存在的必然性。

公共利益是全体公民都可以共享的利益，具有可以为社会所有成员共同分享的特性。公共利益从层次上可以分为全人类共同利益、国家利益、政府利益、地区利益，但是公共利益与个人利益和集团利益相比，它所代表的是大多数人的利益要求，是多数人的福利的体现。我国综合实力的增强离不开国民素质的提高，国民整体素质的提高离不开国民身体素质的提高，全面建成小康社会离不开广大群众身体的健康。人民群众的健康问题，就是人民群众的最大利益，保证和提高广大人民群众的健康水平和体能素质，始终是体育工作的立足点和归宿。关注广大人民的健康问题，就是关注人民群众利益的最好体现。

三、公共服务作为政府工作职能，体现服务而不是掌控的理念

政府职能是政府在一定的时期内，根据国家和社会发展的需要，依法对国家和社会公共事务管理的职责和功能，它反映了国家行政管理活动的实质与方向。2003年10月召开的中共第十六届三中全会首次明确提出将"提供公共服务"作为政府职能之一，时任国务院总理的温家宝同志在十届人大二次会议的政府工作报告中强调："各级政府要全面履行职能，在继续加强经济调节和市场监管的同时，更加注重履行社会管理和公共服务职能。"这标志着我国行政改革的进一步深化和政府管理发展中的一个重要转折。

在《中共中央关于完善社会主义市场经济体制若干问题的决定》中，政府主要职能被概括为"经济调节、市场监管、社会管理和公共服务"四个方面。"公共服务"作为其中的一个方面，职能范围与其他三个方面有所区别。这就是说，作为政府职能的"公共服务"应当从微观和具体的层面来把握。

近年来，我国政府体育机构改革取得了较大进展，但在改革的深度和广度方面仍需加强。北京体育大学黄亚玲博士指出，在计划经济条件下，我国体育政府部门拥有"无限权力"，承担着从宏观到微观几乎全部的体育事务，这是体育政府部门机构膨胀的原因。改革开放以来，体育政府部门几经改革，但都是在原国家

体委旧的权力格局和管理体制的基础上进行的,总体上只是简单的裁并,没有从根本上触及体育政府机构与社会组织这一权力关系的神经,且当前并没有发挥出体育社团应有的作用。我国著名经济学家胡鞍钢也指出,政府的(体育)职能就是提供体育领域的公共物品,体育管理部门要重新思考和定位,不是抓几个项目,出几块金牌,而是通过政府的作用来繁荣体育市场,刺激广大人民的体育健身消费。因此,在市场经济条件下,政府不能再简单地统管包办,而是针对体育的特性有区别地对待。

《2001—2010年体育改革与发展纲要》明确提出了中国深化体育体制改革的目标:"进一步明确政府和社会的事权划分,实现政事分开,管办分离,把不应由政府行使的职能和社会能够办的事逐步转移给事业单位、社会团体和社会中介组织。体育行政部门要把工作重点转移到贯彻国家体育方针,研究体育事业发展规划,制定体育行业政策,加强管理和提供服务上来。强化体育行政部门的宏观调控、社会行政和行业管理职能。"在具体的政府体育职能定位上要处理好几个关系,包括政府与市场的关系、政府与运动协会的关系、政府与中华全国体育总会等社会体育组织的关系等。

实践表明,现代政府体育职能及其角色的转变,主要体现为政府对社会公共体育服务管理职能的转变。在当前社会体制转型过程中,市场经济要求现代政府在性质上,从政治权力的统治者转变为社会公共事务的管理者。在政府职能的结构上,则要求它从维护政治统治转向全面履行社会公共管理的职能。政府最核心的内容就是为公众服务,这是由我国的国家性质决定的。

第二节 公共体育服务发展理念的确立依据及内容

一、公共体育服务发展理念的确立依据

(一)科学发展观

科学发展观提出后之所以得到社会和学界的热烈拥护与高度评价,首先是因为它遵循了"以人为本"的理念。时任国家主席的胡锦涛同志曾经对"以人为本"的内涵做过精辟阐释:坚持以人为本,就是要以实现人的全面发展为目标,从人民群众的根本利益出发谋发展、促发展,不断满足人民群众日益增长的物质文化需要,切实保障人民群众的经济、政治和文化权益,让发展的成果惠及全体人民。依据这个阐释来理解"核心是以人为本",至少包括三层含义:一是"以人为本"成为科学发展观的核心目标。落实科学发展观、实现科学发展的根本目的是不断满足人民群众日益增长的物质文化需要,促进人的全面发展。实现人的全面发展是

马克思主义关于建设社会主义新社会的本质要求，也是科学发展观终极的、核心的目标。这个目标的实现是一个漫长而艰苦的过程，在这个过程中要始终不渝地坚持"以人为本"的科学发展观，不断为实现人的全面发展创造条件。二是"以人为本"构成科学发展观的核心内容。科学发展观内涵丰富，核心内容是"以人为本"，也就是把实现、维护、发展最广大人民的根本利益作为谋求发展的出发点和落脚点，努力解决人民最关心、最直接、最现实的利益问题，使发展成果更多体现到改善民生上。这个核心内容影响和制约着科学发展观的其他内容，其他内容都是围绕这个核心内容来展开的。三是"以人为本"体现科学发展观的核心价值。党之所以要提出和贯彻落实科学发展观，就是要实现发展为了人民，发展依靠人民，发展的成果由人民共享，也就是要把党的全心全意为人民服务的根本宗旨体现到发展中。离开以人为本的"发展"，不是需要的发展。

应当指出的是，科学发展观还实现了由以社会为本的发展观到以人为本的发展观的转变。所谓社会发展，主要指社会经济、政治、文化的发展。人的发展则指人的知识、能力、素质等的发展。这两者既是统一的，又是矛盾的。一方面，社会的发展为人的发展提供环境和条件；另一方面，人是社会的细胞，社会是人的社会，没有人的发展也就没有社会的发展。根据上述观点，人的发展比社会的发展更具有根本意义，因为人的发展是社会发展的终极目的，人的发展状况决定着社会发展状况。党和国家的发展观开始实现由以社会为本到以人为本的转变。这个转变，以实现人的全面发展为目标，把最广大人民的根本利益作为党和国家一切工作的出发点和落脚点，从实现好、维护好、发展好最广大人民的根本利益出发，谋发展、促发展，做到发展为了人民、发展依靠人民、发展成果由人民共享。这个把以人为本作为核心的科学发展观，将以往提出的全心全意为人民服务的思想、始终代表中国最广大人民根本利益的思想、培育"四有"新人的思想，以及关于社会主义生产的目的等问题的认识，都提升到了一个新的理论高度。坚持"以人为本"的科学发展观、构建社会主义和谐社会理论，既反映了党对中国特色社会主义事业发展规律的新思考，又反映了党对执政规律、执政能力、执政方略、执政方式的新认识，也为现行公共体育服务发展理念的确立提供了理论依据。

(二)和谐社会建设的价值目标追求

和谐社会的价值理念要通过价值目标设置来具体展现。如果说价值理念属于对和谐社会的概念诠释和意义界定，价值目标则属于和谐社会建设的行动主旨和预期效用。构建社会主义和谐社会是当代中国人民的共同需要和共同理想，这一共同需要与理想赋予和规定了和谐社会建设的基本价值目标追求。和谐社会的价值目标是人们在和谐社会建设过程中所要达到的理想目的、所要实现的理想目标以及所要取得的理想效果，它同国民的价值需要与价值理念相关联，属于和谐社会建设的根本性价值定位与价值归宿。和谐社会所追求的价值目标是一个能够满足人民现实需要与整体的长远利益、体现社会主义现实的普惠性与长期先进性的完整体系，其中最主要和基本的价值目标包括富裕、文明、公平、协调、民主、自由和幸福诸方面的基本内容与要求。

社会主义和谐社会作为现实社会形态不仅是一种社会结构和制度安排，而且是一种价值文化体系，其中包含着深刻的价值理念规定和价值目标追求。和谐社会的主导性价值理念主要包括人本价值理念、科学价值理念、道德价值理念和审美价值理念，而其价值目标则主要由富裕、文明、公平、协调、民主、自由和幸福构成。价值理念和价值目标是和谐社会的精神实质与内在灵魂，对和谐社会的建设具有重要的定性定向、理性规范和精神激励作用，要健康持续地推进和谐社会建设，必须正确认识和把握其价值理念主导与价值目标追求。

(三)服务行政理念

服务行政理念包含三个方面的定位。第一，政府服务过程的责任取向定位。政府服务过程中的责任定位，主要指政府服务过程中的责任控制，这种责任控制有两种：一种是内部控制；另一种是外部控制。内部控制虽然重要，但根据权力产生的本性，它来源于社会，又凌驾于社会之上，是一种高高在上的统治社会的力量，因此必须对其进行制约。而服务行政对权力进行制约的一个重要特色就是在服务行政领域里引入"服务绩效管理"理念。"服务绩效管理"理念的引入具有十分重要的意义，它改变了传统行政学把研究的重点放在组织机构(尤其是结构和过程)的考量上。传统公共行政只重视过程、投入，不重视结果，往往导致形式主义、官僚主义，而服务行政引入服务绩效管理与评估，有助于实现和落实政府的服务责任。第二，政府服务评估以绩效为中心的结果取向定位。传统的行政，人们总是想当然地认为自己是在为人民服务，而对人民的真正需要和利益往往视而不见。而服务行政则强调工作的实际结果，预算与绩效并重，通过明确的绩效标准奖励成功，并从失败的经验中吸取教训。它以实际的结果为工作重心，建立以结果为导向的管理体制。第三，服务行政决策中的公民参与取向定位。服务行政也是公民决策参与式的行政。"参与式决策模式"认为，更好的政策取决于公民参与，而不仅仅依靠官僚人员或技术专家。同时，"参与式决策模式"还主张"开放式行政"，即政府制定政策的相关信息应该让公众知道，公民如果认为政府服务不佳或制度运作不当，则有权提起申诉。如英国制定的《公民宪章》规定了公民可以对公共行政部门提供的服务进行监督，如果服务没有达到标准，公民可以申诉并得到赔偿。"参与式决策模式"抛弃了精英治国论和技术统治主义的行政原则，保证政府行为沿着"民意"的方向发展。

服务行政理念主要体现在以下几个方面：从管制行政到服务行政、从权力行政到服务行政、从全能行政到有限行政、从暗箱行政到透明行政、从政府本位到公民本位。服务行政是指政府公共部门在运行和发展中应遵循"顾客至上"的理念，以回应"公民需求"，实现"公民"公益为目标的新型治理模式。服务行政与传统行政最大的区别在于它的服务性、公民本位和社会本位。

(四)价值理念

在我国改革开放以来的社会主义实践中，逐步形成了以"发展才是硬道理"为核心的价值理念。这个价值理念是社会主义本质的体现，并具体地表现为以发展为目标的价值理想、以发展为方向的价值导向、以发展为基础的价值规范和以发展为尺度的价值标准。"发展才是硬道理"的价值理念，不仅是把价值理念定位在"发展"上，而且首先是把发展的价值理念定位在人们创造性的实践活动之中。它的一个极为重要的实践意义在于，它承诺"发展"只能以"非平衡"发展为前提，或者说，只有通过"非平衡"的发展才能实现"全面"的发展。改革开放以来，中国共产党的执政理念的发展始终贯穿着与时俱进的理论品质。因此，中国共产党的执政理念也是中国化的马克思主义的重要内容。同时，中国共产党坚持与时俱进地推进执政理念的创新，改革开放以来执政理念的发展正是将马克思主义与执政经验相结合不断探索创新的理论成果。

中国共产党的执政理念具有与时俱进的理论品质。这不仅体现在随着时代的发展增添或摒弃了一些理念，还表现在理论上彻底的革命精神和大无畏的气概，表现在将长远目标和近期目标结合，充分照顾到实现发展的可能性，注意理论的导向作用，既不降低标准，又引导着群众正确认识我国发展所处的历史方位，在动员群众的同时也注意团结群众与党一起奋斗。

二、公共体育服务发展理念的内容

从公共服务的社会实践来看，它从最初的社会民间和宗教组织零星的自发行动，发展和演化为以政府为主的公共组织系统的自觉行动与法定职能，其间经历了漫长的历史过程。借鉴发展历程所获得的经验，公共体育服务发展理念的内容有以下六个方面。

(一)公共体育服务的出发点：以人为本，体现人文关怀

"以人为本"意味着人的全面发展。马克思认为，社会发展的动力来源于人自身，社会发展的目的是实现人的全面而自由的发展。马克思明确指出，共产主义是"以每个人的全面而自由的发展为基本原则的社会形式"。坚持以人为本，谋求人的全面发展，必须创造有利于人的全面发展的社会环境。"以人为本"意味着所有人的福祉得到保障。要使所有人成为社会发展成果的支配者与享用者，人人都成为公共体育服务的对象，不因地域、城乡、身份的差别而受到冷落。"以人为本"意味着人得到最大限度的尊重，人的生存权、生命权、劳动权、自由权、发展权得到最大限度的尊重和保障。

"以人为本"意味着保持人的持久活力。过度的福利是对人的尊严和生命活力的贬损，公共体育服务使人获得体育权利，保持人的持久活力和良好的精神状态，具有较强的凝聚力。人丧失活力意味着社会失去活力，社会活力的枯竭意味着公共体育服务没有了基础。

对于现代政府来说，"以人为本"的本质是"以民为本"——把人民的利益作为政府活动的出发点和落脚点，一切为了人民，一切依靠人民，不断满足人民的多方面需求，促进人的全面发展。"以民为本"的政府应当是无私的政府、负责任的政府、有效的政府、法治的政府和低成本的政府。

(二)公共体育服务的价值基础：诚信与正义

公共体育服务的价值基础，不能单纯地从政治、经济或社会的层面上来看待，还应该从伦理道德和正义、诚信的角度来观察分析，尤其需要了解的是能够长久地支撑公共体育服务发展的潜在精神力量或价值基础。

现代社会既需要有以诚信为基本道德修养的公民，更需要有以诚信为道德基础的政府。体育行政的诚信是指体育行政对公众在委托契约中赋予的期待和信任的责任感及其回应。

公共服务作为一种旨在保护公民公共利益的平等共享权的社会存在，同样应以正义为其价值基础。在西方，正义概念自其发源至今，虽历经诸多变化，但"应得"和"法度"始终是其基本语义。正义在于"应得"或权利，实现和维护"应得"或权利就是实现正义，相反，干涉、破坏他人的"应得"或权利便是不正义。可见，从消极意义上理解，不干涉、不破坏他人的"应得"或权利也是维护正义。正义的另一层含义是"法度"，现代公共服务的价值基础必须具备两个方面的性质：一是能够为公共服务制度的合理性与正当性做出论证；二是在此基础上，使其成为公共服务中一条人人尊奉的、具有强制性意义的制度准则。正义正是由于具有上述两方面的性质，才构成了公共服务制度的价值基础。

(三)公共体育服务的追求目标：团结与凝聚

民族能否团结，社会能否凝聚人心，关键在于政府治理理念中有没有以人为本和以民为本以及在这种理念下的公共服务制度与质量。国家必须以具体的行动，让在其中生活的公民获得基本的依靠感、可靠感和安全感。不管是何种原因，在公民处于生活困境时，他能够从国家政府所建立的一系列制度中获得肯定的、必要的帮助，这才是国家凝聚力的来源。民族团结和社会稳定是任何一个民族都会追求的目标。民族凝聚力是指一种特有的凝聚观念形态蕴藏在民族成员之中，其核心是为国争光的爱国精神。我国公共体育服务包含体育精神，提供体育精神的巨大魅力，它能够增强民族凝聚力，进而提高人的素质和综合国力。

(四)公共体育服务的发展动因：以需求促供给

公共体育服务是伴随着经济发展、社会进步和市场化演进逐步提出和发展起来的。经济发展激发了公共体育服务需求的生产，并为之提供物质基础；社会进步基于对人的自身发展的关注，使公共体育服务的享有逐步被视为一种权利；市场演进为这种需要的满足催生了必要的特定制度，同时又伴随着市场机制的进一步发展，推动其变革和创新。

经济发展、社会进步和市场化演进，促进了公共体育产品的发展与繁荣，进而决定了公共体育服务的发展与繁荣。但是，目前我国公共体育服务还不够成熟和规范。从供给方面看，公共体育服务整体规模较小，能够真正进入公共体育服务领域的项目数量还不多。从实践方面看，公共体育服务消费市场还处于初级阶段，因此消费能力和水平相对较低，消费结构不合理。我国应大力发展体育需求市场和供给市场，深入研究公共体育服务的需求与供给，这对我国公共体育服务健康、稳步及可持续发展有重要的意义。

(五) 公共体育服务发展的均衡点：公平与效率之间的大众共享

大众共享就是要维护和实现文化公平，努力避免和主动解决由于文化问题而引起的人民内部矛盾，切实保障最广大人民的文化权益，使全体人民共享文化成果。保障广大人民群众享有基本的公共体育服务是政府的承诺。但是，我国正处于社会主义初级阶段，我们建设的小康社会，侧重点在于解决温饱、提高物质文明水平，政府能够提供的基本公共体育服务只能走低标准、全覆盖之路。关注民生，构建和谐社会，就要坚持把改善人民生活作为正确处理改革发展、稳定关系的结合点，从而为公共体育服务发展找到一个具体的支点。今天的改革，就是要以构建和谐社会要求为标准，加大政府对公共体育产品和服务建设的投入，优先安排和提供与人民群众体育需求相吻合的基础性产品和服务，加快建立覆盖全社会的公共体育服务体系，在公平与效率之间寻求均衡点。

(六) 公共体育服务实现的基础：完善的公共体育服务体系

只有建立完善的公共体育服务体系，才能保障公民拥有享受公共体育服务的权利。公民享有公共体育服务权利的前提与基础，是公共体育服务事业发达，公共体育服务产品充足和服务完善。构建公共体育服务体系的核心目标之一，就是为广大人民群众提供数量多、水平高的体育文化产品，不断满足人民群众日益增长的需求。人民群众不仅享受公共体育服务带来的福利，而且要参与到各项文化活动中去，以获得精神文化的更多满足，并促进自身发展。

第三节 公共体育服务发展目标

目标是人们通过努力所希望达成的一种状态或者结果。在现实生活中，任何组织的任何一项改革都需要在认清改革规律的基础上明确发展目标，用以设计改革方案，引导并协调组织成员的改革行为，从而使各项改革资源为目标服务。公共体育服务目标的建立，就是科学发展公共体育服务的理论依据。

新型城镇化背景下我国城乡群众公共体育服务体系的建设研究——以河北省为例

一、公共体育服务发展目标的确定依据

提高全民健康水平是党确定的全面建成小康社会的奋斗目标,必然成为公共体育服务的基本目标。公共体育服务发展目标必须以社会发展目标为依据,以《体育事业"十三五"发展规划》为指导,科学定位、合理构建才能顺利实施。社会发展目标和体育事业发展目标为公共体育服务目标建设提供了背景与依据,社会发展目标决定了公共体育服务发展目标的基本定位。

党的十五大对 21 世纪的前 50 年的目标进行了展望:到"中华人民共和国成立 100 周年时,基本实现现代化,建成富强民主文明的社会主义国家"。

党的十六大提出了"我们要在 21 世纪头 20 年,集中力量,全面建设惠及十几亿人口的较高水平的小康社会,使经济更加发展、民主更加健全、科教更加进步、文化更加繁荣、社会更加和谐、人民生活更加殷实"。

党的十六届五中全会提出了《中共中央关于制定国民经济和社会发展第十一个五年规划的建议》(以下简称《建议》),在《建议》中提出了要将我国建设为"全面小康社会""和谐社会""资源节约型、环境友好型社会"和"学习型社会"。

党的十八大"围绕人民群众最关心、最直接、最现实的利益问题,进行全面规划,做出战略部署,继续全面推进社会主义经济建设、政治建设、文化建设、社会建设,继续全面推进党的建设新的伟大工程"。

党的十九大提出了"紧扣我国社会主要矛盾变化,统筹推进经济建设、政治建设、文化建设、社会建设、生态文明建设,坚定实施科教兴国战略、人才强国战略、创新驱动发展战略、乡村振兴战略、区域协调发展战略、可持续发展战略、军民融合发展战略,突出抓重点、补短板、强弱项,特别是要坚决打好防范化解重大风险、精准脱贫、污染防治的攻坚战,使全面建成小康社会得到人民认可、经得起历史检验"。

2000 年至 2020 年,在"小康社会"和"全面小康社会"之间还要建设一个中间状态的社会——"更加宽裕的小康社会",这一社会在 2010 年已经实现。"全面小康社会"与"和谐社会"是包含和被包含的关系。曾培炎同志在《深刻理解〈建议〉的基本思路 全面贯彻落实科学发展观》一文中,把"和谐社会"和"全面小康社会"的关系讲得更加明确:"构建社会主义和谐社会,是建成全面小康社会的重要目标。"

这就是说,"全面小康社会"是我国社会发展的目标,"和谐社会"是这一目标中的目标,而且是其中很重要、很具体的目标。由此可见,"和谐社会"不仅是"全面小康社会"目标中很重要、很具体的目标,而且建设和谐社会是建成全面小康社会"的必要条件和保障。社会实践证明,无论是"和谐社会",还是"小康社会",都离不开体育事业的发展。促进人的全面发展是科学发展观的基本内容,人的全面发展包括人的身体的全面发展,人的身体的全面发展离不开体育。公共体育服务,就是要把增强人的体质,提高人的健康水平,从一种号召变为人们的一种具体的

社会实践。

进行中国特色的全民健身体系建设,就要提高群众的健康素质,在全社会营造浓厚的健身氛围。加强城乡社区体育设施建设,除继续实施"全民健身路径工程""雪炭工程"外,还将重点实施农民体育健身工程,争取到2020年全国有1/3的行政村建有符合规划标准的公共体育场地设施。

二、制定公共体育服务发展目标的基本原则

(一)公平享有

人人享有基本公共体育服务,这是核心所在,政府部门应首先明确这一点,并采取措施,提高公平享有公共体育服务水平。一是扩大覆盖面,提高居民参与率;二是提供场地设施,以就近、方便的原则,尽可能满足需要;三是建立活动站点,提供基层体育活动场所;四是增加公共财政投入,尽可能保障公共体育服务的支出。

(二)满足不同层次的需求

由于经济社会发展不平衡,公共体育服务需求在不同经济实力人群、不同地区发展不平衡的状况必将长期存在。为满足不同层次的体育服务需求,应采取积极的扶持政策。基本政策应是提供基本公共体育服务产品,保障基本体育需求,激活多层次体育健身市场。提供基本公共体育服务产品,即对于全社会体育公共类服务,如建设公共体育场馆、开放公共体育场地等,政府应给予拨款,以便维护公共体育服务;保障基本体育需求,即根据社会经济发展财政支付能力,界定公共体育服务范围,建立较为系统的基本公共体育服务提供体系,保障基本公共体育服务体系的正常运转,为居民提供基本体育健身服务;激活多层次体育健身市场,即鼓励多种形式、多层次办体育,以满足不同层次的健身需求。

(三)加强政府宏观调控

公共体育服务必须由政府主导,这是服务政府、责任政府、法治政府的职责所在。一是公共体育服务是民生工程,人人享有基本公共体育服务是必须面对的问题;二是公共体育服务资源不对称,城乡二元结构在体育服务内部以特殊的形式存在,而且短期内难以消除;三是公共场地设施向社会开放程度不够;四是公共体育服务质量有待提高。正因为公共体育服务的特殊性,政府必须加强监管。这样,政府应充当公共体育服务的采购者、基本公共体育服务的资助者、多层次体育健身市场的监管者。

(1)充当公共体育服务的采购者是指当政府在体育公共设施、公共场地开放等方面的公益性体育服务,惠及全社会,又无法确定具体消费时,应由其出资,支付相关费用,可向社会相关体育机构购买服务或者直接由政府承办解决公共体育服务。

(2)充当基本公共体育服务的资助者是指政府在力所能及的条件下，对基本公共体育服务项目采取补贴的形式，使基本公共体育服务以较低的价格供给公民，对全社会弱势群体提供基本公共体育服务援助。

(3)充当多层次体育健身市场的监管者是指政府对体育健身市场实行合理规划，制定准入标准，监控服务质量，保持有序竞争的监管能力。随着人民生活水平的明显提高和公共体育服务需求的增加，政府必须以科学发展观为指导，与时俱进，深化改革，提高公共体育服务水平。

(四)完善公共体育服务体制

公共体育服务应具有城乡一体化的公共体育产品供给制度，形成多元化的公共体育产品供给模式和机制，从根本上改变公共产品城乡二元供给制度，建立城乡统筹的公共体育服务供给制度。要根据公共产品的类别、层次，合理界定各级政府提供公共体育产品的责任范围，做到事权和财权的对等。财政支出必须坚持以人为本，把更多财政资金投向公共体育服务领域，尤其要确保新增财力主要投向社会事业发展的薄弱环节，投向农村地区。构建多元化的公共体育产品供给机制，引入民间资本，动员社会各方力量，形成以公共财政为主体、社会各方共同参与的公共体育产品供给机制。

三、我国公共体育服务发展的总体目标

我国公共体育服务发展的总体目标是：以满足社会成员的基本体育需要为目的，着眼于提高居民身体素质和生活质量，既给居民提供基本的体育文化享受，也给居民提供保障社会生存与发展所必需的公共体育产品和服务。

要实现这个总目标，必须做到：围绕一个宗旨（体育为大众服务），提供两种保障（体育设施环境系统、公共体育服务融资系统），制定三步战略（短期战略、中期战略、长期战略），做好四个协调（纵向和横向之间的协调、地区之间的协调、城乡之间的协调、不同利益群体之间的协调）。具体包括五个方面。

一是坚持体育为人民服务、为社会主义现代化建设服务的方针。开展全民健身活动，增强人民体质，是体育工作的根本任务，是功在当代、利在千秋的事业。要把"在运动中寻找健康，在健康中获得快乐"作为追求的目标，使"参与、健身、娱乐"的大众体育理念深入百姓心中。

二是健身设施的提供采取多元化方式。以体育彩票公益金作为引导资金，以各级政府及社会力量共同投资的方式，配备室内外相结合的体育健身设施，使全民健身设施建设的投资渠道由体育彩票公益金投入逐步转为企业投入。

三是应根据国民经济和社会发展水平、人口结构、环境条件，配备公共文化体育设施，并依据文化体育事业发展的需要，统筹兼顾，优化配置，以使其符合国家关于城乡公共体育文化设施用地定额指标的规定。

四是采取结合型融资模式。结合型公共体育服务融资模式强调政府对公共体育服务的投入,其他活动经费由体育部门自行筹集,必要时政府从法令制度上给予支持。资金筹集过程中民众的积极参与,有利于大众体育活动的开展,增加了民众参与体育活动的机会,保障了民众的权利。

五是成熟的公共体育服务状态,表现为区域之间、城乡之间、居民个人之间享受的基本公共体育服务水平一致。当前我国公共体育服务程度还很低,因此,应首先将工作重点定位于加快区域公共体育服务的进程上,同时加快城乡公共服务均等化的步伐,并兼顾居民公共体育服务均等化。

四、我国公共体育服务的阶段发展目标

根据党的十九大政府报告的基本精神,广泛开展全民健身活动,加快推进体育强国建设,筹办好北京冬奥会、冬残奥会。在借鉴国外政府公共服务职能的经验教训的基础上,要全面、辩证、系统地分析我国公共体育服务的阶段发展目标。第一,谨防确立完全依靠政府的思路而严重影响经济发展的教训;第二,谨防国外政府忽视公共服务职能而严重影响经济社会发展的深刻教训。在研究和吸收国外政府公共服务职能的基础上,结合我国经济发展的具体阶段、经济增长的不同形态和社会发展的不同结构进行客观的分析。按照国际惯例,以人均GDP发展水平确定公共体育服务的发展目标,即人均GDP处于1 000美元、4 000美元、8 000美元以上的几个经济增长的特殊时期,经济结构、收入结构、技术结构、社会结构会处于不同的发展阶段,增长的水平和运行方式会体现出截然不同的特点。

从我国的国情来看,公共体育服务要经历不同的阶段,在每个阶段中,其目标是不同的,具体表现在以下三个方面。

(一)公共体育服务近期发展目标

公共体育服务近期发展目标,主要针对一个时期的突出问题,集中力量解决公共体育服务供需矛盾集中的问题、公共体育服务的热点和难点问题。我国目前人均GDP已超过8 000美元。这一阶段公共需求会快速增加,呈现出增长迅速、主体多元化、结构复杂化、需求多样化的特点。在加快工业化的进程中,人民群众对物质文化的需求不断提高。但是,由于公共财政体制尚未最终建立,公共支出还不合理,所以政府提供公共产品和公共服务的能力较弱,具体表现为公共服务覆盖面窄、公共服务投入不足等。这一时期的主要特点是建立全面覆盖的、完整的社会保障制度和公共服务制度。这一阶段更侧重于区域公共体育服务的建设与发展。与经济发展特区建设模式类似,部分地区得到了优先发展。这一阶段的发展主要表现为区域内、区域间的公共体育服务水平的差距明显缩小。

(二)公共体育服务中期发展目标

社会经济增长阶段,是以公共服务为基础平台、经济与社会协调发展的阶段,

也是经济发展与经济增长最快的阶段。这一阶段政府要全面、系统地完善公共服务职能,强化公共服务基础设施建设,适度控制社会福利的增长水平。公共体育服务制度建设、设施建设和服务体系建设基本完备,公共体育服务和公共体育物品政府投入与多主体、多中心、社会化并存。这一时期的公共体育服务目标侧重于城乡公共体育服务差距的缩小,主要表现在不仅在区域内,而且在各区域城乡之间的公共体育服务水平的接近上。

(三)公共体育服务远期发展目标

确立发展战略,是一个国家、一项事业发展的基本定位、长远目标、资源配置、利益格局以及控制与平衡等的重大问题。我国的发展远景是人均GDP超过10 000美元,进入中高收入国家行列,进入以提高生活质量为主的发展阶段。建立起广覆盖、兼顾公平与效率的公共服务消费模式,多元化、社会化的公共服务供给模式。提高公共体育服务的质量是提高生活质量的主要途径之一,要广泛调动社会各界和各方面力量的积极性,形成政府宏观调控的多元化与社会化格局,使整个社会形成一种"多中心治理"的公共体育服务模式。公共体育服务远期发展目标是实现全民公共体育服务均等化,主要表现为区域之间、城乡之间、居民个人之间的公共体育服务基本形成均等状态。

第四节 实现公共体育服务发展目标的基本保障

一、建立公共体育服务目标实践的监测系统

(一)公共体育服务的满意度监测

新公共管理运动中出台的美国国家绩效评审报告有这样一个目标:为顾客提供与企业的最佳服务相同的服务。西方国家在对政府再造的改革过程中,试图使其按照受顾客驱使的方式进行运作,从而实现对顾客需要的满足,于是制定了一系列最低的服务标准,并努力加以实现。当实际没有达到标准时,政府甚至会给予当事人补偿。我国公共体育服务提高顾客满意度的途径是:第一,从管理层面,不断提高公共体育服务产品的品质及降低公众获得的服务成本,增加公共体育服务的种类,强化服务提供的便捷性;第二,从价值层面,摆脱传统观念的束缚,从"政府本位"变为"公民本位",树立"以民为本""执政为民"的新时期行政价值观,使政府部门及其工作人员明确自己的服务对象,形成现代政府所应具备的"顾客意识";第三,从制度层面,公布政府公共体育服务的流程、标准、效果,减少公众与政府之间信息不对称的现象,从而建立以公众满意度为导向的一整套政府绩效评估体系,其主要包括政府目标责任制、公众评议政府制、公共服务承诺制、效能监察制等。

(二)公共体育服务的公共性监测

公共性即政府公共体育服务提供过程中的公共责任指向，意味着政府与公民之间横向的平等关系，表明政府与公民一起来关心和解决公共利益问题，同时也意味着公共体育服务的提供应以社会公平作为政策的首要价值。公共体育服务的公共性可以从责任性以及公正性两个维度来加以阐释。立足公共体育服务的公共性目标，一方面，在公共体育服务的提供过程中，应坚持政府伦理。政府确保公众利益得到维护是其职能中的重要组成部分，对社会的公共利益要求做出负责任的回应。另一方面，政府提供的公共体育服务应强调和倡导平等性。和谐社会政府治理是以服务为核心、以公共利益最大化为目标的服务行政，和谐社会政府是在保障行政效率的同时更加注重社会公平与正义的效率型、正义型政府。

(三)公共体育服务的效益性监测

人类的管理活动都在追求效益，政府的公共管理活动也是如此。公共体育服务的效益性是指政府公共体育服务提供过程中的投入与所带来利益之间的关系，既强调客观效率上的低投入、高产出，又追求主观效果上目的与方法的结合。公共体育服务的效益性目标包括经济性效益和社会性效益，要求政府提供高质量、多种类、有针对性的公共体育产品，满足社会的公共需求。要想实现效益性目标，在管理实践中政府管理应当做到：首先，定位政府公共体育服务提供的职责，着眼于提供有益于社会整体而又无法通过市场提供的各种公共物品，竭力为社会的正常运转提供必需的制度安排和政策规制；其次，提高增强政府公共体育服务输出的质量，不断优化政府的整体能力，在不同层级和部门之间配置管理资源，提升政府部门的运转效率，进一步落实依法行政，完善行政监督。

二、实现公共体育服务发展目标的基本策略

我国公共体育服务的研究和实践已经启动，但由于认识、经验、条件的局限性，其改革的进展仍然比较缓慢，在如何有效地提供公共体育服务方面，仍然面临一些困境，突出表现在：公众对公共体育服务的需求日益强烈，而政府所能提供的服务却相对不足，质量低，供求矛盾尖锐；政府居高临下的指挥管理意识浓厚，"主导"情节严重，服务意识淡漠；政府垄断地位未能完全打破，竞争机制缺乏，服务效率低下；监督机制不完善；非政府组织不发达，社会自我组织、自我服务能力较差，未能充分发挥非政府组织的作用；对公共体育服务资金供给不足等。

鉴于实践中的问题，探讨如何结合我国实际，借鉴外国经验，以改善和提高政府的公共体育服务，就成了一项颇有意义的工作。实践的发展需要理论的指导，在我国，由于各种原因，对公共体育服务理论的研究起步较晚，且主要集中在对国外公共服务部门市场化改革的相关情况及经验的介绍上，对理论和机制的具体

操作研究还有所欠缺：对相关环节的界定不清晰，对机制的设计探讨不深入，对公共体育服务监督等重要领域涵盖不全。因此，在理论上进行系统梳理，并着眼于现实问题，提出切实可行的发展策略，是目前学界亟待解决的问题。

(一)改变公共体育服务发展的观念与态度

改善公共体育服务，其核心与关键是准确界定政府公共体育服务责任，改革公共体育服务融资，以确保公共体育服务获得充足的资金保障，改善公共体育服务的提供与生产状况。从公共体育服务的历史发展来看，我国公共体育服务发展过程将是长期的和渐进的，不能根据某一蓝图采取大爆炸式的改革策略。而且由于公共体育服务具有极大的多样性以及公共体育服务在不同部门、不同地区处于发展的不同阶段，因此公共体育服务的发展不大可能有一个普遍适用的统一模式，而需要依据公共体育服务各部门、各地区的特定情况展开。

在公共体育服务政策制定的指导思想上，应坚决贯彻以人为本和可持续发展理念，强调将城市化区域服务与乡村地区服务相衔接，将公共体育服务政策与环境保护政策相统一，将国家经济安全与地方经济发展、地方社区居民生活协调相统一。

在公共体育服务发展政策制定的目标上，应以提高居民生活质量为主，更需要注重健康、持续地发展。与此同时，公共体育服务应重点面向农村。

在公共体育服务发展政策制定的原则上，应当坚持因地、因时制宜与整体统筹协调原则。在贯彻基本理念的基础上，更应当分析地方的经济发展水平、特色，将其与居民生活质量统筹考虑，公共体育服务建设与经济建设统筹考虑，城市区域与郊区乡村统筹考虑。

基于公共体育服务发展的历史经验与教训，我国当前必须纠正与避免公共体育服务发展过程中的一些不良倾向，使其发展与经济发展相协调，与改善人民生活并重，同时，多建实事工程；应当是长远规划与近期实施并重，少进行主观设想，多进行方案比较；应当适度超前与经济可行并重，少进行单纯建设，多进行系统改善。

(二)确立公共体育服务的职责范围与重点

在当前的背景条件下发展公共体育服务，首先必须准确界定政府的公共体育服务职能，其核心在于确定提供公共体育服务的范围和重点。并不是所有公共体育服务都需要政府干预。在决定政府提供公共体育服务的范围时，要考虑可以获得的公共资源。

在确定了公共体育服务的职责范围和重点之后，需要决定如何提供这些公共服务。公共体育服务的基础设施、公共体育服务法律体系必须由政府提供，明确中央和地方各级政府在公共体育服务提供上的职责，通过法律为公共体育服务发展提供财政预算保障。

(三)拓宽公共体育服务资金来源渠道

目前,我国公共体育服务资金的主要来源是财政税收。这种单一的融资模式产生了两个弊端:第一,政府投资难以满足迅速发展的公共体育服务需求;第二,政府财政投入的效率和效果难以控制,各地差异较大。为弥补这两个弊端,必须尝试多种融资渠道和融资方式,建立健全的公共体育服务的多元投资体制,以较小的政府投入,引导和刺激私人投资者进入,更好地提供公共体育服务。

(四)畅通公共体育服务需求表达渠道

公共体育服务是对公众的服务,公众的需求是否得到满足,公众的利益是否得到保障,公众的愿望是否得到实现,是衡量公共体育服务是否成功、政府工作是否合格的唯一标准。因此,畅通公众需求表达渠道,使政府能够准确地知道公众需要什么、需要多少,是公共体育服务提供过程中最重要的环节。

目前,我国体育改革中,公共体育服务需求表达机制缺失,各级政府"替民做主"。这种"替民做主"的做法真实地反映了群众利益诉求渠道的缺失。另外,公共体育服务领域改革中需求表达缺乏制度性保障。就我国现行政治体制来说,客观而论,并不是没有利益表达机制。人大代表、政协委员、各级党组织、工会组织等作为利益表达机制,成了我国政治体制的重要组成部分。虽然这种制度安排在我国政治生活中发挥着重要的作用,但在实际运作中明显地存在着诸多不足。因此,在促进我国公共体育服务供给过程中的公民参与和需求表达时应该做到:第一,加强制度化建设和公民意识教育,保障公民的参与权利,提高公民的参与能力。第二,大力培育基层民主与公民社会,为公民参与公共体育服务需求表达提供现实平台,进一步发挥扩大民众参与、反映民众诉求方面的积极作用,增强社会自治功能。第三,加大公共体育服务政策制定过程中的公民参与力度,为公民表达公共体育服务需求营造良好的民主环境。第四,强化政府体育行政组织及行政人员的民主行政观念与服务意识,确立公民的主体地位。随着公民体育权利意识的增强,更多的公众越来越强烈地呼吁加大公共体育服务建设力度。第五,增强政府体育行政部门对公众需求的回应意识与回应能力,强化公民参与的有效性,将公众满意度作为衡量公共体育服务供给效果的根本标准。

(五)制定公共体育服务标准,实现人人享有基本公共体育服务的目标

随着我国经济的快速发展和社会的进步,公共管理滞后的问题日益突出。大量社会现实证明,我国的发展面临着公共行政和公共服务精细化的挑战。

欧盟国家的经验表明,确立公共服务基本标准非常必要,这是维护社会公平的重要保障。从我国的情况来看,我国在一些领域已经采取了一系列措施,如实施养老保险、医疗保险以及失业保险制度,解决贫困人口问题等,制定了政府公共服务的最低标准,并取得了显著成效。但是,按照全面建成小康社会目标的要求,各地还缺乏长远的规划和配套的措施,需要从我国的基本国情出发,进一步

制定公共体育服务的最低标准,并纳入法制化轨道。

全国各地在不同的领域制定了相应的公共服务质量标准,如浙江已正式启动全国首个《基本公共服务均等化行动计划》。这份行动计划明确了建立健全多层次、全覆盖的社会保障体系,建立配置公平、发展均衡的社会事业体系,建成布局合理、城乡共享的公用设施体系的总体目标。为实现这一总体目标,要求实现社会保障、社会事业、公用设施三大方面的14项基本目标,在扩大基本公共服务覆盖面的同时,提高基本公共服务均等化程度。为实现这一总体目标,行动计划已规划投资2 170余亿元建设十大工程,分别为就业促进工程、社会保障工程、教育公平工程、全民健康工程、文体普及工程、社会福利工程、社区服务工程、惠民安居工程、公用设施工程、民工关爱工程。

在制定公共体育服务标准的同时,还应该根据公共体育需求和经济社会发展水平,分类制定公共体育服务标准。要以保护弱势群体为重点,扩大公共体育服务的覆盖面,从而实现使人人都享有基本公共体育服务的目标。

第三章　公共体育设施体系建设

公共体育设施主要是指由各级人民政府或社会力量出资建设，向公众开放，用于开展各类体育活动的公益性体育馆、体育场、游泳池、灯光球场、社区体育中心、体育健身点、体育公园等建筑物、场地和设备。公共体育设施是公共体育服务体系的重要组成部分，是各级政府履行公共体育服务职能的重要内容。公共体育设施是我国体育事业发展的物质载体，是建设和完善公共体育服务体系的核心环节，也是保障和维护人民群众身体健康与切身利益的基本条件。

从我国公共体育设施的发展现状来看，我国公共体育设施自改革开放以来，数量稳步增长、种类不断丰富、整合力度逐渐增强，政府对公共体育设施的资金投入持续加大，大型体育场馆的作用也得到了有效的发挥。

第一节　公共体育设施体系建设的重大意义

一、承担公共体育事业发展和全民健身重任的物质载体

加强和改善公共体育设施服务，是各级政府履行公共服务职能的重要内容。公共体育设施是国家发展体育事业的基础条件之一，是实现《中华人民共和国体育法》确定的我国体育工作目标、完成国家体育基本任务的重要物质载体，也是实行全民健身计划、进一步改善国民体质与健康状况、提高中华民族整体素质、促进社会主义物质文明和社会主义精神文明建设所必不可少的保障条件，更是国家和地区体育发展水平的重要标志。作为广大人民群众开展体育活动的基础，公共体育设施的规划和建设直接关系到广大人民群众的身体素质与精神面貌，对于构建和谐社会具有十分重要的现实意义。

此外，党和政府一直以来高度重视群众体育的发展问题，尤其注重群众身边的体育场地建设。从政府体育工作的工作方针和战略部署来看，公共体育设施的规划和建设已成为当前我国体育事业发展的重中之重。国务院《全民健身计划（2016—2020年）》中指出了我国未来几年公共体育设施的发展目标，强调了公共体育设施对于锻炼国民意志品质、提高国民身体素质、拉动体育消费需求、全面建成小康社会和构建社会主义和谐社会有着重要的意义。

今后几年是我国体育事业发展的重要机遇期。随着国务院《关于加快发展体育产业促进体育消费的若干意见》的出台，全民健身上升为国家战略，同时，2022年北京—张家口冬季奥林匹克运动会和2019年篮球世界杯赛的申办成功，说明越来越多的大型体育赛事将在我国举办，这些都为体育设施建设带来了新的发展机遇。我们要从贯彻落实科学发展观，构建社会主义和谐社会的战略高度出发，大力推进我国城乡体育设施建设，完善布局，为群众提供方便多样的健身设施。

二、建设和完善公共体育服务体系的基础核心环节

国家体育总局原局长刘鹏在全国体育发展战略研讨会上指出："大力推动公共体育服务体系建设是体育工作贯彻落实十八大精神、适应社会发展新要求的重要举措，在新时期体育事业发展中具有重要的基础地位，关系到群众的切身利益、根本利益和长远利益，是体育工作的当务之急。"公共体育服务体系建设是一项庞大而复杂的系统工程。我国公共体育服务体系主要包括公共体育设施、组织、供给、政策法规、绩效评估五个子体系。公共体育设施体系的规划建设是我国公共体育服务体系的基础核心环节，是提供公共体育产品和服务的载体，是公共体育服务体系的基础。它是各级各类体育场馆和健身场所设施等构成的有机整体。《国家基本公共服务体系"十二五"规划》中提出："加强基层公共体育设施建设。大力推动公共体育设施向社会开放，健全学校等企事业单位体育设施向公众开放的管理制度。"此外，《体育事业发展"十二五"规划》第七条、第八条、第九条以及第十条分别对公共体育设施发展目标、规划制定与实施管理、全民健身设施建设以及进一步推动体育场馆向公众开放的相关内容做出了规定，明确了公共体育设施在群众体育发展过程中的基础作用。上述法规文件均强调了公共体育设施在公共体育服务体系建设中的基础地位。

三、直面当前我国公共体育设施建设的现实问题

改革开放以来，随着我国经济的高速发展、国家财政收入的逐步宽裕以及人民群众对体育需求的不断增长，我国公共体育设施建设日新月异，政府的投入大幅增长，为我国公共体育服务体系的建设提供了重要载体，是我国公共体育服务体系的坚实基础。我国公共体育设施有极大的发展空间，各级政府均加大了对公共体育设施的资金投入，将公共体育设施建设纳入城市总体规划范围，在不断增加体育设施数量的同时，也在不断完善现有体育设施功能，提高体育设施质量。第五次全国体育场地普查数据显示，我国共有体育设施85万件，累计建设投资1 914.5亿元。但同时必须看到，我国公共体育设施建设仍是我国基础设施建设的薄弱环节，而且存在着布局不合理、基本数量较少、缺乏维护和管理、利用率不高、资金投入不足等诸多问题。国家和政府虽然给予了一系列的政策支持和大量

的资金投入，但在具体的实施过程中并不是一帆风顺的，受到了社会、经济、文化等多种因素的制约以及地理条件、人口分布、资金因素等各方面的影响，这些都严重阻碍了我国公共体育基础设施的建设和发展。以上各种问题如果得不到有效的解决，将不利于我国公共体育设施的建设和运营，不利于公共体育服务体系建设的顺利推进。

四、保障和维护人民群众身体健康与切身利益

建立健全公共体育服务体系的根本目的和出发点就是要满足我国人民群众日益增长的参与体育健身的需求，公共体育设施体系的建设是广大人民群众参与体育活动的必要前提和物质条件。中共中央和政府高度重视我国体育设施建设情况，早在 2006 年，胡锦涛同志在考察北京奥运会工程建设时就指出："要坚持以人为本，注重解决人民群众最关心、最直接、最现实的利益问题，使筹办奥运会的各项准备工作造福广大人民群众。"可见，我国体育设施的建设从开始就是要保障和维护人民群众的切身利益，它是我国政府和体育部门惠民，为民办好事、办实事的重要手段，是全心全意为人民的体质与健康服务的具体体现。改革开放以来，随着人民群众的物质文化需求不断增长，广大人民群众对公共体育设施的需求也同比增长。面对我国公共体育设施供给严重不足与人民群众需求不断增长的矛盾，我国各级政府和体育部门始终将群众健身的场地设施建设、管理和使用视为全民健身的重点环节和重要问题，在全国各地开展"全民健身工程""雪炭工程""体育彩票综合健身馆"等项目，推进公共体育设施建设，最大限度地保障和维护人民群众的体育健身需求。

第二节　公共体育设施建设的基本架构

公共体育设施建设是一项参与主体多样、涉及部门众多、服务对象广泛、内容供给多元的系统工程。建设和完善要公共体育设施体系，首先需要厘清我国公共体育设施的总体框架和所属内容。目前，学界对我国公共体育设施分类的方法各不相同。专家学者主要从公共体育设施建设标准、用地类别、所属区域、隶属关系等角度来对公共体育设施进行分类。本书主要从行政隶属区域的角度将我国公共体育设施分为城市社区公共体育设施和农村公共体育设施两大类。此外，随着我国经济社会和体育事业的不断发展，各地相继建设了一大批大型体育场馆。考虑到大型体育场馆在供给公共体育服务、改善民生和建设体育强国过程中所起到的突出作用以及目前我国大型公共体育场馆闲置问题的严峻性，本书把大型公共体育场馆作为一个重要方面来研究。基于此，城市社区公共体育设施、农村公共体育设施与大型公共体育场馆构成了我国公共体育设施建设的基本框架。

在公共体育设施建设的基本框架中，城市社区体育设施是重要的组成部分。它又可按照行政级别分为市级公共体育设施、区级公共体育设施和社区级公共体育设施。市级公共体育设施是指以全市及更大区域为服务对象的体育设施。市级公共体育设施是为全市人民服务的，是城市基础设施的重要组成部分，也是现代城市必须具备的重要内容。区级公共体育设施体育设施是指以区级行政分区为服务对象的体育设施，它是根据地区社会经济发展情况和人口分布情况而建设的，有较强实用性、功能性的体育设施，邻近人口居住较多的组团区域，便于群众健身，如城区健身步道、自行车道等。社区级公共体育设施是指在街道办事处的辖区内，以全体社区成员为主要对象，就近开展区域性健身活动的群众体育设施。

我国农村公共体育设施的建设，是为了改变村级公共体育设施严重匮乏的状况，遏制城乡公共体育设施差距的扩大趋势，推动社会主义新农村的体育建设。对于农村来说，改善农村公共体育设施，有利于在农村开展体育活动，提高亿万农民的身体素质，培养他们健康文明的生活方式，提升他们的生活质量，改善他们的生活条件，刺激农村发展，为和谐文明的社会主义新农村建设做出贡献。

大型公共体育场馆的建设现在已经成为城市建设的亮点，大型公共体育场馆也成了城市的标志性建筑。体育场馆作为城市里的独特建筑，其设计和建筑风格都展现了城市的形象，具有鲜明的指示性和个性，能够给人留下深刻而美好的印象。2013年12月18日，国家体育总局、国家发展和改革委员会、公安部、财政部、国土部、住建部、税务总局以及工商总局八个部门，联合印发了《关于加强大型体育场馆运营管理改革创新提高公共服务水平的意见》，该意见是八个部门在全国各地调研了近900个大型体育场馆的基础上，对场馆的实际开放情况、场馆运营管理所面临的共性问题等进行了深入细致的实地调研，进而从规划建设、财政保障、税费优惠、投融资支持等方面提出了明确的扶持政策。提出在未来五年实现大型体育场馆规划建设更加科学、功能布局更加合理、运营能力明显加强、使用效率大幅提高、公共体育服务水平显著提升的目标。

第三节 公共体育设施发展现状

改革开放以来，我国公共体育设施的建设在质量上和数量上都取得了显著的进步，设施种类日趋多样化，国家财政投入不断增加，体育设施的普及率也有了明显提高。首先，随着经济社会的快速发展和人民生活水平的不断提高，城市居民体育锻炼意识不断增强，体育服务需求日趋增长，全民健身活动蓬勃开展，我国经常参加体育锻炼的人数已达到4亿，体育健身已逐渐融入群众日常生活中；其次，随着"农民体育健身工程"的逐步实施，广大农村地区的公共体育设施建设稳步推进，农民参与全民健身的条件大为改善。我国大型公共体育场馆建设发展迅速，特别是大型公共体育场馆的公共服务能力有所提升，我国公共体育设施的发展为我国体育事业的发展以及我国体育强国目标的实现提供了有力保障。

一、我国城市社区公共体育设施发展现状

(一)城市社区公共体育设施数量逐年增长

改革开放以来，城市社区体育设施得到了较快、较好的发展，普及率有了明显的提高。2013年年底的第六次全国体育场地普查数据显示，我国人均体育场地面积为1.46平方米，与第五次全国体育场地普查数据相比，人均增加了0.43平方米。虽然我国城市社区体育设施在许多方面仍然与发达国家存在一定的差距，但并不能否定我国在社区体育设施发展中所取得的巨大成就。

(二)城市社区公共体育设施类型不断丰富

中华人民共和国成立之初，由于当时国家没有足够的财力来建设体育场地设施，体育设施的建设基本处于停滞状态。当时主要使用以前遗留下来的体育场地设施，总共只有不足5 000个可用的体育场地，其中社区体育设施基本处于空白，社区体育活动多数为民间体育项目，如毽球、跳绳、拔河、空竹等。第五次全国体育场地普查数据显示，我国标准体育场地中体育场、体育馆、游泳馆、跳水馆等大型体育场馆共5 680个，占标准体育场地总数的1.0%，占全国体育场地总数的0.69%。室内游泳池、综合馆和篮球馆等室内体育场地共55 678个，占标准体育场地总数的10.2%，占全国体育场地总数的6.5%。室外游泳池、室外网球场和足球场等室外体育场地共485 818个，占标准体育场地总数的88.8%，占全国体育场地总数的57.1%。在室外体育场地中篮球场、小运动场和排球场共436 278个，占标准体育场地总数的79.7%。非标准体育场地302 902个，占全国体育场地总数的35.6%，占地面积为7.3亿平方米，建筑面积为1 110.9万平方米，场地面积为2.1亿平方米。随着大众体育健身意识的日益增强以及体育项目的不断更新，以开展全民健身活动为主的非标准体育场地数量逐年增加，城市社区体育设施的类型得以丰富，并由传统的单一型逐步走向现代的多功能型。目前，我国城市社区主要有羽毛球场、网球场、篮球场、游泳池等大众化的体育设施，同时一些新兴时尚的体育设施逐步进入发达城市中的高档社区。

(三)城市社区公共体育设施投入不断加大

随着我国经济社会的迅速发展，国家经济实力的不断增强，大众体育健身、休闲娱乐的需求日益旺盛，各级政府对城市社区体育设施的建设力度逐渐加大，投入逐渐增加并趋向合理化。第五次全国体育场地普查数据表明，历年累计投入体育场地建设资金1 914.5亿元，其中，财政拨款为667.7亿元，占投资总额的34.9%；单位自筹1 032.6亿元，占投资总额的53.9%。与第四次全国体育场地普

查数据相比，人均投入体育场地建设资金增加了117.09元。

(四)城市社区公共体育设施法规日益完善

城市社区体育设施的法律法规是社区体育设施建设、管理、发展及延续的重要保证。为了满足和保障大众体育健身的需求，近几十年来，国家各部门陆续制定、出台和修订了一系列相关的法律法规，从法律层面确保我国社区体育设施的建设与管理，其中包括《中华人民共和国体育法》《关于加快发展社区服务业的意见》《全民健身计划纲要》《体育产业发展纲要》《关于加强城市社区体育工作的意见》《关于加快体育俱乐部发展和加强体育俱乐部管理的意见》《体育改革与发展纲要》《关于进一步加强和改进新时期体育工作的意见》《"十二五"群众体育事业发展规划》《"十二五"公共体育设施规划》《关于加强大型体育场馆运营管理改革创新 提高公共服务水平的意见》《关于加快体育产业发展 促进体育消费的若干意见》以及《中国足球改革总体方案》。我国政府对城市社区体育设施的建设进行了详细的战略部署，并因地制宜，采取不同政策加以监督与管理。与此同时，各级地方政府根据当时当地的实际情况也制定和出台了社区体育设施建设与管理的具体条例和办法。

(五)城市社区公共体育设施满意度逐步提高

随着我国社会经济的快速发展，各级政府对城市社区体育设施的建设越来越重视，加之各项体育法律法规的日益完善，我国城市社区体育设施的建设与管理取得了显著的进步。根据我国东、中、西部不同省市城市的调查，大众对体育设施的总体满意度逐步提高。

(六)城市社区公共体育设施资源整合不断推进

由于长期受计划经济体制的影响，我国城市社区体育设施的建设规划存在先天的缺陷，有70%左右的体育场地资源分布在教育系统，而其中绝大部分集中在学校。整合学校体育设施和公共体育场馆成为有效弥补城市社区体育设施短缺的重要手段之一。为了实现城市社区公共体育设施的共享，各级政府制定了一系列法规和办法，并取得了一定的成效。调查发现，近年来，学校体育设施和公共体育场馆的对外开放率有所提高。与此同时，城市公园、广场、绿地的开发与利用逐步得到重视，城市公共开放空间已成为大众体育健身的好去处，对促进社区体育设施的共享起到了积极的作用。

二、我国农村公共体育设施发展现状

(一)农村公共体育设施数量不断提升

在我国公共体育设施的分布中，农村地区所占的数量和比例偏少，与农村所占人口比重较大的现象矛盾突出。由于我国历次场地设施普查没有区分城乡调研差异，因此无法单独获得农村体育场地设施的相关数据，只能从我国现有的数据中提炼。全国体育场地设施普查是我国开展的权威性的体育场地设施统计。2003年开展的第五次全国体育场地设施普查数据显示，我国现有体育场地（不含新疆生产建设兵团、解放军系统、武警系统和铁路系统）中，农村地区体育场地数量占全国总体数量的比例偏小。例如2002年全国59.47%为农村人口，在体育场地面积上，农村人口的平均值远远低于当时人均1平方米的标准。

从个别地区的调研中，也可以看到农村公共体育设施数量较少，而且所占比例不合理。内蒙古自治区的数据显示，该区地域广阔，人口稀少，广大农牧区所占比例仅为2.6%。由此可见，该区当时农村公共体育设施的数量和比例极不协调。

经过建设，我国农村公共体育设施在数量上得到了很大程度的提升。针对农村体育设施短缺的状况，国家体育总局和财政部、发改委在2006年启动了"农民体育健身工程"项目。

(二) 农村公共体育设施建设规划起步

完善的公共体育设施建设规划是农村公共体育设施发展的前提，可以保证农村公共体育设施在标准和系统方面的一贯性。虽然我国《全民健身条例》等政策法规要求地方政府执行"三纳入"的规定，其中就涉及全民健身的规划问题，但是对于"三纳入"更低层次概念的农村公共体育设施规划尚需进一步提高重视力度。

和城市社区公共体育设施规划相比，农村公共体育设施规划出台的时间较晚。《中华人民共和国体育法》以及原建设部、原国家体委联合颁布执行的《城市公共体育设施用地定额指标暂行规定》，对我国城镇公共体育场地设施用地面积做出了具体规定。但该规定只是将公共体育设施规划到"县城"层面，对乡镇，尤其是农村地区公共体育设施建设规划还没有出台。和城市社区公共体育设施规划不同，农村公共体育设施规划没有得到进一步推行。

（1）国家层面，对农村公共体育设施建设的规定较为泛化，但也为地方政府细化相关政策环节提供了依据。如《农村体育工作暂行规定》提出，农村应当在全面推进小康县、小康乡镇、小康村的建设中，搞好体育场地设施建设。县、乡镇、村委会应当坚持多样、实用、就近、方便的原则，在群众居住区建设体育设施。有条件的县、乡镇可建设综合性群众健身活动中心，不断提高农村体育场地设施的建设规模和水平。1995年6月颁布的《全民健身计划纲要》规定：人口在1万人以下的居住区体育用地为每千人50平方米，大于1万人的居住区千人体育用地指标为250~300平方米。但这项标准对农村地区基本上没有参考价值，在广大农村地区，很少有人口达到1万人以上的居住区。

随着我国城镇化建设的推广，很多地方开展了新农村建设和新型农村社区建设，成规模、人口密度较大的农村聚居区已经出现，为我国农村公共体育设施服务发展提供了良好的契机。

当前，部分地方政府基于地方群众体育发展状况，对区域农村公共体育设施

新型城镇化背景下我国城乡群众公共体育服务体系的建设研究——以河北省为例

建设规划进行了初步探索。

甘肃省于2011年制定了《丝绸之路体育健身长廊规划》，提出要努力实现以下建设目标：市(州)建设体育馆、县(市、区)建设体育活动中心、乡(镇、社区)建设文体活动站、村(行政村)建设篮球场。对应的标准是每个辖区建设上述项目一项。需要实现市级合格率为70%，县级合格率为50%，乡镇文体站合格率为90%，而村建设篮球场的比例为20%。由此可见，甘肃省对农村体育场地设施的期望率仅为20%，和城市期望率相比，期望率较低。

早在1986年，四川省体育委员会在制定的《四川省各县体育工作暂行规定》中提到：把体育场地建设列入市镇建设规划，有计划、有步骤地实现"两场一池一房"(400米跑道的田径场、带看台的灯光球场、游泳池和训练房)，把体育场地建设列入新兴集镇的建设规划，使新兴集镇拥有一定的体育场地设施。地方政府在新农村建设中，推动了农村体育设施规划的工作。

《关于印发"十二五"公共体育设施建设规划的通知》提出了我国2015年的公共体育设施发展的总体目标和要求。

(2) 省级层面，浙江省首次对区域农村公共体育设施服务建设规划做较细致的规定，为我国区域公共体育设施发展提供了良好的范例。

(3) 市级层面，部分地方政府基于建设新型农村社区的热潮，纷纷出台了新型农村社区体育设施指导性意见。2012年，许昌市市政府出台了《关于新型农村社区中心镇区公共体育设施建设指导意见》，提出每一个开工建设的新型农村社区都要配套建设相应面积的健身场地，还要有适合不同人群的健身器材，有相对健全的体育组织。

3 000~5 000人的新型农村社区，可根据居住地的地理条件，建设1个占地1 500平方米左右，含1个室外灯光篮球场、4张室外乒乓球台、1个小型门球场的群众健身园；利用公共绿地建设，安装20件室外健身器材(也可根据社区公共用地实际情况，适当增加群众喜爱的健身器材数量)；结合社区文化大院，开设小型室内健身房、棋牌活动室等。5 000~8 000人的新型农村社区，可配套建设1个室外灯光篮球场、2个羽毛球场、2个门球场、4~6张室外乒乓球台，安装不少于20件室外健身器材。8 000~1.2万人的新型农村社区，要配套建设2~3个室外篮球场(其中1个是灯光篮球场)、2个网球场或羽毛球场、2个门球场、6张室外乒乓球台，安装不少于30件室外健身器材。

1.2万~2万人的中心镇区，要配套建设1个可开展篮球、排球、羽毛球、乒乓球活动，并可同时开展健身操、棋、牌、台球等活动，设有卫生间、淋浴间的小型全民健身活动室；室外要建设3个篮球场、2个网球场、2个门球场、6~8张室外乒乓球台；结合公共绿地安装不少于40件健身器材。2万人以上的中心镇区，除建设不低于上述标准的公共体育设施外，还要根据条件，建设游泳池(馆)，结合公共绿地、草坪建设宽1.2~1.8米、长1 000米以上的健身步道。

禹州市对农村公共体育设施建设的规划更为明显。依据国家体育总局乡（镇）级健身工程标准，1万人的新型农村社区，应设置室外健身场所，占地面积不少于2 280平方米，应有1个篮球场、不少于30件健身器材和4个室外乒乓球台。5 000人的新型农村社区，应有1个篮球场、2个室外乒乓球台和不少于10件健身器材，健身器材的设置宜靠近残疾人康复室。室内健身馆可与文体活动室相结合，在社区文化中心设置，建筑面积不小于40平方米，同时应配备各种棋类活动设备。

在地方政府的积极探索下，目前农村公共体育设施建设规划基本起步，形成了很多具有特色的地方标准。但是由于我国幅员辽阔、地区间差距较大，地方农村公共体育设施标准在推广方面具有一定的局限性。

(三)农村公共体育设施建设用地以集体用地为主

农村公共体育设施用地属于文化、体育用地范畴。和城市社区公共体育设施建设相比，农村公共体育设施用地属于管理性、公益性设施用地。相关学者研究发现，农村各类公共服务设施用地面积不同。学者对河北省32个村庄进行调研后发现，50%的村庄商贸金融设施用地占比最大，有7个村庄行政管理设施用地占比最大。而教育设施、医疗卫生设施、文体娱乐设施用地占比最大的村庄数量较少，仅有2个村庄的文体娱乐设施用地在各类公共设施中占比最大。

在我国农民体育健身工程中，"十二五"期间多利用各行政村所属荒地进行建设，所占比例达到66%，耕地、林地、宅基地的利用比例分别为5.5%、2.1%和4.0%，利用其他类型的土地比例达到22.4%。

目前，农村公共体育设施用地涉及以下几条法律法规：

《公共文化体育设施条例》规定，城乡关于公共文化体育设施的建设预留地，要核定用地定额指标，纳入区域土地利用总体规划和城乡规划，并依照法定程序审批。确实需要征用现有文化体育设施的，需要在政府相关部门审核后予以补充。

2012年3月，国土资源部印发了《关于大力推进节约集约用地制度建设的意见》。节约集约用地观念的确立和市场配置等重点节地制度建设的大力推进，为在人地矛盾日益紧张形势下满足各级各类体育设施合理布局、相互补充，实现广覆盖、强普惠、稳增长的目标提供了可能。

目前，我国城市体育专项用地已被纳入国家规划，但是对于市级、区县、乡镇、行政村四级的土地供应，尚没有明确的规定。

目前，《中华人民共和国土地管理法》《中华人民共和国房地产管理法》等相关法律对体育用地在宏观层面上做了相关的规定，但是并没有直接的法律法规来对体育用地的评估进行引导和约束，也没有相应的技术规程和标准来规范用地评估的行为，这造成体育用地违法违规现象严重。在我国农村公共体育设施建设过程中，应尽量使用村级公共用地。地方国土资源管理部门在制定区域用地规划过程中，要预留出体育用地，同时确保建设体育场地设施的用地以划拨为主。在目前土地升值的状态下，建议建立健全体育用地价格评估体系，为公共设施在市场交易条件下的用地问题做好准备。严格执行体育用地置换的规定，避免因经济利益占用体育用地。

（四）农村公共体育设施建设投资以政府投资为主

就农村公共体育设施投资状况而言，以国家财政投入为主，但是体育彩票公益金等也发挥了重要作用。从国家整体层面来看，农民体育健身工程的主体就是农村公共体育设施建设。其中，"十二五"期间，全国"农民体育健身工程"总投资为1 183 812万元，其中，中央财政资金124 630万元，占总投入资金的10.5%；各省级政府投入资金193 902万元，地、市政府投入资金77 693万元，县级政府投入资金333 695万元，分别占总投入资金的16.4%、6.6%、28.2%；乡镇及社会资金达到453 892万元，占总投入资金的38.3%。其中，用于场地设施的资金达到936 940万元，占总投入资金的79%；用于器材设施的资金达到246 871万元，占总投入资金的21%。

我国农民体育健身工程建设投资整体呈现出东、中部地区较少依赖中央资金，较多依靠地方自筹资金建设，西部地区较多为中央资金投入建设的特点。这主要是因为东、中部地区相对于西部地区经济较为发达，有实力使社会资金较多介入，尤其是东部沿海发达地区，社会资金在农民体育健身工程中占有很大的比例。就我国农村公共体育设施投资而言，目前主要以政府和体育行政部门投资为主，体育彩票公益金发挥了重要作用。根据《全民健身条例》的规定，对公共体育设施要实施"三纳入"的相关规定，但是就地方政府纳入的执行情况来看，部分地方政府预算内资金不足，存在以体育彩票公益金替代政府投资的行为。民间投资成为公共体育设施问题的发展的重要依托，国家体育总局颁布下发的《关于鼓励和引导民间资本投资体育产业的实施意见》中，就有鼓励民间资本投资公共体育设施的条款。

地方政府的实践虽然为我国农村公共体育设施投资提供了思路，但没有从整体上改变政府投资"一支独大"的状况。

农村公共体育设施发展的主体是县级政府，但县级政府财政能力短缺成为制约我国农村地区公共设施发展的瓶颈，此时体育彩票公益金发挥了重要作用。广州市就通过体育彩票公益金完善农村公共体育设施。广州市体育局在"十五"期间，每年投入体育彩票公益金1 000万元作为解决社区体育设施问题的专款。"十二五"开局之年，市体育局又决定在原来1 000万元的基础上，每年再从体育彩票公益金中拨出1 000万元用于完善农村公共体育设施。2007—2009年，每年投入不少于1 000万元用来完善农村公共体育设施，使建有标准篮球场的行政村比例达到80%，建有"两场一池"的农村乡镇比例达到35%。在体育彩票公益金的大力支持下福建省漳州市的县级市龙海市的农村公共体育设施日臻完善，全民健身活动蓬勃开展。

在对部分基层体育行政部门的调研中发现，目前由于机构改革，部分地区体育运行经费较为短缺，无法承担区域公共体育服务供给的责任。农村公共体育设施建设投资主要依靠政府预算内资金和上级政府的补助，还有体育彩票公益金。

（五）农村公共体育设施属地管理制度进程开启

农村公共体育设施建设是提升公共体育设施服务满意度的前提，后续管理是关键。农村公共体育设施建设完成后，其作为公共产品，在小农意识较为浓厚的农村地区，管理的难度较大。因此，需要强化针对农民体育设施的制度建设。虽然国家颁布了《公共文化体育设施条例》，很多地方制定了相应区域的公共体育设施管理条例，但是对农村公共体育设施这个特殊对象而言，其操作性还需要进一步强化。

由于我国地域差异较大，很多地方积极创新农村公共体育设施管理模式，获得了较为丰富的经验。江苏省常州市体育局在推动公共体育设施管理过程中，通过"明确职责、完善机制、落实经费、强化考核"四方面的工作，形成了较为完善的公共体育设施管理制度。在公共体育设施管理过程中，强化"属地管理原则"，责任到部门，体育、教育、文化、城建等部门各司其职。同时，完善了各种操作性制度，如责任保险制度、巡查制度等。尤其是后续管理经费的落实上，体育局每年按照三年内补贴1 000元和三年以后补贴2 000元的标准落实管理经费。同时，通过政府责任书的形式，进行管理考核。

在我国农村公共体育设施的管理制度方面，很多地方政府进行了积极探索。沈阳市《康平县村屯、社区体育器材管理制度》提出管理单位需要保证器材的完好性，保证对器材的日常维护和维修，使器材能够满足正常的使用要求，并委派专人管理，主要领导分管。如有损坏、丢失等现象发生，要第一时间向文体局报告情况。丹阳市体育局对农民体育设施的维护采取如下措施：3年内非人为损坏的，体育局出30%的维修费，乡镇出70%的维修费。3~5年内非人为损坏的，体育局和乡镇各出50%的维修费。如果是人为损坏，那么全部费用则由乡镇承担。《广州市人民政府办公厅关于印发广州市体育设施向社会开放管理办法的通知》的下发，为区域体育设施管理提供了依据。四川省的部分地市体育局，发挥体育行政执法功能，对破坏体育设施的行为限期改正。

当前，我国农村公共体育设施已经初步建立了"属地管理"体系，包含巡查制度、维修制度、捐建备案制度、责任保险制度、考核奖励制度。农村公共体育设施实行的"属地管理"体系，由各级人民政府建设的，包括国家级、省级全民健身工程，省、市体育部门在"万村工程""体育惠民工程"和新建小区、老旧小区整治过程中配套建设以及其他社会捐赠的公共体育设施，由该设施所在地的辖市、区人民政府负责制定具体的管理办法，明确具体的管理部门。

由此可见，我国农村公共体育设施管理问题是伴随着体育设施完备而产生的，属地制度化地解决了这一管理问题，针对管理问题提出相应的制度建设建议，对未来我国农村公共体育设施管理水平的提升具有重要意义。

三、我国大型公共体育场馆发展现状

(一)大型公共体育场馆数量快速增加

近年来,随着我国各地经济发展水平的提高和地方社会事业的快速发展,各级地方政府对大型公共体育场馆建设的重视程度日益提高,大型公共体育场馆建设被纳入议事日程。同时,省运会、城运会、全运会等大型体育赛事在各城市的轮流举办,进一步加快了各地大型公共体育场馆的建设步伐。

近年来大型公共体育场馆建设的主要特征表现为数量增加。近年来,年均新建百余个场馆,其中2015年新建733个,是改革开放前30年新建场馆总和的两倍多。这一方面说明各地对场馆需求量增大;另一方面说明各地以往场馆设施数量严重不足,在短期内新建了大量场馆,导致大型公共体育场馆数量快速增加。

(二)大型公共体育场馆建设投入急剧攀升

伴随着大型公共体育场馆建设数量的增加,各地对于场馆设施的投入不断增加,投入超过10亿元的大型公共体育场馆的比例较大,如南京奥体中心和山东奥体中心的投入均接近25亿元,大连体育中心的投入甚至达到40亿元。第六次全国体育场地普查数据显示,自1995年以来,场馆的平均投入均高于1 000万元。近年来,地级市成为大型公共体育场馆建设的主体,许多地级市计划建设的体育中心的投入也在数亿元甚至数十亿元,如湖北宜昌市投资了25亿元建设体育中心,辽宁盘锦体育中心投资额高达28亿元,许多地市级体育中心的投入已迈入10亿元大关,大型公共体育场馆建设的投入急剧攀升。

(三)大型公共体育场馆建设规模日趋扩大

从近年来各地大型公共体育场馆建设的规模来看,各地新建的体育场馆的规模也越来越大,特别是部分经济发达地区新建的体育场馆设施规模越来越大,如用于承办2006年广东省第12届省运会主场馆的佛山世纪体育中心,总面积为42公顷①,包括36 000余座的体育场、6 000余座的体育馆、2 800余座的游泳跳水馆和户外400米跑道的运动场及附属设施。其中体育场的建筑面积为123 125平方米,游泳跳水馆的建筑面积为5万平方米。国内部分体育中心体育场,如大连奥体中心、青岛奥体中心、河北奥体中心等体育场的规模均在6万人左右。各地新建的大型公共体育场馆中,有许多用地面积接近100万平方米左右。大连体育中心场地面积达82万平方米,体育馆占地面积达9.5万平方米,建筑面积达8.3万平方米,座位有1.8万个,体育馆主体屋盖钢结构跨度为145.4米×116米,最高点的高度为45.0米,是世界上跨度最大的弦支穹顶结构工程。场馆建设规模日趋扩大带来的问题必然是场馆建设投入的骤增。

---

① 1公顷=10 000平方米。

(四)大型公共体育场馆功能逐步多元

大型公共体育场馆功能设计的复合化、多元化是其建设发展的重要趋势。为了解决赛后运营困难的问题,各地对大型体育场馆都进行了多功能设计,通过融入多元功能,使其具备多种用途,以提高利用率。各地在大型场馆建设过程中普遍建有宾馆、酒店、会展、休闲设施、商业和办公等多种设施,甚至部分城市大型公共体育场馆在建设过程中直接将体育和会展功能结合,建设成体育会展中心,如南通体育会展中心、哈尔滨体育会展中心等。

(五)大型公共体育场馆服务能力稳步提高

近年来,随着群众体育健身需求的日益高涨和政府对公共体育服务体系建设投入力度的不断加大,大型公共体育场馆在公共体育服务体系建设和供给公共体育服务中的作用日益凸显,其服务能力逐步增强,为群众提供的服务项目和服务内容不断丰富。除了提供日常的全民健身、体育技能培训和健身指导外,多数大型公共体育场馆还向群众提供体质监测、个人陪练、体育用品、赛事组织与策划等个性化、差异化的服务。此外,许多大型公共体育场馆利用附属空间和配套设施开展多元化经营,为群众提供休闲、娱乐、餐饮和商业等多种服务,多元的群众体育消费需求得到满足,服务质量不断提升。

(六)大型公共体育场馆积极提供公共服务

大型公共体育场馆,在承办体育赛事、开展全民健身和惠民服务等方面不断创新,取得了较为突出的成就。据国家体育总局调查,2013—2015 年全国 395 个体育中心举办各类体育赛事(包括全民健身类赛事)共计 23 069 次,举办各种文艺演出 11 767 场次,举办各种公益活动 11 406 次,开办面向普通居民的健身培训班 42 048 个,共计 406.2 万人参加了健身培训,2015 年接待的健身人数高达 8 237.58 万人,比 2014 年增长 9%。被调查的 395 个体育中心常年向晨晚练群众开放,2015 年接待的晨晚练人数高达 3.58 亿人,其中个别体育中心常年向群众免费或低价开放,年接待健身人数为 600 多万人。

四、我国公共体育设施的整体需求特点与变化趋势

为全面了解居民对我国公共体育设施的需求状况与变动趋势,我们按照随机抽样的方式,共抽取辽宁、河北、浙江、安徽、山东、湖北、湖南、重庆、云南、甘肃 10 个省市的城镇居民(2 446 人)和农村居民(1 661 人)进行问卷调查。通过调查发现,民众对我国公共体育设施的需求特点与变化趋势主要表现为以下三个方面。

(一)城乡居民对公共体育设施的需求差异明显

由于经济发展水平和居民消费结构与消费习惯的差异,我国城乡居民的公共

体育设施需求差异较大。调查显示,在参加体育锻炼的城乡居民中,城镇居民在正规公共体育场所(单位、社区、健身会所等)进行锻炼的人数比例明显高于农村居民。而在非正规体育场所(江河湖畔、街头巷尾、公路旁和室内等)进行锻炼的,则是农村居民高于城镇。在参加体育锻炼的频率上,城镇居民平均每周至少参加1次体育锻炼的人数百分比(52.3%)明显高于农村居民(39.9%),而从不参加体育锻炼的城镇居民人数百分比(8.5%)则明显低于农村居民(20.6%)。城镇居民参与体育锻炼的意向比农村居民更为强烈,城镇居民对于公共体育设施的需求也更为迫切。

(二)缺乏场地设施是制约当前公共体育服务供给的重要因素

场地设施是居民参与体育锻炼的基本保障。调查发现,影响居民参与体育锻炼的原因主要包括"没兴趣""没时间""缺乏场地设施""缺乏锻炼指导""缺乏组织"和"经济条件限制"。从调查结果来看,"缺乏场地设施"是限制居民参与体育锻炼的重要原因之一(城镇居民和农村居民比例分别为28.1%和40.6%),这从侧面反映出我国居民对公共体育设施的需求仍没有得到满足。

(三)场地设施的资源整合是居民对公共体育设施的重要诉求

我国居民参与体育锻炼的项目呈现多样化的特点和发展趋势,这在客观上要求我国各类公共体育场地设施的供给应在资源整合方面提供必要保障,包括学校体育场馆向公众开放、大型公共体育场馆公共体育服务供给、经营性健身场所大众化体育服务项目开发等,场地设施的互动和整合尤为重要。

总之,一方面,我国居民的体育锻炼需求不断增加,特别是城市居民的体育锻炼意识更为突出;另一方面,我国居民的体育锻炼需求得不到有效满足,体育场地设施不足成为制约居民参与体育锻炼的重要因素。

第四节 公共体育设施发展存在的主要问题

通过探讨和分析我国城市社区和农村公共体育设施以及大型公共体育场馆的发展现状,可以将制约当前我国公共体育设施建设的诸多问题归纳为三个方面:第一,我国公共体育设施建设布局不合理;第二,我国公共体育设施使用效率较低;第三,我国公共体育设施建设投资主体单一。这三个方面是我国城市社区、农村公共体育设施和大型公共体育场馆在建设与发展过程中的共性问题,是当前加强公共体育设施建设中需要着力解决的问题。

但是,公共体育设施的建设作为一种建筑文化,受政治、经济、文化等社会条件和地理、自然条件构成的文化环境因素的影响。在不同的地域之间,由于社会发展的不平衡,自然条件的不同,建筑规模的差异,城乡公共体育设施和大型公共体育场馆在建设过程中出现了特殊问题。我们一定要坚持具体问题具体分析的原则,因地制宜地妥善处理和解决城市社区、农村公共体育设施和大型公共体育场馆建设过程中出现的特殊问题。

一、我国城市社区公共体育设施建设存在的主要问题

(一)建设与布局的失衡

1. 从城市社区公共体育设施建设与规划角度来看

我国城市社区公共体育设施建设少规划,轻落实,致使建设成效不明显。近年来,虽然我国城市社区公共体育设施的规划编制工作已启动,指标体系逐步完善,但是由于我国对城市社区公共体育设施建设的研究起步较晚,城市社区公共体育设施建设与规划的完善是一项艰巨而复杂的任务,还需经历一个复杂的过程。对城市社区公共体育设施建设规划的重视不够,社区体育设施建设的专项规划不规范,专用建设用地属性和功能要求的空间规划不完善,这些都严重影响了城市社区公共体育设施建设的数量与质量。由于历史遗留问题,目前我国许多社区没有预留体育设施建设用地,城市社区公共体育设施无法建设,即使有地可建设,由于城市规划设计人员对居民的体育锻炼和健身娱乐的需求了解不足,造成在规划中缺乏整体性、全面性的考虑,建成后无法满足社区居民日常的需要。

2. 从城市社区公共体育设施功能与布局角度来看

我国城市社区公共体育设施的发展总体上存在结构功能与空间布局的不合理现象。首先,我国长期以来形成的"重竞技体育轻群众体育"思维定式,造成了竞技体育设施建设过剩、群众体育设施建设滞后的局面。从我国城市社区公共体育设施建设规模来看,城市竞技型公共体育设施的建设用地远远超过国家规定的建设用地标准,而休闲型公共体育设施的建设用地则远远低于国家规定的建设用地标准。规划布局的不合理直接造成城市公共体育设施功能的失衡,大众化体育设施紧缺而竞技体育设施过剩。当前,我国城市社区公共体育设施以竞技型居多,与群众体育息息相关的休闲型公共体育设施数量偏少,公共体育设施在类型分布上呈现出明显的"为举办大型赛事而突发增长"的应急性特征,缺乏建设和发展的长效机制。为了举办国际国内大型体育赛事,专门建造大中型体育场馆,其中以大型综合体育场馆居多,大型国有体育场馆的赛后利用一直是困扰我们的一大难题。其次,现在的居住区公共设施配套是按照"谁开发、谁配套"的原则进行的,地块开发规模大小不一,导致体育设施配套不一。当开发规模较小时,相应指标的配套设施很容易由于过小被忽略而流失。当很多个小规模地块开发聚集在一起形成一些大的普通社区时,较多的大众体育需求则与缺失的社区体育设施产生矛盾,于是出现了供给分布不平衡的问题。新老社区的体育设施存在明显的差异,也加剧了城市社区公共体育设施空间布局的不合理。

3. 从城市社区公共体育设施数量与质量角度来看

我国城市社区公共体育设施的总量供给不足，类型与功能相对单一，难以满足大众日益增长的多元化需求。长期以来，由于受经济发展水平和社会体制的制约，社区体育设施的建设得不到足够的重视，我国城市社区公共体育设施供给不足和质量低下。我国人均体育场地面积仅 1.46 平方米，远低于日、韩等周边国家的平均水平。调查数据显示，我国中西部城市的体育设施短缺问题尤为突出。同时，因受社会经济发展因素的影响，我国体育场地设施的总体质量较差，加上后期缺乏维修经费和管理人员，质量有不断下降的趋势。课题组调查数据显示，我国城乡居民体育活动的主要场所大多数是非正规体育场所，比如公园、居委会空地、街头巷尾、江河湖畔等，其中绿地、公园或广场占 43.3%，室外小型运动场占 35.5%，能利用单位、学校、社区所拥有的体育设施的只占 29.6%。大部分城市居民对社区体育设施的现状感到不满意，特别是体育设施的数量和质量。由此可见，提高城市社区公共体育设施的数量与质量是满足大众体育健身、休闲娱乐需求的当务之急。

(二)管理决策与内部发展的失调

1. 从管理决策角度来看

我国城市社区公共体育设施建设与管理存在主体不明、责任不清、管理严重缺位等问题。虽然国家体育总局发布的《城市社区体育设施建设用地指标》为城市社区体育设施建设提供了比较详细的指标依据，但各级政府的体育职能部门在城市社区体育设施规划中的作用没能得到充分的发挥，体育职能部门的意见常常得不到重视，流于形式。政府各部门在居住小区的规划审批中，往往过于关注小区容积率、建筑面积、建筑风貌等问题，而对体育设施建设的把控并不严格，加上我国城市社区公共体育设施建设规划的相关法律法规不完善，指标较含糊，法规条文的约束力较差，经常出现未达标也给予放行的情况。在实践层面，因缺少职能部门的监督与指导，很多房地产开发商不重视体育设施规划，回避体育设施的建设，降低相关设施的标准，致使大量社区没有体育设施或体育设施利用不充分而长期处于闲置状态，大众的体育健身、休闲娱乐的需求难以满足。在利益的驱使下，有些开发商甚至挪用或占用体育设施建设用地，严重阻碍了城市社区公共体育设施的正常发展。管理决策上的弊端，是导致城市社区公共体育设施严重浪费与匮乏的重要因素之一。

2. 从内部发展角度来看

我国体育场地设施的性质较多样化，且其隶属不同的系统，主要有体育系统、教育系统、军队和一些事业单位等。这些部门多采用封闭式管理，其所属部门的场地设施基本不对外开放，未能对社区体育设施起到有效的补充作用。我国大多数城市社区体育设施缺少整体规划，没能从城市总体规划全局考虑，部门之间缺乏有效的沟通。首先，近些年来，虽然学校体育设施对外开放问题得到重视，但未能取得很好的成效，学校体育设施在理论上可以解决社会体育资源短缺的问题，但在实际操作上难以实现其向公众完全开放的目标，成效不显著。其次，机关、企事业单位的体育设施与学校体育设施十分类似，由于其主体性质的特殊性，体育设施长期处于封闭状态，自己使用的次数非常有限，又不愿对外开放，造成了极大的浪费。最后，社区体育设施的质量和社区的服务水平有待提高。一方面，社区体育设施建设缺乏科学规划，社区的体育场地设施建设比较零乱，随意性较大，类型与功能相对单一，体育健身、休闲娱乐的成效不明显；另一方面，大多数社区并不会安排专门的人员对设施进行管理维护，大批设施缺少维护与修理，存在安全隐患。在服务方面，由于没有专业人员指导，体育设施如同摆设，甚至在利益的诱惑下，城市社区体育健身设施被挤占、挪用的现象也非常严重，如部分社区体育设施被用于商业化经营，市民无法享受平价服务。

(三) 利益需求与人文关怀的缺失

1. 从体育需求角度来看

随着科技水平的提高，休闲时代和小康社会的来临，人们的健康意识不断加强、健身的愿望越来越强烈，体育健身已成为现代人的一种生活方式。随着人们健身需求的增加，人们对体育健身的需求也在不断变化，特别是人们对体育设施以及体育健身环境都提出了更高的要求。目前，我国大部分城市社区的体育健身休闲空间环境还很差，与大众的体育健身需求不相符，难以最大限度地调动人们的健身积极性，体育资源得不到充分的利用，造成体育资源的极大浪费，体育设施浪费或环境不良与居民的体育健身需求之间的矛盾突出。城市社区体育设施的建设与规划应尊重大众的体育健身意愿，以大众的体育健身需求为导向。

2. 从人文关怀角度来看

"人文缺失"在城市社区体育设施建设上主要表现为以下几方面。首先，城市社区体育环境缺乏吸引力，个性化不明显，雷同性大，决策者与管理者往往只注重空间的物理质量，很少考虑居民需求的多元化。其次，我国社区体育设施类型中，以小型、单一、简易的体育场地设施为主。从需求角度上讲，与目前大众所喜爱的项目不配套，加上体育活动缺乏组织指导，难以满足大众的体育需求。而那些现代化、综合性、具有配套服务设施的体育场地设施因造价高、消费高，与大众的体育消费能力不相适应，利用率极低。最后，建设者对城市社区文化内涵把握不明确，对设施使用者的环境行为心理考虑较少，导致社区体育休闲空间缺乏领域感，缺乏近人的尺度和气氛。由于建设者对体育健身环境把握不足，社区体育活动空间不能被充分利用，许多社区体育设施使用效率低下，造成资源的极大浪费。

(四)投资主体单一,缺乏法律保障

1. 投资主体单一

体育场地投资模式以政府为主导,具有明显的政治色彩,投资结构相对单一。我国体育设施的建设资金主要源于各级政府财政拨款、体育彩票公益金以及各层面的社会赞助。相比之下,国外体育场地建设投资结构相对多元化,西方国家政府充分利用资金补贴、贷款、税收和土地征用等优惠政策,吸引社会资本和私人资本积极参与场馆投资建设,从而有效地调动了社团、企业和个人对体育场馆建设的积极性。目前,我国城市社区体育场馆设施建设投资主体的单一严重制约了其可持续性发展。首先,由于受传统思维的束缚,我国竞技体育与大众体育发展不平衡,用于竞技运动训练比赛场馆设施建设的体育彩票公益金远远超过发展大众体育的投入,"条块分割"式的管理体制阻碍了社区间体育设施建设的资源共享。其次,由于我国城市社区公共体育设施的主要性质是非营利性和公益性,属于公共产品或准公共产品,在市场经济的条件下,企业和社区开发商却以追求利润最大化为主要目的,所以他们不会主动投资此类行业,大众体育场馆设施建设很难融入市场,导致建设资金非常有限。最后,目前我国对体育设施行业的宏观调控能力还非常弱,投资收益小,风险大,市场资源配置成本高,造成经营性大众体育场馆设施的私人收益小于在资源优化配置时的收益,甚至小于社会收益,投资与收益严重失衡,投资者的积极性严重受挫,最终造成社会供给不足。此外,我国私人投资大众性体育行业的金融支持系统还相对落后。我国从事经营性大众体育场馆设施的民营企业,基本缺乏正规的融资渠道,这种情况限制了私人投资在社区体育设施行业的发展与壮大。总之,城市社区体育在我国还处于初级起步阶段,其社会化、产业化程度还很低,社会力量对城市社区体育场地设施投资无力。

2. 缺乏法律保障

以物质环境规划为主是现阶段我国城市规划的主要特点之一,加上城市经济实力有限,导致城市基础设施建设的总体投入不足,从而在城市建设发展过程中往往忽略了体育方面的规划和内容。由于城市发展的思维观念与价值取向等各不相同,城市经济的发展未必能与各项社会事业包括体育事业同步进行。在城市建设和发展过程中,许多城市只关注城市基础生活设施的建设,而体育设施的建设往往被忽视,造成城市体育设施的建设管理滞后于城市发展的规模,延缓了城市发展的速度,究其原因主要是体育设施的发展得不到强有力的法律保障。改革开放以来,我国立法机关、政府有关部门制定并颁布了《全民健身计划纲要》《全民健身"一二一"工程》《关于加强城市社区体育的意见》《城市公共体育运动设施用地定额指标暂行规定》等法规、法律,充分说明我国已经充分认识到城市社区体育在我国社会发展中的重要作用。但非常遗憾的是,这些法规、法律执行的法制环境不够完善,在实际的执行过程中,贯彻执行的效果不理想。甚至还有不少地方政府和居民对这些法规、法律一无所知，体育行政部门仍然以竞技体育为工作重心，以比赛成绩和金牌为重心。重视程度不够，人力分配、资金投入的不足，是城市社区公共体育设施建设的重要影响因素。但从某种程度上来说，这些因素的存在恰好说明我国体育发展的相关法规、法律存在一定的漏洞，缺乏法律保障是城市社区公共体育设施发展滞后的最主要因素之一。

(五)资源封闭，整合率不高

据课题组调查，我国城乡居民参加体育活动的主要场所是公园、广场等非正规场所，利用正规体育场所(如大型体育场馆等)所占的比例较低，学校体育设施对外开放程度不高。这一结果表明，单位、学校、社区所拥有的体育设施尚未得到充分利用，闲置浪费现象严重，而公园、广场和绿地等城市公共开放空间则成为大众体育健身、休闲娱乐的好去处。如何有效整合城市社区公共体育设施资源是新时期我国体育发展过程中亟须解决的问题之一。

二、我国农村公共体育设施存在的主要问题

我国农村公共体育设施的发展虽然初步解决了设施短缺、管理效益等问题，但是存在的问题依旧较多。通过对农村公共体育设施问题的分析，可以为科学、合理地认识农村公共体育设施发展状况，提供对策建议。

农村公共体育设施发展的主要目的在于满足民众的需求，农村居民评价可反映农村公共体育设施的状况。调研发现，我国农村公共体育设施主要存在如下问题，在调研对象中，37.7%的农村居民认为"体育设施的类型太少"，37.6%的农村居民认为"有体育设施，但数量太少，不能满足需求"，30.7%的农村居民认为"体育设施陈旧、不安全"，26.3%的农村居民所在村存在"没有体育设施"等问题。通过对上述问题的分析，结合研究的需要，对我国农村公共体育设施发展中存在的共性问题进行分析，归纳出我国农村公共体育设施发展中需要注意的问题。

(一)农村公共体育场地设施类型失衡

我国农村公共体育设施发展主要依托"农民体育健身工程"，该工程推广的体育设施主要用于开展篮球和乒乓球运动。这导致农村体育设施类型极为单一，其他类型的体育设施不足。

郇昌店等人的调研表明，县、乡、村等组织的公共体育设施供给都以篮球场和乒乓球台为主，说明地方政府对上级政府政策的依赖。

虽然我国农村体育设施在总体数量上得到了提升，人均体育场地设施面积等指标一定程度上得到了提高，但是结构性失衡等问题比较突出。当前，农民迫切需要的小型、多样的体育场地设施等严重不足，但能够反映地方政府体育行政部门"政绩"和"利益"的大型体育场馆，如"一场两馆"或"两场一池一馆"等类型服务的供给相对过剩，这使得我国农村人均体育场地设施面积提升的同时，农村体育

设施服务普及性较差。课题组在调研中也发现,地方体育行政部门认为,只有大型体育场馆等设施才是体育行政部门工作的重点,而与基层民众健身休闲联系紧密的小型体育场地设施,却没有给予足够重视。

针对我国存在的公共体育设施单一状况,农民对体育设施种类满意的比例为31.4%,而不满意的比例为36.5%,处于中间的比例为31.9%。可见,农民对体育设施的种类满意度不高,需要在后续建设中注意。

从农村居民对公共体育设施的需求来看,健身器械(37.4%)和综合文体室(35.2%)的需求比例极高,篮球场(22.5%)和乒乓球台(24.3%)的需求比例不是很高。

由于地方热衷建设县"体育中心""体育广场"等大型体育设施,同针对老百姓体育健身需求的设施类型存在一定的矛盾。

(二)农村公共体育设施规划与农村变革的背离

在我国城镇化发展过程中,农村居民的居住条件和生活习惯都发生了明显变化。其中一个突出的特点就是农村人口大量聚集而形成新型农村社区。新型农村社区为公共体育设施发展提供了良好的契机,很多地方政府(浙江省、河南省等)都把包含农村体育设施在内的公共事业发展纳入区域农村发展的长远规划,这对我国广大农村地区公共体育设施发展具有重要意义。虽然我国地域辽阔,区域特色比较明显,但新型农村公共体育设施规划建设,更多的是地方政府的尝试,缺乏在全国范围内推广的可能性。造成我国农村公共体育设施规划在一定程度上滞后于我国农村经济社会发展的原因是多方面的。市区级公共体育健身设施缺乏规划依据,目前全国各级体育行政部门没有统一的、完整的规划依据。全国各级省区市执行的规划标准不统一,许多健身项目审批的标准也不统一。和城市社区体育设施建设标准相比,农村公共体育设施规划标准出台较晚,且规定相对笼统。

总体而言,我国农村公共体育设施规划的突出问题是,和城市社区公共体育设施相比,缺乏全国性的建设标准。虽然部分地方政府都对建设标准进行了探索,但是由于都是地方标准,并没有推动我国农村公共体育设施规划的深入开展,由此形成了很多地方"摸着石头过河"的心态。调研中很多地方政府表示,亟须加强对农村公共体育设施在内的公共服务设施标准的制定,以推动农村公共体育设施的发展。

(三)农村公共体育设施利用率不高

体育设施建设的目的是通过对体育设施的利用,提高民众参与体育活动的频率。但是,体育设施利用受到多种因素的影响。我国农村体育设施利用效率的进一步提高,对我国农村体育事业的发展具有重要作用。农村学校公共体育设施资源的开发状况较差,根本无法实现政策的原始目的,很多学校的负责人明确表示不会开放学校体育设施,即使开放,农民群体也没有到学校进行体育锻炼的习惯。

在农村公共体育设施利用上,很多农民的健身场地是自家庭院或室内、绿地、公园、广场、空地等,室外小型运动场和体育健身点所占比例不高,我国农村公共体育设施利用率不高。

目前农村公共体育设施的"如何使用"关系到农村体育场地设施使用的效率问题。国家体育总局前期组织的调研发现,农村硬化的水泥体育场地可以实现功能多元化,农民可以在那里晒粮食、搞文艺演出、进行集体活动,部分地区(如黑龙江省、山东省)的调研也印证了该观点。

课题组在河北部分农村调研中发现,虽然部分村落零星地开展健身舞蹈等全面健身活动,但是农民群体的健身行为有以下几个特点:第一,以妇女群体为主。参与体育活动的群体基本上属于女性,男性对参与体育活动持否定态度;第二,锻炼时间以晚饭后为主,且持续时间较短;第三,健身的自发性。基本上都是农民群体自发参与体育活动,缺乏外来力量的介入。农村公共体育设施并不一定是参与体育活动的必要条件。山东省临沂市很多农村,在缺乏体育健身设施的基础上,体育活动仍开展得比较好。与之相对应,作为一些新农村建设的示范村,其村容整洁,社会服务开展得较好,但是政府投资健设的公共体育设施由于缺乏有效的利用,目前已经损毁殆尽,无法使用。笔者在某些村进行访谈时了解到,农民群体对该村安装的各种体育设施的使用方法了解很少,并且场地没有硬化,缺乏有效管理,造成了体育设施的浪费。

利用农村学校体育设施推动农村体育活动开展,是我国农村体育政策的重要构成部分。但是目前,我国农村中小学体育设施开发状况不理想。我国农村公共体育设施利用率不高的原因是多方面的。其中,有一部分原因是体育设施本身的不适用性,目前农村公共体育设施的主要类型是篮球场、篮球架和乒乓球台。但是目前农村常住人口以老年人和儿童为主,这类群体对篮球和乒乓球等运动的热爱程度有待提高。另一部分原因是农民群体参与体育活动的积极性不高。农村公共体育设施利用率不高,直接体现了我国体育行政部门利用财政投资建设体育场地设施、提高农村体育参与率的政策设计遇到了一定挑战。从实践来看,农村公共体育设施数量的增长并没有相应地提高农村农民群体的体育参与率。

(四)农村公共体育设施投资主体单一

目前,农村公共体育设施投资主体相对单一,主要依靠财政拨款这一渠道,对财政资金投入有很大的依赖性,社会力量、民间资本投资体育场地设施建设的极少,尚未实现体育社会化、产业化。从"十二五"期间"农民体育健身工程"建设投资比例可见,政府投资比例较大,社会资本投资明显不足。而乡镇和社会投资呈现明显的区域差异。如河北省在"农民体育健身工程"建设中,按照每个项目所需资金,国家、省、市(县)按5:3:2的比例安排,即国家投入1.5万元,省体育局、省发展改革委、省财政厅投入9 000元,市(县)投入6 000元。农村公共体育设施建设,以国家财政投资为主,虽然也有社会团体、企事业单位、个人进行捐赠和赞助，但是比例不高。

调研中发现，农村公共体育设施建设主要依靠上级财政拨款，由于地方政府筹资能力和配套能力较低，社会资本投入的积极性不高。地方政府虽然对农村公共体育设施建设承担主要责任，但受财政能力制约，主要依靠上级政府的转移支付。如西部某市体育局给所属县下达"筹目"的任务，各县建立所谓"项目库"为获得上级项目做准备，2015年该市获得的上级项目获得了较大程度的发展。

(五)农村公共体育设施管理水平不高

《公共文化体育设施条例》第七条规定："国务院文化行政主管部门、体育行政主管部门依据国务院规定的职责，负责全国的公共文化体育设施的监督管理。县以上地方人民政府文化行政部门、体育行政主管部门依据本级人民政府的职责，负责本行政区域内的公共文化体育设施的监督管理。"

由此可见，县以上地方人民政府是区域公共体育设施的管理主体。但是在农村地区，公共体育设施、体育场地设施的管理存在很大的漏洞，场地器械的陈旧老化问题严重，安全问题时常发生。农村公共体育设施运行过程中"无人员、无制度、无经费"，与我国投资建设农村公共体育事业的初衷相背离。

课题组在对农村体育场地的管理调研中发现，农村公共体育设施管理和利用是相辅相成的。一般来说，体育设施利用较好的地区，其管理水平也相对较高，管理水平是农村体育设施功能发挥的关键因素。

三、大型公共体育场馆在提供公共体育服务中存在的问题

(一)公共服务设施不完善，服务功能较为单一

各地新建的大型公共体育场馆的功能以承办各类大型体育赛事为主，场馆设计以赛事需要为出发点，场馆的竞赛功能和竞赛设施比较完备，但对场馆赛后运营和配套服务的考虑较少，未能对场馆进行多功能、复合化的设计，导致场馆的公共体育服务设施不配套、不完善，各种公共服务设施严重不足，这限制了场馆对于公共体育服务的供给，使得场馆的服务功能过于单一，不利于公共体育服务的供给。

(二)公共服务设施重复建设问题严重

大型公共体育场馆是政府提供公共体育服务的重要主体和场所，各级政府负有建设、管理大型公共体育场馆的职责。由于各地政府未就场馆建设规划进行有效沟通、协调，盲目筹措资金建设，导致大型公共体育场馆出现重复建设，个别地区甚至出现场馆供给过度的现象，严重浪费了大量国有资产。受我国现行体制影响，不同行政级别的政府都在规划建设体育场馆，其中省会城市最为普遍。部分省会城市拥有分别隶属于省会城市、区的奥体中心或体育中心，并且以"一场两馆"居多，功能设施差异较小。此外，隶属于教育系统的学校体育场馆数量众多，使得体育场馆重复建设问题更加突出。如广州市共有43个体育场，其中隶属于体

育系统2万座位以上的体育场就有9个。这些重复建设的体育场馆功能相似,致使大量场地无人使用,开放程度不高。此外,部分地区的体育活动中心和文化活动中心分别由体育部门和文化部门修建,功能类似,缺少统筹规划,导致大量资源浪费,公共体育服务设施重复建设问题比较突出。

(三)场馆管理水平较低,资源闲置较为严重

场馆管理水平较低是造成场馆资源闲置和供给公共体育服务困难的主要原因之一,具体表现在以下四个方面。

1. 场馆管理专业化水平较低

目前,在场馆供给公共体育服务过程中,专业化水平较低是管理水平较低的重要表现之一,国内尚未通过服务质量认证或体育服务认证等第三方认证的场馆占大多数,场馆内部未建立科学规范的管理制度,保障公共体育服务和场馆服务的国家标准尚未制定,场馆运行没有统一的规范标准。而且,场馆在运营中以自主运营为主,缺乏专业分工与合作意识,未能引入专业运营机构。根据有关学者的调查,有46.7%的场馆在票务、广告和附属设施的开发中未能选择与专业机构合作,对于不太熟悉的领域的经营工作,近一半的场馆选择招聘人员或内部培养等方式,而不会选择与专业机构合作。场馆自主经营导致经营和服务的专业化水平较低,服务水平有限,市场资源利用不足,缺乏竞争优势。

2. 场馆运营收入过低

场馆在提供公共服务的同时,适度进行市场开发,提高运营收入是反映其运营能力的重要指标之一。从国内场馆运营现状来看,运营收入偏低,多数场馆在没有财政拨款和上级补助的情况下亏损运营。湖北省体育局调查发现,2015年该省场馆平均年收入仅为406万元。在不包括财政拨款和上级补助的情况下,65.3%的场馆处于亏损状态。根据国家体育总局2016年的调查,全国事业单位类型场馆平均每家场馆2015年的收入为489.8万元。而国内部分运营能力较强的场馆,如北京工人体育中心、黄龙体育中心和武汉体育中心等场馆年运营收入才1亿元左右。

3. 场馆利用效率较低,资源闲置较为严重

我国场馆规模普遍较大,容纳观众较多,有条件承办大型文体赛事活动,但是大型活动数量十分有限,属于稀缺资源,各场馆每年举办大型活动的次数屈指可数,多数场馆仍主要用于全民健身,与中小型的全民健身中心功能十分相似,政府斥资修建的大型体育场馆的竞赛功能缺失,严重浪费了场馆资源。况且大型体育场馆维护保养成本较高,甚至部分场馆每年的维修费用足以修建多座室内健身馆。大型体育场馆主要提供群众健身服务,每天在开放时段内都有群众参与锻炼,表面看利用率很高,但是实际利用水平非常低,占场馆面积比大的座席几乎全部处于闲置状态。调查显示,湖北省每年举办5～10次大型活动的场馆占

68.4%,每年举办 5 次以下大型活动的场馆占 40.3%,每年举办 11~20 次大型活动的场馆占 22.8%。从场馆举办大型活动的性质来看,非体育活动多于体育活动。部分场馆选址过于偏僻,远离城市中心城区和居民区,群众健身人数较少。为节约成本,部分场馆除承办大型活动外,常年不对群众开放,进一步加剧了场馆的闲置问题。

4. 民营机构难以参与场馆公共体育服务供给

虽然国家已出台相关政策鼓励民营资本介入场馆业和公共体育服务供给领域,但各地政府对开放场馆服务市场的支持力度不强,仍以成立事业单位进行运营管理为主。部分场馆在自身运营举步维艰或资金严重短缺的情况下,才选择引入民营机构参与提供公共体育服务。封闭的场馆经营权市场,严重限制了市场机制和竞争机制积极作用的发挥,抑制了场馆运营主体的工作热情和积极性,缺乏相应的评价机制和替代机制,不利于现有场馆运营管理能力的提升和公共体育服务的供给,在一定程度上造成了场馆运营管理水平的低下。

(四)公共服务供给不足,服务内容过于单一

大型体育场馆作为政府投入巨资建设的社会服务设施,主要用于提供公共体育服务,从各地大型体育场馆提供服务的情况来看,基本上履行了公共体育服务的职能。公共体育服务的种类较多,从各地大型体育场馆提供的服务种类来看,以各种体育健身、体育培训和健身指导等公共体育服务为主。据调查,84.1%的场馆提供体育培训服务,82.5%的场馆提供群众赛事服务,79.4%的场馆提供健身服务,场馆提供的其他服务项目还包括大型文体活动、后备人才培养、健身指导、体质测试、运动队保障等公共体育服务。被调查场馆中向社会提供免费服务项目最多的是健身,具体包括晨晚练、打篮球等。有偿服务项目主要是体育培训、大型文体活动、运动队保障服务及打羽毛球、打网球、游泳等。

从被调查的场馆来看,虽然大部分场馆均提供一定的公共体育服务,但仍有相当一部分场馆未能对群众开放,提供的公共体育服务项目偏少,服务内容供给不足的现象较为普遍。部分大型体育场馆仅仅是为了承办一次性大型体育赛事而建,没有完备的配套设施,导致这些场馆的公共体育服务供给严重缺乏,服务内容过于单一。大型体育场馆设施完善、功能齐全,本应在构建公共体育服务体系、供给公共体育服务中发挥核心作用,但部分大型体育场馆除了打开大门,开放场地设施向群众提供简单的场地设施服务外,难以提供其他服务。大型体育场馆作为公共体育场馆应向群众提供公益性体育服务,但部分大型体育场馆完全市场化,提供的服务价格过高,服务项目设置完全商业化,将大部分中低消费群体排除在服务范围之外,难以体现公益性,进一步限制了大型体育场馆公共体育服务的供给。

此外,大型体育场馆的首要职能是提供公共服务,积极向群众提供免费的健身指导等基本公共体育服务,但从目前调查和了解的情况来看,大部分场馆还未能为群众提供免费的体质测试和健身指导等基本公共体育服务,公共体育服务内容有待丰富,公共体育服务能力有待提高。

(五)公共服务成本过高

我国大型体育场馆多为竞赛型场馆,是为承接大型体育赛事而建,投资额巨大,运营成本过高,如南京奥体中心一年的运营费用为6 000多万元。大型体育场馆作为公共体育场馆,根据《公共文化体育设施条例》的规定向社会开放,提供公共体育服务。由于赛事、活动资源较为稀缺,大型体育场馆在没有比赛时也主要用于对群众开放。由于大型体育场馆能耗高、维护费用非常高,所以其提供公共体育服务的成本非常高。以我国大型体育中心为例,进入室内参与健身活动的全国人均成本为20~30元,晨晚练的全国人均成本为5元。

(六)场馆对群众公共体育服务的需求关注不够

群众对公共体育服务的需求是政府建设公共体育场馆的重要导向,是场馆供给公共体育服务的基础和前提。但遗憾的是,场馆对群众公共体育服务的需求关注不够,未能充分调查和深入了解群众的公共体育服务需求,单方供给现象较为普遍。根据湖北省体育局的调查,有58.1%的场馆不能根据群众的需求提供个性化的体育服务,有22.6%的场馆在开设新项目或提供新服务前未进行过市场调研,充分说明场馆对群众的公共体育服务需求关注不够。

第五节 公共体育设施发展存在问题的成因分析

一、我国公共体育设施建设体制大环境的转轨和脱节

(一)我国经济体制的转轨导致公共体育设施资源不对称

首先,在城市和社区,"单位体制"作为我国现代化进程中一种社会调控体系设立的制度化组织形式,在社会主义计划经济体制向社会主义市场经济体制转轨过程中逐渐瓦解,单位功能的"全能性"也逐渐减弱,"单位人"逐步转向"社会人"。原先由单位全部承担的社会服务性功能,包括体育福利供给功能在内,开始转移到社会和社区。单位体育作为"单位体制"的产物之一,随着单位功能的分解,单位体育这一特殊功能也逐渐溶解到社会中。在这次经济体制转轨的过程中,我国体育设施资源也发生了变化,单位体育设施资源开始闲置,而社会上的公共体育设施资源变得更紧张,对现有的单位体育设施进行资源整合是应对这一变化的有效手段之一。

其次,在我国由传统农业经济向现代工业经济过渡的历史进程中,出现了城市现代生产、生活方式之间不断进步的不对称组织形式和社会存在形式与农村相对落后的生产和生活方式,即城乡二元结构。因此,农村公共体育设施利用的辅助性要素缺失导致无法形成公共体育设施利用的环境。农村公共体育设施功能的开发必须与相应的体育活动、体育组织相联系,而目前我国农村地区体育活动贫乏、体育组织建设滞后等问题,直接影响到我国农村公共体育设施服务功能的发挥。

由于农村公共体育设施辅助功能设计不健全,公共体育设施得不到有效利用、损坏、被占用等状况时有发生。四川省南充市在已经建成的农村公共体育设施中,一周能使用3次以上的只有57%,有27%的设施在一周中没有使用过。在调查中也发现,部分公共体育设施已经出现裂缝或锈迹斑斑,说明很少被使用。

调研发现,有很多含有农民体育健身工程的行政村,由于长时间没有开展体育活动,很多场地被村民用作晒谷场等。还有的被村民作为建筑材料的搅拌场,农村公共体育设施损坏、被占用的情况较为严重。

《全民健身条例》和《公共文化体育设施管理条例》明确了在保证不影响教学的前提下,学校体育场地设施应该向居民开放。而在调研中发现,学校体育场地设施开放呈现"学校层次越高、开放程度越高"的局面。农村地区的中小学体育设施基本上不会对居民开放。部分中小学负责人表示,没有明确的操作性方案,同时制度之间相互掣肘,对学校体育设施的开发形成了一定的影响,同时农村中小学无力安排专门的人员组织实施体育建设指导,校园安保力量难以提升等,也影响了此类体育设施功能的发挥。

(二)我国现行的体育管理体制导致公共体育设施资源配置不平衡

我国现行行政管理体制的主要特征是行政权力的高度集中,这致使我国的体育管理体制也出现行政权力的高度集中,管理上出现事权"条块分割"现象。事权"条块分割"是指事情和权力在不同层面上进行,事情发生在条条上,而权力存在于块块中,这一现象直接影响了体育资源的配置。

1. 城市社区公共体育设施

在计划经济条件下,体育资源的配置完全打破了市场逻辑,其不是根据需求来决定供给,根据消费来决定生产,而是依靠各级政府的计划和财政投入来培育体育资源,主要以行政机制来实现体育资源的配置,在"条块分割"体制条件下,体育设施资源在纵向和横向上流动受阻,满足普通群众体育需求的功能也无法实现。这就表明,不能实现城市社区体育设施资源共享的主要原因就是纵向上的协调不到位,导致体育资源在横向上的流动不畅通。资源配置的不平衡性产生了资源共享的需求,资源共享就是为解决局部资源的稀缺性,而使资源在不同主体之间相互移动、重新整合,使资源整体平衡对称的过程。

2. 农村公共体育设施

政府体育行政部门对农村公共体育设施"只建不管",缺乏持续的经费投入。目前,我国农村公共体育设施建成后,一般由受赠方的村委会承担管理责任与后期投入，目前村委会等组织尚难以承担农村公共体育设施的维护费用。作为具有公共产品性质的消费品，由于长时间、高频率的使用，所以农村公共体育设施使用时间相对较短，这就需要村委会等组织树立持久的观点，认识到农村体育设施的维护、管理和利用需要持续性投入经费。因此，后期的管理与维护成为农村体育场地设施可长期使用的条件和保障。从长远的角度看，农村体育场地设施的维护、更换和管理成本远高于建设成本。农村公共体育设施管理主体主要有投资方和受赠方。在农村公共体育设施实际运营过程中，以政府为主的投资方和以地方社区为主的受赠方存在典型的博弈心态。课题组在部分区域调研时发现，农村公共体育设施损毁后，不能得到及时的修理和更换。农村公共体育设施投资主体和管理主体呈现博弈心态，职责不明确，基层体育行政部门由于人手不足无法做到有效监管。由此可见，如果不能从根本上解决农村公共体育设施的产权归属和后续的维护经费投入问题，将会对我国投入巨资建设的农民体育健身工程造成较大的影响。

3. 大型公共体育场馆

我国大型公共体育场馆多属事业性质，长期沿用事业单位体制进行管理，场馆供给公共体育服务受到这种体制的制约和限制，具体分析起来，可以归结为以下几种原因。

预算管理制度束缚供给公共体育服务的灵活性。我国体育场馆需要严格执行财务预算管理制度。在实际运营中，场馆无法准确预测下一年度将举办的相关体育竞赛、活动次数及各项损耗，也无法对各项支出做出精确预算，从而导致无法使用相关资金、无法举办文体活动，场馆供给公共体育服务的灵活性受到严重束缚。场馆供给的公共体育服务能力受预算制度影响十分严重，根据湖北省体育局2016年的调查，在制约场馆运营的各项体制性障碍中，预算管理制度束缚排名第一，成为制约场馆供给公共体育服务最主要的体制性障碍。

编制管理导致人员流动不畅，冗员过多。绝大多数场馆管理机构作为事业单位，由地方政府编制管理部门确定场馆管理机构的性质和编制数量，并对所有人员实施编制管理。场馆的编制数量决定了其可以正式聘用的人员数量。由于编制数量有限，在无编制和有编制情况下，均招不到场馆需要的人员。在没有编制时，聘用的人员只能以合同或人事代理的方式进入场馆工作队伍；在有编制时，需要通过考试的方式招聘人员，所聘人员与实际需要的工作人员可能存在很大的差距。同时，由于没有完善的退出机制，有相当一部分人员在编不在岗，而场馆无法辞退这类人员，冗员不断增多。调查显示，国内平均每个场馆工作人员约为88人，个别场馆为1 000余人。笔者在国外实地调查过部分规模达万人的体育馆，其工作人员仅有10多人，而国内相同规模的场馆，工作人员动辄数百人。

此外，场馆工作人员的流动受到现有编制管理制度的严重束缚。一方面，由于大多数场馆并未建立与社会接轨的社会保障制度，现有在编人员无法分流，出口不畅；另一方面，不同编制性质机构之间的工作人员也难以相互流动，如自收自支事业单位的在编人员无法流动到全额或差额拨款的单位，工作人员只能在同类编制性质之间的单位流动。如宁夏体育馆为宁夏回族自治区体育系统唯一的自收自支事业单位，该馆工作人员无法流动到其他事业单位，工作人员除正常退休外，10多年未变动，对该馆工作人员的自我发展非常不利。

社会保障制度不健全，体育场馆供给公共体育服务负担过重。根据笔者前期的调查，国内绝大多数体育场馆并未建立社会化的社会保障制度，仍沿用传统的机关事业单位社会保障制度，体育场馆要承担所有在职人员和离退休人员的养老、医疗等社会保障支出，部分体育场馆一年的运营收入还不足以支付所有离退休人员的医疗费支出。据笔者对国内部分体育场馆的调查，平均每家体育场馆离退休人员有47人，小部分体育场馆的离退休人员比体育场馆在岗工作人员的数量还要多。由于社会保障制度不健全，体育场馆要承担所有在职人员和离退休工作人员的养老、医疗等社会保障支出费用，造成体育场馆供给公共体育服务的负担过重，不利于体育场馆公共体育服务的供给。

二、我国公共体育设施供给制度的滞后和缺失

（一）政府微观管理的缺位导致城市社区公共体育设施资源严重闲置

在城市和社区方面，城市社区体育设施资源与其他私人资源不一样，由于其具有明显的公益性，城市社区公共体育设施资源建设与管理的行为主体应该是政府，而在现实中，政府在微观层面的管理是缺位的，只注重建设设施而忽略了微观层面的管理，这导致了许多社区体育设施资源由于管理不到位而闲置。在建设与管理上，城市社区公共体育设施建设的难题通过微观管理，也就是资源共享可以得到较好的解决，让城市社区公共体育设施资源实现共享，此不失为一条上策。

（二）精英取向制度设计的固有缺陷，导致农村公共体育设施供给与需求脱节

我国农村公共体育服务供给过程中，自上而下的精英决策特征较为明显，出于对代议制政府无限理性的假设，认为精英群体的决策能够在很大程度上满足民众的需求。但是决策过程中没有充分考虑民众需求的变化，尤其是在当前我国农村城镇化改革推进中，农村地区经济社会发展差距巨大，农民体育文化需求呈现多元化、复杂化等特点，传统意义上的精英决策模式导致服务供给与需求脱节。

农村体育文化、人口结构和体育健身习惯等与城市具有一定的差异。从城市角度考虑，增加农村公共体育设施，推动农村体育发展的思路需要进一步验证。现有研究表明，民众体育健身需求呈现典型的阶层差异，同时年龄、性别等也是影响体育健身需求的重要因素。

农村大众体育的开展与城市不同，尤其是在活动场所方面，农村受到较大限制。通过调查发现，华中三省农村地区居民参与体育活动的场所主要为健身点、

公共广场、自家庭院、街道、空地和学校等。其中，公共广场、自家庭院和街道、空地所占比例较高，分别为13.4%、43.19%和15.50%；而健身点和学校等场所所占比例较低，分别为6.23%和8.59%。学者对江苏省老年体育需求调研后发现，公共体育设施在满足体育需求方面的项目中，老人认为"基本满足需要"的比例为40.1%，认为"不能满足需要"的比例为48%，由此可见，两者相差7.9%，这对体育设施的建设与利用提出了严峻的挑战。

我国农村正在经历城镇化改造，农村青壮年群体外出打工居多，目前生活在农村的人群大多数是留守儿童和老人，这类群体所从事的运动项目与我国推行的以"篮球场和乒乓球台"为主的"农民体育健身工程"之间存在较大差异。由此可见，全国统一推广"篮球场与乒乓球台"的模式，在一定程度上脱离了群众的体育需求。

国务院发展研究中心一项大规模调查结果显示，目前农村外出人口中，35岁以下的年轻人占总数的86.3%，且外出人口的整体素质普遍高于未外出者。由于农村高素质人口流出过多，在家务农的人群主要是老人、妇女和儿童，农村大众体育以舒缓性的运动项目为主，篮球项目的适用性有待进一步论证。我国农村常住人口的结构和特点以及民族文化与本土文化比较浓厚的状况，决定了体育需求向多元化发展，而国家推行"农民体育健身工程"中忽视了多元化需求，简单地以篮球与乒乓球作为项目着力点，这是不合理的。此次调查结果也强化了以往的结论，代表外来、异质文化形态的现代体育项目在农村体育中可能遭遇诸多困扰。

对农民群体对"农民体育健身工程"满意度的调查结果显示，大约有36.7%的民众持否定意见（包括不满意和不太满意），其中积极的评价比例为31.4%，31.9%的民众持一般的评价。由此可见，国家投入巨资推动的"农民体育健身工程"，造成了健身即等于进行篮球运动和乒乓球运动的意识，而且公共体育设施服务满意度有待进一步提高。

(三)不良投资机制导致大型公共体育场馆供给公共体育服务难以获得补偿

体育场馆作为政府提供公共体育服务的重要平台和载体，地方财政应依法保障场馆供给公共体育服务的成本支出，但从实际情况来看，地方财政对于公共场馆的保障乏力，尤其是对于场馆供给公共体育服务的投入严重不足，使得场馆供给公共体育服务的成本难以获得补偿，导致难以供给公共体育服务。在场馆建设方面，财政拨款是大型体育场馆建设资金的重要保障，但是财政拨款难以为建设中小型公共体育场馆提供资金保障，更多地需要体育行政部门自筹（主要来源为体育彩票公益金）或向上级体育行政部门和财政部门申请转移支付资金予以保障。2015年全国体育系统新建体育场地资金来源中约44.9%的资金为体育行政部门自筹。

在体育场馆运营方面，目前国内大多数体育场馆为差额或自收自支事业单位，政府财政拨款十分有限，难以保障场馆的正常运营。如湖北省洪山体育中心一年的基本运营维护费用为1600多万元，而每年的财政拨款仅为200多万元。武汉新华路体育中心 2015 年人员经费支出为 612 万元，而人员经费财政拨款仅为 64.16 万元，占总支出的比例约为 10％，其余所有经费支出由中心自筹。根据湖北省体育局 2016 年的调查，2015 年全省 63 家体育场馆的平均财政拨款仅为 92.76 万元，而同期平均每家体育场馆的运营支出则高达 258 万元，财政拨款占体育场馆运营支出的比例约为 36％。2015 年国家体育总局开展的全国体育及相关调查的财务数据显示，全国体育场馆运营支出中财政保障的比例约为 35％，充分说明财政拨款对场馆供给公共体育服务的保障比较乏力。

由于体育场馆多为竞赛型场馆，为了保证赛后正常运营和公共体育服务，需要对体育场馆进行相应的改造，所需资金量较大，同时，场馆赛后运营和文体活动开发均需启动资金，政府在场馆建成后对场馆的再投入十分有限，导致场馆赛后运营严重缺乏资金，日常运营和公共服务的供给受到了极大限制。在现行的事业单位会计制度下，所有的场馆都不计提折旧，多数体育场馆未设立发展基金，场馆维修经费严重不足。任何企业或市场主体在经营过程中都需要主体，亦需要在后续运营过程中不断进行相应的投入，以获得更好的发展，但由于政府财政后续投入严重不足，场馆后续发展艰难。

三、我国公共体育设施建设缺乏科学长远规划

（一）城市规划滞后，城市土地资源稀缺

城市规划是城市建设与管理的指导性文件。早在 1986 年，建设部和国家体委联合颁布了《城市公共体育设施用地定额指标暂行规定》和《城市居住区规划设计规范》，以文件的形式规定了城市规划的体育用地标准，但由于城市人口的剧增和城市化进程的加快，大众体育需求急剧上升，原有的标准已经远远不能满足大众日益增长的体育需求。在规划的制定与审核过程中，以城市规划行政部门为主导，缺乏其他相关部门的沟通与参与，规划往往遵循传统的城市社区的硬性指标（如城市的建筑密度、容积率、绿化率、停车位以及消防通道等）进行，但是，在这些指标中，大众体育设施往往被市政部门忽视。可以看出，只有把体育设施建设纳入城市规划，才能使其得以落实。由于城市土地资源紧张，人口相对集中，人均体育用地面积少，因此，目前我国社区的建设以商业利益为核心，以零星开发、分散建设等形式为主，建设标准难以统一，所以城市体育建设标准低、体育设施分布零散和便利性差。此外，在城市社区公共体育设施的建设过程中，由于用地规模、建设时间以及投资主体的不同，很容易出现政府、企业和物业之间互相推诿的现象，即便预留了体育设施建设用地，也会出现因难以落实投资主体而导致设施建设迟迟不能开工的现象。

（二）农村公共体育设施规模小，公共体育设施无法可依

长期以来，在我国体育设施建设的实践中已经形成了"重城市轻农村"的不良习惯。据悉，2015 年，住房和城乡建设部严格推行公共体育设施规划与管理，但

是其工作重点主要在城市，表现在对新建城市社区、改造城市老旧小区公共体育设施规划与管理的实施上，强化公园建设和300米见绿地等措施。在现行的体育政策中，没有充分体现出对农村公共体育设施规划的关注。

地方政府在农村建设过程中，对农村公共文化体育设施规划问题的探索，始终没有在国家层面上得到认可，所以地方政府的探索得不到有效推广，国家层面的农村公共体育设施规划依旧处于缺失状态，导致地方在建设农村公共体育设施过程中无法可依。

(三)大型公共体育场馆设计先天不足，未能充分考虑公共体育服务供给问题

大型公共体育场馆的建设理念和规划设计对于其供给公共体育服务具有重要影响。在规划设计阶段，就应考虑体育场馆赛后运营和公共体育服务的供给，但我国在场馆的规划设计中，较少考虑体育场馆的赛后运营和公共体育服务的供给，以赛事需要设计为主，导致体育场馆赛后运营困难，不利于体育场馆赛后的对外开放和公共体育服务的供给。从被调查的体育场馆来看，有63.3%的体育场馆在规划设计时未能考虑到赛后运营的需要，有71.7%的体育场馆运营管理部门没有参与场馆前期的设计。国外多数体育场馆为了更好地进行赛后运营，会对体育场馆进行改造，拆除或改建部分设施。调查显示，在国内仅有11.7%的体育场馆在赛后拆除部分设施，以缩小体育场馆规模，仅有16.7%的体育场馆在赛后对各种功能用房进行改造或部分拆除，绝大多数场馆在赛后未进行任何改造，也未拆除任何设施即投入赛后运营，大型公共体育场馆赛后直接供给公共体育服务，功能定位和实际提供内容差异较大，场馆设施未能得到充分合理的利用。因此，国内多数场馆存在赛后运营效益不佳和公共体育服务供给不足的双重困难。五棵松体育馆作为北京奥运会篮球比赛场馆，奥运会后由美国AEG公司运营，用于NBA(美国男子篮球职业联赛)中国赛和其他活动，同时，AEG公司对该馆也进行了大量的改造，以适应赛后运营的需要。而且，五棵松体育馆本身在规划设计时就充分考虑了赛后运营的需要。反观国内其他许多场馆，它们在规划设计时未能考虑赛后运营，设计先天不足，场馆功能过于单一，赛后也不进行相应的改造，其在赛后运营和提供公共体育服务过程中存在诸多不适，利用率较低，公共体育服务供给不足。

而且，我国在部分场馆的选址中考虑到承办大型赛事对人流疏散、交通的影响以及城市内过高的土地成本等因素，将部分场馆建在郊区。场馆建在郊区虽对举办大型赛事影响不大，但对场馆提供公共体育服务和经营状况的影响却很大。地处郊区的场馆受周边群众较少、配套设施不完善、周边居民消费水平有限等因素的影响，日常运营困难重重。调查显示，有23.3%的场馆地处郊区，相比之下，地处城区的场馆的经营状况要明显好于地处郊区的场馆。而且，许多场馆在规划设计中从竞赛安保和日常管理的便利出发，通过围墙、栅栏和绿化带等将场馆封闭起来，仅通过几个出口与城市公共空间保持联系，人为地割裂了场馆与城市公共空间之间的联系，使场馆成为城市里一个独立的封闭空间，致使人们难以进入场馆进

行消费，不利于场馆公共体育服务的供给和群众的健身休闲，更不利于各种资源的充分利用。调查显示，仅有33.3%的场馆与城市公共空间融为一体，66.7%的场馆与城市公共空间处于封闭或半封闭状态。目前，我国大型公共体育场馆建设理念的落后和先天设计的不足是造成场馆运营困难与公共体育服务供给不足的根源。建设理念的落后和先天设计的不足使得大型公共体育场馆在赛后供给公共体育服务方面效果不佳，因此，赛后运营困难无法避免。

四、我国公共体育设施建设法律监管不到位、配套政策不完善

(一)城市社区公共体育设施相关法律法规不到位

目前，我国城市社区体育设施的建设主体是政府，其资金来源以政府主导投资或募集社会资金为主，带有明显的公益性和非营利性。1995年8月29日第八届全国人民代表大会常务委员会第十五次会议通过《中华人民共和国体育法》(以下简称《体育法》)，其中规定："公共体育设施是城市公共财政支出的重要组成部分，要坚持以政府投入为主的方针。任何组织和个人不得侵占、破坏公共体育设施。因特殊情况需要临时占用体育设施的，必须经体育行政部门和建设规划部门批准，并及时归还。按照城市规划改变体育场地用途的，应当按照国家有关规定，先行择地新建偿还。"虽然《体育法》从法律的层面为城市社区体育设施的建设提供了保障，但在基层社区公共体育设施的建设与管理方面的规定还相当不规范，出现了一些法规空白或执行不到位的现象，加上政府微观层面管理的缺位以及体育行政部门的不作为，城市社区体育设施被挪用、以土地置换的方式被侵占的现象相当严重。为了体现法律的时效性，相关的法律法规也应该与时俱进，不断健全和完善，提高其保障作用和免干预能力。与此同时，各级政府应该保障法律法规的统一性和可操作性，并加大执行力度。

(二)农村公共体育设施基层执行力度有待提升

虽然中共中央在2006年2月21日发布了"一号文件"《中共中央国务院关于推进社会主义新农村建设的若干意见》，提出了我国新农村建设的目标，对农村体育的发展和建设也提出了明确的要求，《中华人民共和国国民经济和社会发展第十二个五年规划纲要》也把"农民体育健身工程"纳入国家社会经济发展战略，但是据基层调查，我国部分农村地区尤其是西部农村，只有55.8%的镇(乡)将农村体育发展纳入社会主义新农村总体规划，只有36.2%的行政村将农村体育发展纳入建设社会主义新农村的总体规划；纳入镇(乡)政府重要议事日程的只占17.4%，纳入村委会重要议事日程的只占10.0%；63.8%的镇(乡)没有专门的农村体育经费投入，在行政村则有80.0%的村没有专门的农村体育经费投入，说明基层农村体育的发展并没有得到充分的重视。究其原因，是西部地区农村经济发展落后，许多镇(乡)政府、村级领导班子都把主要精力放在了经济建设上，许多基层领导认为

抓体育并不能解决温饱、就业和富裕问题，只有47.7%的镇（乡）干部和42.5%的村干部认为，发展农村体育对农村经济有促进作用。

（三）大型公共体育场馆相关配套政策不完善

1. 公共服务标准缺失，监督考核缺位

针对大型公共体育场馆提供公共体育服务的问题，国家应有相应的公共体育服务标准，以规范和约束大型公共体育场馆提供公共体育服务。国务院颁布的《国家基本公共服务体系"十二五"规划》中明确提出了体育总局要会同有关部门及国家标准化行政管理部门制定各类公共体育设施布局、场馆建设、设备配置、人员配备和服务规范等方面的具体标准并予以实施，以提高公共体育设施建设、运营的标准化水平。但目前有关大型公共体育场馆等公共体育场馆的基本公共体育服务标准并未出台，大型公共体育场馆管理机构因公共服务标准缺失，在实际的工作中也无所适从，不知该提供什么样的公共体育服务。因此，公共体育服务标准的缺失在一定程度上造成了大型公共体育场馆公共体育服务的供给不足。另外，由于国家尚未出台大型公共体育场馆公共体育服务考核机制，因而没有监管主体对大型公共体育场馆提供公共体育服务的情况进行监督和考核，许多大型公共体育场馆缺少提供公共体育服务的主动性和积极性。

2. 税费政策不妥，扶持政策缺乏

根据现行房产税和城镇土地使用税暂行条例的有关规定，全额或差额拨款的场馆自用房产和土地免征房产税与城镇土地使用税，但自收自支事业单位性质的场馆或企业运营的场馆，则需要缴纳房产税和城镇土地使用税。场馆在运营困难的情况下，享受政府财政拨款，无须缴纳房产税和城镇土地使用税，一旦通过自身努力，可以自行承担运行经费，不需要政府拨款，转为自收自支事业单位或企业时，则需要缴纳房产税和城镇土地使用税。这种制度设计容易引发负面效果，使得场馆不思进取，积极向政府申请财政拨款，既不利于场馆自身造血功能的提升，也不利于场馆公共体育服务的供给。而且，对于部分由企业作为产权人运营的场馆，即使有财政拨款，也无法享受相应的税收优惠政策，不利于场馆运营管理机构的转企和公共体育服务的供给。场馆提供公共体育服务过程中水、电、天然气、热力等能源费用支出在其支出中占有较大比例，是场馆最主要的支出之一。根据国家体育总局的调查，2013年至2015年场馆能源费用支出占其总支出的比例分别为20.48%、20.48%和22.94%。虽然国家发改委对水、电、气等能源价格有原则性规定，但各地执行的标准并不统一。根据笔者前期的调查，各地场馆缴纳的水电费用标准虽不一致，但以商业标准为主，有51.7%的场馆按照商业标准缴纳水、电费用。国内部分场馆的部分用水、用电按照特种行业标准征收费用，如湖北省英东游泳跳水馆用水总量的70%按照非居民用水价格征收，另外30%按照特种行业用水价格征收，而后者水费的价格是前者的两倍。政府一方面要求场馆提供公共体育服务,低价或免费向群众开放,另一方面却又按照商业标准,甚至按特种行业标准征收水、电、气等费用,造成场馆供给与公共体育服务成本居高不下,难以向群众提供低价的公共体育服务。而且,场馆与文化场馆享受的能源政策也是天壤之别。2015年湖北省物价局决定对全省公共图书馆、文化馆、博物馆、纪念馆、美术馆、乡镇综合文化站等免费开放的公益性文化事业单位用水、用气价格按当地居民用水、用气价格执行(场馆出租和经营活动除外),而湖北省新华路体育中心、体育场常年对群众免费开放,却无法享受相应的能源优惠政策。

在扶持政策方面,2010年国务院办公厅下发的《关于加快体育产业发展的若干意见》(以下简称《意见》)中指出:"政府对用于群众健身的体育设施日常运行和维护给予经费补助,并根据其向群众开放的程度,在用水、用气、用电、用热等方面给予政策优惠。"虽然《意见》对用于群众健身的体育设施在用水、用气、用电、用热等方面给予政策优惠,但如何给予优惠,如何操作并未明示。而且,政府也没有出台相应的规范性文件对如何执行优惠政策进行说明,致使仅有的场馆运营的能源优惠政策在实践中因缺乏可操作性而"胎死腹中"。

第六节 公共体育设施发展建设的对策建议

一、分类推进公共体育设施体制改革,增强各类公共体育设施公共服务能力

(一)明确主体,加强监管,保证城市社区公共体育设施发展的管理成效

明确政府是城市社区公共体育设施发展的主体,发挥其在城市社区公共体育设施建设中的作用并规范其投资建设的范围。在城市社区公共体育设施发展过程中,政府的作用主要表现在两个方面:一个是管理;另一个是保障。管理就是通过行政和法律等手段对城市社区公共体育设施进行规划布局,制定相应的监督管理政策。保障主要指资金保障和后期保障,对政府在城市社区公共体育设施领域的投资范围,起到资金保障的功能,严格界定政府的投资范围;协调各部门,按指标要求验收建成的城市社区体育设施。

(1)建立城市社区体育设施发展的长效机制。完善长效监督机制是城市社区体育设施有效建设与治理的关键。城市社区体育设施发展归根结底是建设与管理的问题,核心就是要解决建什么、怎样建、管什么、怎样管等问题。完善监督机制的主要任务是解决如何发挥政府、媒体、社区组织等主体的监督作用,如何消除监督机制的阻碍因素,如何建立一个符合市民利益和可行的监督机制等问题。

(2)明确体育职能部门的职责,提升监管能力。体育职能部门理应成为体育场

地设施建设与监管的主要职能部门。在体育设施建设过程中，管理与监管是体育行政部门的主要职能。管理职能就是体育行政部门应该根据现有体育设施的实际情况，制定相应的管理政策。监管职能就是积极参与规划，对已规划的体育设施制定相应的验收指标，确保体育设施建设的实施。建设工程竣工验收时，体育行政管理部门应主动参与验收工作。

(3)探索城市社区体育设施管理模式，提高管理水平。城市社区公共体育设施作为一种具备准公共产品性质的物质存在，可以适当地通过市场的供求机制来对其进行资源优化配置。在社会主义市场经济体制下，城市社区公共体育设施的供给越来越需要多元化的主体，政府虽然还是城市社区公共体育设施的产权所有者，但是其可以更多地吸纳社会力量参与管理，采取多样化的管理形式。一是政府购买服务的管理模式。其实质是政府可将城市社区公共体育设施服务承包给专业的运营商进行管理，并通过竞争招标的手段来选择符合要求的代理人，即承包商。政府购买服务模式可以改变政府"既是运动员又是裁判员"的双重身份，引入市场竞争机制，更有效地进行资源配置，从而降低成本，提高服务质量。二是采用用者付费的管理模式。城市社区公共体育设施服务领域，可以引入用者付费的机制，政府部门应该积极探索和运用这一模式，提高城市社区公共体育设施的服务水平与质量。用者付费的管理模式仅适用于公共部门里的准公共产品，城市社区公共体育设施作为准公共产品之一，其运营管理可以采用用者付费的模式管理，准公共物品的消费具有一定的竞争性，能以较低的成本将拒绝付费者排除在外，因此准公共产品可以采用用者付费的方法弥补其供给成本，通过市场进行资源配置。

(二)创新管理体制，激活农村公共体育设施供给环境

(1)改变决策形式，形成自上而下的决策和自下而上表达的有机结合。短时间内，农村公共体育设施供给过程中自上而下的决策形式不会得到彻底的改变。现阶段，农村公共体育设施建设过程中，需要进一步重视农民体育需求的表达。由于我国农村地区区域广大、民众需求多元化，因此应坚持区域化、民族化的供给原则。

(2)改变既往"农民体育健身工程"的发展思路。不要求全国统一的体育设施供给，而是充分考虑区域特征和民族习惯，结合农村常住人口的体育需求特点，进行农村公共体育设施供给。重视农民群体的体育需求，强化以农民群体的需求为引导，促进农民所需的体育设施供给，奠定农民体育设施有效利用的基础。

(3)改变管理形式。创新管理制度，完善产权结构，强化制度建设，明确各类主体的责任。《关于加快发展体育产业的指导意见》中明确提出"加强公共体育设施建设和管理"，对我国公共体育设施建设与管理提出明确要求，针对农村体育设施的特殊状况，需要强化属地管理的进程，进一步探索主体间的产权分割、地方政府对农村公共体育设施的管理义务等。

(三)积极推进场馆管理体制改革,增强场馆供给公共服务的能力

场馆供给公共服务长期受事业单位管理体制的限制,亟须参照事业单位改革的要求,深入推进场馆管理体制改革,设计有利于场馆提供公共服务的各项制度,提高场馆供给的公共服务水平。

中小型体育场馆以提供基本公共体育服务为主,可以按照公益一类事业单位进行改革,继续保留事业单位,所需经费全额纳入财政预算,实行收支两条线,场馆免费或低价向群众开放,为群众提供基本公共体育服务。大型体育场馆除提供基本公共服务外,还可提供非基本公共服务,具有一定的经营性质。也可以按照公益二类事业单位进行改革,继续保留事业单位,由政府以购买公共服务或财政补贴等方式予以支持,场馆管理机构主要负责公共体育服务的提供和场馆的日常运行。同时,成立场馆运营公司或引入专业运营机构,建立市场化运营机制,对大型体育场馆的经营性业务进行开发和运营,借助企业制度设计的优势,消除事业单位财务预算管理和人员编制管理对场馆市场化运营的不利影响,引入场馆需要的市场开发专业人才,提高大型体育场馆的市场运营能力,通过大型体育场馆的市场化运营反哺公共体育服务。

场馆不论是按公益一类事业单位,还是按公益二类事业单位进行改革,均应尽快建立社会统筹的养老、医疗等社会保障制度,改革传统的行政事业单位社会保障体制,以减轻场馆运营在养老、医疗保险等方面的负担,增强场馆供给公共服务的能力。

二、强化顶层设计,优化供给制度,提升公共体育设施专业化水平

(一)整合资源,拓宽投资来源,优化城市社区公共体育设施供给制度

加大扶持,拓宽投资来源,保障城市社区公共体育设施发展的财政投入。在公共领域,政府始终是制定政策和执行监督政策的主体。城市社区公共体育设施是城市公共基础设施的重要组成部分,其建设资金也是公共财政支出的重要组成部分。应以政府投入为主,各级财政结合城市总体规划,保证公共体育设施建设资金的需要,同时可以采用体育彩票公益金或社会捐赠等资金投入方式,形成多元化投资体制和开放型运营的新格局,进而促进公共体育设施建设资金来源的多元化,以求缓解因国家投入不足而使体育场地建设短缺与大众体育需求剧增的现实矛盾。在吸引社会企业或个人参与投资与管理的过程中,引进激励机制,政府可适当采取免税收或适当减免土地出让金等优惠政策,甚至还可以制定奖励政策,对城市社区公共体育设施面积超过规划规定的企业进行奖励,旨在引导企业自觉主动地参与社区体育设施建设。

整合资源,协同发展,扩大城市社区公共体育设施服务功能的外延。整合城市社区公共体育设施资源,实现城市社区体育设施系统内外的资源共享可以从以下三方面进行:一是调整城市中大、中小型体育设施的布局与比例,使其趋于合

理化。不同规模的体育设施具有功能与经济互补作用，它们之间是相辅相成的，能够相互促进、共同发展。二是扩大社区系统外体育设施资源的共享。在加强社区体育设施建设的同时，应促进社区体育设施与学校体育设施资源间的共享，促进公园、广场和绿地等城市公共开放空间的开放与利用，系统外体育设施资源的共享是解决目前社区体育设施匮乏问题的最有效手段之一。三是促进社区系统内体育设施资源的共享。促进社区内部各个小区或组团内的体育设施的资源共享，提高设施的利用率。相邻各社区间实现资源共享，降低单个社区的运营成本。

（二）革新滞后投资和供给形式，整合农村公共体育设施资源

（1）改变投资形式，形成以政府投资为主、以其他投资为辅的投资格局。农村体育场地设施的供给主要依靠政府，但考虑到我国地域辽阔的情况，不可能由中央政府负担全国农村所有体育场地设施的供给；同时，又考虑到我国农村基层政府财力有限的状况，其难以提供广大农民所需的体育场地设施。根据不同层次的需要，对体育场地设施进行分类，由中央政府、省级政府、地方及农村分别生产和提供不同层次的体育场地设施，同时可以吸收各种形式的资本来解决上述渠道筹集资金不足的问题。

筹集农村体育场地设施生产与建设资金的渠道、途径与手段有以下几种：第一，完全在公共财政的制度框架内解决。目前，我国农村体育场地设施的供给基本依靠政府。第二，由政府和私人通过谈判的方式联合供给体育场地设施。这类体育场地设施一般属于较高层次的公共产品。这种公共产品通常可以通过清晰界定产权，赋予私人部分收益权。第三，向私人提供政府补贴。目前，在体育场地设施的供给领域尚无此做法。第四，完全由私人或非营利性组织提供。在改革开放初期，我国部分地区已经出现了这种供给方式，但并未推广普及。

（2）改变供给形式，整合农村公共资源。在基层调研中，很多人强调要跳出"体育"来看"体育"，站在宏观的视角看体育，将体育融入国家经济建设和新农村建设的大潮中。这体现了农村公共体育服务发展的大局观。体育事业与文化、科技、信息服务和环境保护等都属于支持性公共服务范畴。此类公共服务项目应该倡导集体推进，拥有整体性思路。

体育与其他公共服务项目整合，不仅不会减少农村公共体育服务的投入，而且在很大程度上可以吸收其他资金注入，实现农村公共体育服务投入的增加，促进公共服务中心建设。不仅使体育活动获得较多的社会认可机会，同时可以与其他项目一起最大化地吸引农村群体对体育活动的关注。

目前，很多地方将村级公共服务中心建成了具有"文化体育""便民服务""农民培训""卫生计生""综治调解""农家购物"等综合功能的居所，充分满足了群众办事、就医上学、休闲购物、健身娱乐、培训就业等生产生活需要，获得了农村群体的一致好评。

(三)实施场馆专业化运营,提升大型公共体育场馆供给公共体育服务水平

实施场馆专业化运营,首先应建立相应的公共服务标准和运行标准等标准体系。目前,国家体育总局等相关部门正在进行场馆相关服务标准和运行标准的研制工作,相关标准出台后可以为场馆的标准化、规范化管理提供客观依据。同时,也应加强对现有标准和场馆运行规范的执行工作,建立健全场馆服务质量控制体系,优化服务流程,提高服务质量。其次,场馆应积极引入专业运营机构,采用投标方式确定场馆运营机构,鼓励对场馆实施委托经营,对于各地新建的场馆,原则上应实施委托经营,以实现场馆所有权与经营权的有效分离。此外,还应借鉴国外场馆特别是社区体育中心运营的成功经验,积极培育各类体育社会组织,将场馆打造成各类体育社会组织的活动基地,由社会组织利用场馆资源组织开展各种体育活动,为群众提供各种专业化体育服务,丰富场馆服务内容,提高场馆供给公共体育服务的专业化水平。

地方政府作为场馆建设的责任主体,应加大对场馆建设的投入,将场馆建设所需资金纳入地方基本建设投资预算,确保场馆建设所需的资金充足。同时,应积极拓宽场馆建设资金来源渠道,改变过去过于依赖财政资金的局面,多渠道筹集场馆建设资金。创新场馆融资方式,积极推行公私合作,鼓励地方政府采取政府购买服务、BOT等多种方式支持场馆建设。地方建设的中小型场馆,以提供基本公共体育服务为主,属于政府财政保障的重点,社会力量难以参与,因此,地方政府财政对中小型场馆的建设资金应优先予以保障,并积极申请中央财政预算,申请各级体育行政部门对全民健身活动中心等项目建设提供专项资助。

此外,地方财政应逐步加大对场馆运行的财政保障力度,加大对场馆后续运营的投入,确保场馆公共体育服务的提供。目前,中央已启动对于体育场馆免费和低收费向社会开放的补贴工作,地方政府也应做好相应政策的跟进工作,通过向场馆购买公共体育服务或进行财政补贴等方式,加大对场馆运营的支持力度,使场馆能够安心提供公共体育服务,促进公共体育服务的供给。

三、科学规划,优化布局,重视落实,明确公共体育设施的空间布局和规模

做好公共体育设施规划等顶层设计工作是实现公共体育设施建设的重要前提。全国公共体育设施规划、建设和利用应统筹安排,要立足于整体视角,确立公共体育设施的发展规划。在具体规划层面,要完善国家整体规划、省市规划和区县规划的统一与协调,将公共体育设施专项规划列入地方区域经济社会发展总体规划。由于在控制性详细规划阶段受到土地使用、单位产权、交通状况、周围资源等多种条件的约束,所以在控制性详细规划中要重点考虑体育设施的综合布局及其规模,并由体育部门会同规划部门编制体育设施专项规划,明确各级各类体育设施的规模、布局和建设时序。针对各类公共体育设施存在的不同状况,公共体

育设施建设的具体建议有以下三点。

(一)优化布局，重视落实，提升城市社区公共体育设施的空间布局水平

将编制专项规划纳入控制性详细规划，进一步完善设施规划编制体系。城市社区体育设施的建设应遵循城市规划的基本规律，将规划编制分为总体规划、分区规划和详细规划三个阶段。三个阶段是层层递进和不断细化的过程。其中总体规划是以城市总体规划为基点的顶层设计。控制性详细规划阶段是其中最关键的一个环节，主要协调好土地使用、单位产权、交通状况、周围资源等诸多问题，设计好近期建设方案，布局好大、中、小型公共体育设施健身地块，明确社区体育设施建设的具体要求，综合考虑城市社区公共体育设施的布局与规模，确保城市社区公共体育设施建设的顺利进行。在控制性详细规划编制过程中，体育行政部门应和规划部门一起编制城市体育设施专项规划，提前考虑好近期的主要工作预案，明确各类体育设施的规模、布局和建设时序。规划、整合、盘活现有资源，促进城市公共体育资源共享。

参与社区体育设施建设的企业，应当积极密切配合规划部门、体育部门等相关部门，协调解决建设过程中出现的问题。体育行政部门应当制定出相关指标，建议有关部门在制定社区体育设施建设规划时，充分考虑居民参与体育健身的便利性、安全性以及体育健身设施健身环境的优劣等，并对这些重要指标进行量化，形成一套完善的验收与评估管理指标体系。跟踪监督城市社区体育设施的规划、建设的审批、审核、审查和监督等流程，形成一套完善严密的监管机制，对社区体育设施的建设与小区的建设进行捆绑，确保建设按照规划完成。

为了优化配置体育设施资源，建议利用学校、企事业的体育设施资源，实行资源共享。我国群众体育资源的70%主要分布在学校系统和企事业单位，而社区自身的体育设施严重不足。因此，要通过转变观念，跨越体制性障碍，构建有利于合理配置和有效利用现有资源的管理体制与运行机制，使社区体育设施普遍不足的问题逐步得到解决。城市社区体育设施按规模大小可以分为社会体育中心、社区体育中心和社区健身设施三个级别。选址是社区体育设施空间布局的关键，建设地址的选择需要对周围的人口、环境和交通等进行综合考虑，使得布局更加合理，居民能够更便利地使用体育资源。各级社区体育设施的布局与功能不尽相同。社会体育中心建设规模较大，综合性强，主要满足承办社区内的各种大型体育赛事的需求；社区体育中心规模相对较小，功能较单一，主要以满足居民日常体育锻炼为目的，同时可以举办日常的社区活动；社区健身设施属于微型体育设施，主要分布在每个小区中，旨在使大众可以享受到便利的体育服务。

(二)改变规划弱势，强化农村公共体育场地设施服务的整体规划

我国农村公共体育设施的发展，首先需要立足于整体性视角确立农村公共体育设施的发展规划。要对农村公共体育设施的规划、建设和利用做统筹安排。相关学者对社区体育配套设施规划、建设和管理的新模式等问题进行了讨论。

在规划层面，完善国家整体规划、省市规划和区县规划的编制工作，在区域经济社会发展中列举公共体育设施专项规划，并且在我国区域公共体育服务发展的基础上，适时调整农村公共体育设施的各项指标。在农村公共体育设施建设方式上，建议以划拨方式供给所需土地，利用村级公共用地建设农村公共体育设施。对农村公共体育设施供给责任进行分解，采取委托代建制，建设农村公共体育设施。建成以后，由公共体育设施所在地的村级组织或专业体育社会团体承担农村公共体育设施的管理责任。

(三)优化大型公共体育场馆设计，实行"建改修"并行措施，实现科学合理布局

(1)优化场馆公共服务功能设计，鼓励共建场馆。提高大型公共体育场馆的公共服务功能，首先应从源头上解决问题，更新发展理念，从场馆的规划和设计入手，优化场馆功能设计，完善场馆公共服务功能，充分考虑赛后供给公共体育服务的需要，对场馆进行复合化设计，融入多种功能，适当提高容积率和建筑强度，对场馆进行竖向叠加设计，鼓励建设多层复合化场馆，使之具备文化、体育、社区服务等多种公共服务功能，实现场馆建设用地的集约利用，将场馆从单一的体育中心设计为城市的综合体和城市生活中心，为大型公共体育场馆赛后供给公共体育服务提供硬件基础。从目前场馆建设的情况来看，群众身边的场馆最为缺乏，需求最为迫切，但用地也最为紧张。当前国家实施严格的土地管理制度，在不断提升土地集约利用水平的背景下，为确保群众身边场馆的建设用地，各地政府根据国家的要求在优先确保场馆建设用地的同时，应积极提高场馆建设用地的集约利用水平，鼓励文化、体育、教育等不同部门以及不同层级政府机构之间合作共建、共用场馆，实现资源共享，避免重复建设，节约利用土地，以提高场馆的使用率，避免场馆闲置。

(2)加快中小型公共体育场馆的建设，改善公共体育服务供给基础。虽然各地热衷大型场馆建设，但大型场馆后期利用困难、闲置比较严重，因此今后各地应适度控制大型场馆建设。各地应充分利用现有场馆，通过采取增加临时看台、活动座席等设施以及搭建临时场馆等措施，满足承办大型体育赛事的要求，尽量控制新建大型体育场馆而将有限的资金主要用于中小型场馆的建设。中小型场馆设计应以满足群众健身需要为主要目的，尽量具备多种使用功能。要加快中小型场馆的建设，调动各地建设中小型公共场馆的积极性，确保国家制定的公共体育设施"十二五"建设目标的实现和基本公共体育服务均等化目标的早日达成。

(3)改建现有场馆，提高现有场馆公共体育服务能力。为促进场馆公共体育服务的供给，应注重对现有场馆的改造，增设公共服务设施，提高现有场馆的公共体育服务能力。据不完全统计，截至2015年年底，我国体育场地已初步覆盖广大城乡，总量超过120万个。虽然多数场馆功能较为单一，利用率不高，但它们多位于城市中心，靠近居民生活区，群众使用较为便利。今后场馆发展中应加大对现有场馆的开发利用，投入一定资金对现有场馆进行改扩建，增添部分公共体育服务设施，增加部分室内空间，完善现有场馆的公共服务功能，提高服务能力。在改建现有场馆过程中应特别注重对广大中小学体育场馆的改建，借助中小学体育场馆数量众多、交通便利的条件，将部分学校的体育场馆改建成社区体育中心，同时满足中小学体育教学和社区居民健身的需要。

此外，应注重对部分年久失修的大中型场馆的转型改造，使其逐步转型为以全民健身为主的健身中心。国内部分城市如南京市将原南京体育馆拆除，在原址上修建了21层高的全民健身中心；上海市闵行区将原来的江川体育场改造为江川体育活动中心，增设了室内健身馆和游泳池等设施，服务功能得到完善以后，吸引了大量居民前来健身。因此，应注重和加强对现有场馆的转型改造，完善服务功能，提高现有场馆的公共体育服务能力。

四、完善相关法律法规及配套政策，扩大公共体育设施服务功能外延

(一)完善法律，制定政策，改善城市社区公共体育设施发展的制度环境

改善当前社区体育设施规划、建设和管理需要的法制环境，共建良好的社区体育设施发展法制环境，保障其健康可持续发展。

制定和完善指标体系，提高法律法规的可操作性。完善社区体育设施指标体系，分区分类进行指导。社区体育设施指标体系主要包括建设指标体系和验收指标体系。社区体育设施建设指标体系是衡量社区体育设施建设的基本要求，主要包括体育设施规划设计标准、相关配套设施标准以及设备标准。由于我国地域差异性大，统一的指标体系难以符合不同城市、不同社区的实际需要，应对不同城市不同档次的社区进行分类，遵循就近原则，按区域统筹社区间的体育设施，适时进行动态调整，建立合理而详细的社区体育设施验收指标体系。目前，我国城市社区体育设施验收指标体系还不完善、可操作性差，导致社区体育设施建设的质量与数量难以度量，不重视验收工作成为我国城市社区体育设施建设过程中非常突出的问题。

及时修订过时的法律法规。社区体育法律建设不是孤立的个体行为，必须与国家的法制建设统一起来。立法数量少、法律效率低、体制不够完善、法制意识薄弱是我国社区体育法制建设的主要特点。由于社会经济的快速发展和大众健身需求的日益增长，现行的《城市公共体育设施用地定额指标暂行规定》和《城市居住区规划设计规范》已相对滞后和陈旧，无法适应我国社会经济发展的要求，难以满足大众体育锻炼的实际需要。因此，各级政府行政部门要以当地社会经济的发展实际水平为依据，及时制定或修订有关社区体育设施方面的地方性法规，理顺不同层级法律法规条文之间的关系，保证法律法规的统一性和实效性。

(二)因地制宜制定政策，加强政策执行力，保障农村公共体育设施建设工作顺利进行

做好农村公共体育设施需求的调查研究工作。深入基层调查研究，既是我们党的优良传统，也是我们制定政策的前提和依据。我国农村地区地域广阔，民众

的生活水平和生活习惯相差很大,体育锻炼意识和体育锻炼需求也存在较大差异。特别是近年来,随着农村城镇化进程的逐步加快,农村地区的常住居民结构也在悄然发生改变,这都影响着公共体育设施供给。因此,深入广大农村地区进行自下而上的调查研究十分必要,这有助于了解农村居民在公共体育设施需求上的特点及其变动趋势,明确农村地区在公共体育设施供给中的突出矛盾与突出问题,为做好农村公共体育设施的规划与政策制定奠定基础。

通过资源整合和组织建设提高农村体育设施利用率。近年来,在"农民体育健身工程""乡镇体育健身工程"等项目资金的支持和引导下,我国农村体育设施得到了有效改善,提高这些既有体育设施的利用率是增强当前农村公共体育服务能力的重要任务。广西百色市体育局也在"十二五"规划中论及百色地区农村公共体育设施建设的原则之一是不同。百色各县地域广,群众居住分散,各民族文化也有所区别,体育基础也有差别,体育设施也应该不同。因此在公共体育设施建设中要坚持经济基础和群众基础好、土地容易解决的县先建的原则,不断完善有关设施。

农村体育设施的经营与管理要以数量充足、结构合理、素质过硬的人才资源为依托。包括农村体育健身指导人员在内的农村体育设施的管理人员队伍,必须经过专业、集中、科学的培训才能构建和造就。同时,如何吸引一批懂经济、会管理的多学科人才兼管和组织农村体育健身活动也是当前农村体育事业发展面临的主要课题。

(三)建立标准,落实政策,完善考核机制,保障大型公共体育场馆服务能力

(1)加大财政保障力度,保障场馆供给公共体育服务。充分挖掘场馆潜在的商业服务功能,通过对场馆配套商业服务设施的市场化运作,吸引社会力量参与场馆的投资和建设。同时,由于许多地方体育行政部门与文化、教育等行政部门合并,在设计、建设中小型场馆时应注意兼具文化、教育等职能,从而便于整合各系统资源,申请文化、教育等系统的资金支持,加大对中小型场馆建设资金的财政保障力度。

(2)建立公共服务标准,完善监管考核机制。根据《国家基本公共服务体系"十二五"规划》的要求,尽快制定公共体育服务标准,以指导大型公共体育场馆供给公共体育服务。公共体育服务标准是大型体育场馆必须履行的强制性标准,大型体育场馆必须予以履行,以保障公共体育服务供给。同时,地方体育行政部门是大型体育业务管理主体和公共体育服务供给主体,应尽快制定全面的大型体育场馆供给公共服务的监管考核机制,将大型公共体育场馆必须履行的公共体育服务职能和提供公共体育服务的具体要求,纳入政府对大型公共体育场馆的考核目标,对其进行监管和定期考核,激励大型体育场馆管理机构提供更多、更好的公共体育服务,以满足群众对大型体育场馆公共体育服务的需求。

(3)争取政府支持,落实扶持政策。场馆的发展是一项系统工程,其建设、运

营涉及多个部门，仅依靠体育部门一家之力是难以完成的。因此，体育行政部门应积极争取地方政府支持，由地方政府协调相关部门共同参与场馆的建设与运营，加大对场馆发展的支持力度。目前，虽然国家出台了有关场馆发展的支持政策，但支持力度相对有限，在争取专门针对场馆的扶持政策不太现实的情况下，要贯彻落实好已有的扶持政策，尤其是财政政策和水、电、气、热等能源价格政策。地方政府应根据国家已出台的《公共文化体育设施条例》《全民健身条例》《关于加快发展体育产业的指导意见》等法规和文件中有关支持场馆发展的原则性政策，制定具体、细化的操作性政策措施，增强政策的可执行性和操作性，将具体政策落到实处，并加大对相关政策落实情况的督察，为场馆的发展提供政策支持，以加快场馆的发展，促使场馆为群众提供更多、更好的公共体育服务。

第四章　公共体育服务组织体系建设

　　体育组织是推进群众体育工作的重要保障，是群众体育事业发展的重要依托。建设体育组织，既是建立公共体育服务组织体系的内在要求，也是健全公共体育服务组织体系的动力。建立健全公共体育服务组织体系，体育组织是重要的环节与抓手。本章以公共体育服务组织体系建设为基本研究背景与价值取向，在全面勾勒我国公共体育服务组织体系建设基本现状的基础上，分析公共体育服务组织体系建设过程中存在的主要问题，寻求有效的建设公共体育服务组织体系的策略。

第一节　公共体育服务组织体系建设的基本状况

一、我国公共体育服务组织体系的演进历程

　　公共体育服务组织体系是指公共体育服务的主体构成及其相互关系的系统，一元化或多元化是公共体育服务组织体系的重要特征。在我国从计划经济体制转向市场经济体制60余年的发展历程中，公共体育服务组织体系也经历了从政府单一主体到政府、市场、社会多元化主体的历史变迁。

　　（一）第一阶段：政府投入为主的一元化

　　中华人民共和国成立后，国家实行计划经济制度，并将其渗透到公共行政和公共服务的各个领域。我国参照苏联及东欧国家的体育组织模式，形成了高度集中的行政型体育管理制度——政府管理型体育体制。从中央到地方设立了不同层次的政府体育机构，即体育行政管理机关及其下属的体育事业单位，这种行政型体育管理制度决定了当时我国体育组织的基本架构。中央和地方政府体育部门分别负责制定国家体育政策和推行国家体育政策，监督、管理全国性和地方性体育事业的规划与发展；负责投资建设全国性和地方性体育基础设施。同样，中央和地方各级体育事业单位，分别接受同级政府体育主管机关的领导和监督，为社会提供公共体育服务产品，相当于政府的体育生产"车间"。在计划经济体制下，体育行政管理机关及其下属的体育事业单位是提供公共体育服务的唯一主体，公共体育服务组织体系呈现出一元化特征。在此阶段，政府几乎包揽了所有的体育事

务,承担管理和服务的职能。

在中华人民共和国成立初期,经济发展相对落后,政府采取包办公共体育服务的一元化组织体系,在较短时间内建立起发展体育的大量组织和基础设施,为我国体育事业的发展奠定了基础,这也是由我国计划经济体制决定并与之相适应的。政府采取这种单一行政命令的方式,能够保持体育领域意识形态的统一性,强有力地控制体育投资主体,集中力量办大事,产出体育"精品"。但是,政府片面追求规模体育、竞技体育,而忽视了人们对体育的现实需求,抑制了多元体育的形成和发展,导致公共体育服务长期处于低水平的发展阶段。我国地域广阔、自然条件各异、经济发展不平衡,一元化的公共体育服务发展虽然具有统一性,但抑制了公共体育服务供给主体、供给内容和供给方式的多样性。

(二)第二阶段:探索社会化、市场化

党的十一届三中全会拉开了我国改革开放的序幕,公共体育服务的社会化改革步伐也在不断加快。1986年,《国家体委关于体育体制改革的决定(草案)》指出:"要抓好体育社会化的环节,克服体育过分依赖国家的弊端,形成全社会办体育的新格局。"但是我国幅员广阔、东西部发展不平衡、城乡差异较大,导致全国性公共体育服务和地方性公共体育服务的供给方式差别很大。根据社会化公共体育的内涵和改革要求,需要打破政府部门垄断公共体育服务的局面,形成以政府为主导,各种社会主体共同参与的公共体育服务供给格局。一方面,要让传统的体育事业单位回归社会,成为在法律规范下从事公共体育服务的独立主体,在纯公益性体育服务领域发挥主体作用。另一方面,要进一步调动各类社会组织兴办体育的热情,使之成为一般性公共体育服务的供给主体。公共体育服务社会化改革能够缓解广大人民群众日益增长的体育需求与供给不足之间的矛盾,激发各种社会主体参与公共体育服务的积极性,有效保证公共体育服务组织向公众提供丰富、优质、高效的公共体育服务。

公共体育服务的市场化改革,是政府利用市场规律来对公共体育资源进行优化配置的重要手段和方式,而不是把公共体育服务的供给简单地推向市场,因此更应该发挥政府的主导作用,加强市场监管,规范市场秩序,为不同人群提供更加丰富、个性化的体育服务。西方发达国家在探寻政府公共体育服务职能和市场机制有效结合的市场化改革中,对于适合由政府和市场共同提供的公共体育服务,形成了各具特色的市场化公共体育服务形式,如合同出租、公私合作、完全商业化、凭单制等。丰富的市场化手段是发达国家公共体育服务市场化成功的重要基础,对我国公共体育服务的市场化改革具有重要的参考价值和借鉴意义。在鼓励公共体育服务社会化、市场化的过程中,政府体育部门也在不断进行职能转变,组织发动体育社会组织,引入市场机制,丰富公共体育服务内容,提高公共体育服务的供给效率。但同时也应看到,在推行公共体育服务社会化、市场化改革过程中,政府制定和执行法规政策的能力有所削弱,忽视了市场监管的职责。

(三)第三阶段：政府、市场、社会多元化

我国已经建立起中国特色社会主义市场经济体制。现在，我国市场机制、市场经济体系已经较为完善，并逐渐渗透到文化教育、医疗卫生等公共服务领域。在公共体育服务领域中，公共体育服务组织体系由政府一元体系发展为政府、市场和社会组织共同构成的三元体系。公共领域的多中心治理理念认为政府的作用是有限的，主张建立政府、市场和社会三维框架下的多中心治理模式，形成了一个具有多个决策中心的治理模式。包括公共体育服务在内的公共服务领域的改革，需要调整政府与市场、社会的关系，充分利用市场和社会力量，提高公共部门提供公共服务的质量和效率。提供良好的公共体育服务，既要发挥政府的主导作用，又要适当引入市场竞争，建立政府主导、社会参与、适度竞争、监管有力的公共体育服务体制。对于政府而言，主要提供具有普遍意义的基本公共体育服务、相关政策、服务标准，保护各类人群相关体育权益，建立公正合理的基本公共体育服务体系等；对于市场组织而言，主要提供具有个性化、商业化的公共体育服务；对于社会组织而言，主要提供具有志愿性质的公共体育服务来填补政府和市场供给的不足与盲区。

从公共体育服务运行过程来看，政府不仅要负责政策制定、资金保障，还要负责具体的服务生产。随着社会主义市场经济体制的逐步完善，政府允许市场相关企业逐渐进入公共体育服务领域，使得公共体育服务供给主体的筹资方式、筹资渠道日益多样化，并通过市场内部的良性竞争提高体育资源的配置效率。公共体育服务中可以实现产业化的部分，则主要通过体育企业或提供体育服务的其他企业进行市场运作方式提供。除基本公共体育服务以外，这些企业根据市场规律独立自主进行经营，提供体育服务来不断满足公民更高、更多的体育需求。政府会制定一些政策，鼓励企业、引导企业为社会提供丰富的公共体育服务产品。体育社会组织在一定程度上可以涉足政府和市场难以顾及的领域，满足广大群众多元化的体育需求，降低政府的行政成本，提升体育社会组织能力。因此，政府应充分放权，建立由政府、市场和社会组织共同构成的公共体育服务组织体系多元模式。

二、我国公共体育服务组织体系建设任重道远

在计划经济体制向市场经济体制转化的过程中，我国公共体育服务经历了从以政府投入为主的一元化组织体系到政府、市场、社会多元化的框架发展历程，但公共体育服务组织体系仍然需要不断完善。调查表明，在影响城镇、农村居民参加体育锻炼的原因中，组织缺乏是重要原因之一，分别占调查人数的 22.3% 和 27.2%；在城镇、农村居民参加体育锻炼必须具备的条件中，组织建设也非常重要，分别占 34.7% 和 38.6%。

我国公共体育服务组织体系仍然处在变迁与完善的过程中。随着经济社会的发展趋势，服务型政府的转型，群众自治意识和自治能力的增强，很多原本由政府行使的体育权力逐步下放，群众体育组织呈现出多元化的发展趋势。调查表明，城镇、农村居民经常参与的体育活动主要是自发组织的，分别占56.4%和52.6%，而政府组织的体育活动仅占5.3%和14.7%。在经常参加体育活动的城镇、农村居民中，分别有36.5%和39.8%的人未参与任何群众体育组织。随着广大群众日益增长的体育需求，因体育活动组织匮乏而导致公共体育服务供给不足是一个不争的事实。

我国的经济社会发展水平决定了我国公共体育服务要采用一种政府主导型的组织方式。我国市场经济体制还在不断完善，社会组织的自我生存和发展能力还很弱，还不能脱离政府的扶持，而且市场和社会组织的自我调节机制有一定的作用范围与限度，因此国家在场馆设施建设、法规制定、监测和指导等方面仍然发挥着不可替代的作用。调查表明，无论在城市，还是在农村，群众体育组织滞后仍是制约公共体育服务水平的重要方面，分别占24.7%和19.9%。而提高组织能力仍是城镇、农村居民参与体育活动急需改善的方面，分别占49.4%和54.6%。

从城镇、农村居民对公共体育服务的总体状况的评价来看，满意度还比较低，对体育活动组织的满意度也比较低。

三、我国公共体育服务组织体系的框架结构

公共体育服务组织体系的建设与完善，既要契合当前我国群众体育发展的整体需要，也要体现组织在公共体育服务体系中的角色与职能，通过公共体育服务组织的建设，从根本上满足人民群众健身过程中的组织服务需要。公共体育服务组织体系的建设主要有政府、社会、市场这三个动力来源，社会、市场在政府的主导下，与政府共同构成公共体育服务组织体系的整体框架。

(一)政府：公共体育服务的责任主体

1. 明确主要作用

在计划经济体制下，体育系统是我国政府行使体育管理职能的唯一系统，这个系统而且自成体系、相对封闭，与系统外环境交流较少。在当时的历史条件下，由于竞技体育得到了国家的政策支持，体育系统在很长一段时间内发展较为稳定。但是，财政拨款大多被用于发展竞技体育，群众体育没有得到应有的重视，因为竞技体育的业绩容易衡量，而群众体育的成效难以测度，因而我国的体育事业在结构上长期处于失衡状态。政府公共体育服务的供给内容简单、方式单一，与社会需求相比差距较大。建立市场经济体制以来，这一系统的外环境发生了翻天覆地的变化，原先的政策优惠难以为继，系统的稳定性受到了很大的影响。受原有体制路径依赖效应的影响，当下政府体育管理职能总体上变化不大。

我国的政府体育管理职能主要由体育机构承担，尽管机构形式在县级层面有所不同，但是管理职能较为相似。从政府机构的构成来看，由于公务员制度以及人员编制的限制，其人力资源是有限的。从财政投入的角度来看，虽然体育管理部门能够准确把握公共体育需求，科学制定区域体育发展规划，但还是要受到地方财政投入的约束。因此，复杂的公共体育服务供给仅仅依靠政府部门解决是不太现实的。

第一，政府需要进一步调整理念，实现由"划桨"向"导航"职能的转变。政府不是全能的，公共体育服务并不需要政府亲力亲为地办理。政府部门要进行宏观管理和调控，在公共体育服务供给上有所为、有所不为。在具体工作过程中，要坚持依法办事，不能按照官员领导的意志，不能遵循个人利益或部门利益的原则进行公共体育服务的生产和提供。应加强调查研究，把公众利益作为工作指向，积极引进市场、社会组织，共同提供公共体育服务。

第二，要转变政府职能，由管制向服务转变。在建立市场经济体制和构建和谐社会的今天，政府应加强对体育市场的培育、规范和监管，重视公共体育服务的供给。根据公众需要决定政府体育管理职能的着力点，明确各级政府之间在公共体育服务供给上的分工，在此基础上考虑公共体育服务供给的方式和机制。同时，加强对群众体育需求的研判，使政府提供的公共体育服务能够有效地满足公众需要。

2. 厘定具体内容

《体育事业发展"十二五"规划》中明确提出了群众体育发展目标："强化公共体育服务职能，建立以全民健身设施建设、组织建设、活动开展、健身指导、科学评估等为主要内容的全民健身公共服务体系。切实保障广大人民群众参加体育活动的权利，全民健身设施、全民健身组织、全民健身指导队伍和志愿服务队伍等方面的数量与质量显著提高，全民健身服务业发展壮大。"从全民健身的角度看，我国公共体育服务体系中的场地设施、体育组织、体育活动、体育指导培训、体质监测等需要政府的供给和保证。从我国公共体育服务体系建设的实际来看，公共体育服务组织体系建设应该包括以下八个方面的内容。

第一，经费投入。包括公共体育服务经费投入、人均公共体育服务经费。

第二，政策制定。包括公共体育服务政策法规修改与完善、公共体育服务政策法规执行情况、公共体育服务"三纳入"情况。

第三，人员配备。包括负责公共体育服务的专职人员、参与公共体育服务的志愿者。

第四，公共体育场地设施建设。包括已有公共体育场地面积、人均已有公共体育场地面积、公共体育场馆的开放、学校场地设施开放。

第五，体育活动。包括体育活动的具体规划、举(承)办体育、活动参与情况。

第六，体育组织。包括体育社会组织、体育社会组织会员、体育社会组织活动、民间健身团队、民间健身团队成员、民间健身团队活动。

第七，体育指导。包括社会体育指导员、体质监测站(点)、体质监测。

第八，体育信息等服务。包括体育信息网站、体育科学健身讲座。

"十二五"时期公共文化体育服务国家基本标准也主要针对群众体育领域，规定可供使用的公共体育场地(含学校体育场地)占全国体育场地总数的比例达到53%；经常参加体育锻炼人数的比例达到32%。随着我国经济社会的不断发展，公共体育服务的国家基本标准也相应提高，公共体育服务内容也会更加丰富，尤其是在竞技体育、体育产业领域也应制定相应的国家基本标准，来提升公共体育服务水平。我国地域广阔，各地经济发展程度不一，各地政府制定的公共体育服务基本标准也会有较大差异，公共体育服务的基本标准是各级政府关于公共体育服务的底线。

2017年10月，经李克强总理签批，《"十三五"推进基本公共服务均等化规划》正式签发："实施全民健身计划，组织实施国民体质监测，推行《国家体育锻炼标准》，开展全民健身活动，实行科学健身指导。推动公共体育场馆向社会免费或低收费开放。全面实施青少年体育活动促进计划，培养青少年体育爱好和运动技能，推广普及足球、篮球、排球和冰雪运动等。重点支持足球场地设施、中小型全民健身中心、县级体育场、农民体育健身工程、社区多功能运动场、冰雪运动设施、科学健身指导服务平台等建设。充分利用体育中心、公园绿地、闲置厂房、校舍操场、社区空置场所等，拓展公共体育设施场所。"

(二)市场：公共体育服务的优化配置

1. 市场参与公共体育服务的必要性与可能性

从一般意义上来说，市场存在的价值在于追求最大经济效益，随着企业理论的扩展，企业的社会责任问题被广泛提及。按照新公共管理的相关理论，通过竞争性理念的引入，各种市场主体参与公共服务供给，可有效地满足公众的需求。

第一，公共体育服务中市场参与的必要性：弥补低效。在政府供给中，政府综合公民的公共体育偏好，提供公共体育服务产品。但是K·J·阿罗通过对投票研究，认为"不存在将个人偏好加总为社会一致偏好次序的机制"，这就是著名的"阿罗不可能定理"。公共选择学派研究了公共产品的需求偏好、投票机制等问题，说明政府不能有效地提供公共体育服务。政府失灵是指在现实的生活中，由于政府不具备完全理想化的条件，在进行宏观调控的过程中也可能出现失效，于是出现了资源配置的非优化结果。政府失灵主要有四种类型：公共政策失误、公共物品供给低效率、政府扩张或膨胀以及政府寻租活动。反思我国当前的公共体育发展现状，可以发现体育行政呈现出典型的政府失灵。公共政策方面，对公民急需的公共体育服务供给不足，竞技体育产品却是非公民自愿选择的超量供给，很大程度上不是公民体育需求的表达，而是压力型的官僚体制下官员基于自身利益最大化而推动奥运争光类服务的超量供给。公共体育物品供给低效率方面，由于公共体育服务评价困难，竞争机制、激励机制和监督机制缺乏，因而公共体育产品不仅总量不足，而且结构失衡，城乡差距持续增大。政府改革在体育领域步履维艰，运动项目中心和各种体育协会成为政府改革的避难所，变相造成了政府扩张的现象。国家审计局曾经发现体育总局存在挪用体育彩票公益金、利用国有资产投资导致国有资产流失的事件。据相关地市审计，很多地方利用彩票公益金修建办公楼，而不是用于群众体育领域。如山东省审计厅公布的《关于山东省2015年度省级预算执行和其他财政收支的审计工作报告》显示，全省2014—2015年体育彩票公益金管理使用存在不规范的情况，山东省7个市、62个县的体育部门将应用于资助开展全民健身活动、整修和增建体育设施的体育彩票公益金3 447.28万元，用于办公经费、办公楼维修及车辆购置等。

第二，公共体育服务中市场的优势：市场机制。市场机制是指在市场运行中形成的以价格、供求和竞争"三位一体"的互动关系为基础的经济运行和调节机理。市场机制分为价格机制、供求机制和竞争机制。经济学家对竞争和经济关系的关注可以追溯到亚当·斯密，在他看来，追求自身利益的个人和厂商，在既定价格的引导下，专门从事生产那些相对于别人具有优势的产品，不仅会使参与者从自愿交易中获利，也会使利用既定资源生产出来的产品价值最大化。因此，每个人追求自身的利益，在客观上能够有效地带来社会利益。综上所述，从供给和需求的角度分析，政府提供公共体育产品并不一定能够找到一个供需均衡点，实现公共体育资源的最佳配置。在"提供什么"常常变动、"提供多少"不反映真实需求的前提下，即使"如何提高"问题圆满解决，也未必能够达到帕累托最优资源分配的理想状态。因此，发挥市场优势，借助市场配置资源的方式，成为一个提高政府供给效率的有效尝试。

与私人产品相比，公共服务产品的提供和生产具有特殊性。在公共服务供给过程中，提供和生产的分离使得公共服务供给多元化变成了现实。萨瓦斯认为，公共服务供给是指通过集体决策确定公共服务供给有哪些内容，通过哪些方式供给。奥斯特罗姆认为生产是"将投入变成产出的更加技术化的过程，制造一个产品，或者在许多情况下给予一项服务"。公共体育服务是指为满足公众的公共体育需求而提供的各种产品和行为的总称，从组织角度可分为公共体育服务提供者、公共体育服务生产者和公共体育服务消费者。在传统公共体育服务供给过程中，由于政府承担了全部责任，因此，政府成为公共体育服务的提供者和生产者。但伴随着公民需求的逐渐扩展和社会各类组织的成长，基于职能限定的政府组织和慈善追求的社会组织在公共体育服务发展中扮演的角色越来越明显，且作用日渐明确。

党的十八届三中全会通过的《中共中央关于全面深化改革若干重大问题的决定》提出"紧紧围绕使市场在资源配置中起决定性作用深化经济体制改革"，彰显了市场在资源配置中的重要作用，并为公共体育服务市场的发展提供了依据。在公共体育服务发展过程中，市场却没有呈现出与政府组织和社会组织并驾齐驱的态势，这与理论预设的"公共体育服务多元供给"形成了一定程度的背离。在考察这种现象过程中，我们应该明白，是追求经济效益的市场确实对公益价值导向的公共体育服务没有兴趣，还是观察的角度和视角存在盲点。对于数量庞大、种类繁多的市场，究竟应该扮演什么样的角色，供给方式等基础性问题认识不够深入，亟待深入破题，理论引导。

2. 市场在公共体育服务供给中的角色定位

市场是指在商品生产和交换领域扮演重要角色，以追求经济效益为主要目标的组织类型，其主要表现形式是企业组织。由于企业组织以追求经济利益为主要目的，所以在实践运行领域，公共体育服务的公益导向一定程度上与企业的目标存在一定偏差。但在现实生活中，企业参与公共服务供给的情况确实存在并逐渐发展。在公共文化服务领域，《国家"十三五"时期文化发展改革规划纲要》指出："推动各级政府购买公共文化服务。鼓励社会组织和企业参与公共文化设施运营和产品服务供给。"为鼓励社会资本进入公共体育服务领域，相关部门联合印发了《关于加强大型体育场馆运营管理改革创新提高公共服务水平的意见》。按照组织分工理论，市场在公共体育服务中主要扮演以下四种角色：

第一，市场扮演公共体育服务的"提供者—生产者"角色。从一般意义而言，市场不会承担公共体育服务的"提供者—生产者"角色，主要是因为企业不会主动承担发展体育的公共责任。但是在企业发展过程中，企业从事"繁荣企业文化、增强企业活力"的实践，一定程度上体现了市场的角色。从上述分析来看，企业职工体育就是市场在公共体育服务中的具体体现。企业职工体育是由企业投资、企业管理和运行的组织形态，以服务企业员工为宗旨，具有公共体育服务提供和生产联合的特征。承担公共体育服务提供和生产的市场主要有国有企业、商业性健身俱乐部等。以中铁二十二局集团第四工程有限公司为例，公司通过对公共体育服务的供给，实现了作为企业主体提供公共体育服务的行为。该企业针对工地人员高度分散开展职工体育工作难度大等实际情况，以抓好职工体育活动设施配套建设为突破口，相继投资 500 多万元，在河北省高碑店市公司职工家属基地建起了集体育健身室、乒乓球室、象棋室、歌舞厅、图书室、文化教育室、篮球场、羽毛球场、门球场等于一体的功能齐全的职工体育文化活动中心。公司投资 10 多万元，在公司职工家属基地安置了两套露天健身器材；投资 60 多万元，用于所属基层项目部等各单位职工体育活动设施配套建设及体育活动器材购置。目前公司所属基层 18 个分公司单位都建起了职工体育活动场（乒乓球室、台球室、象棋室等），较好地满足了职工体育活动的需求。此类企业一般规模较大、职工众多、经营能力较强，具有对企业职工长期回报的能力和动机，在满足职工体育需求方面，发挥着极为重要的作用。企业组织可以是公共体育服务的提供者和生产者，也可能是商业性健身俱乐部。基于社会责任的呈现，商业性健身俱乐部通过特定时段的免费开放，让民众利用健身设施进行锻炼。在商业化运行和公益性服务过程中，商业与公益双向互动，并行发展。

第二，市场扮演公共体育服务的"生产者—被采购者"角色。企业生产的公共体育服务产品，需要提供方支付一定的费用来购买，才能让渡给对方，从而惠及全民。这类企业组织主要提供各种专业化服务，通过提供专业化较强的服务项目，由其他组织支付费用，使之成为公共体育服务项目。如相关市场提供较为专业化的服务，这类服务需要付费，但是最终的消费者不需要付费。针对社会普通公民的公共体育服务，付费者是政府体育行政部门，如政府采购商业组织的健身指导服务，为辖区社会体育指导员提供职业培训的机会。据徐州市体育局群体科的负责人介绍，该市群体处仅有两位工作人员，难以有效开展工作，因此该体育局动员相应的商业性健身俱乐部积极提出多种活动方案。如果该方案纳入体育局的采购目录，该体育局就会给相应的商业健身俱乐部一定的财政支持。该体育局负责活动场地的协调，商业性健身俱乐部负责现场健身指导和咨询，这取得了良好的社会效益，体育局和商业性健身俱乐部获得了双赢，这样政府不仅充分实现了自身的公共体育服务职能，而且使商业性健身俱乐部履行了企业的社会责任，同时也扩大了企业在民众中的知名度和美誉度。据悉，徐州市的"健美丽人"等俱乐部已经和体育局群体处建立了较为密切的合作机制。如果消费者是某一特定人群，那么付费者就可能是其他社会组织。例如，相关事业组织为提高本单位员工的健身兴趣，组织员工参与商业性健身俱乐部的健身活动，由组织支付服务购买费用。天津市气象局每年会租用天津体育学院的田径场举办运动会，该局除支付场地租金外，还要向"天行健"趣味运动服务商购买现场服务。该局举行的运动会，并不是以竞赛项目为主，而是照顾到了全体员工及其家庭成员，扩大了员工的体育参与率。这对员工体育生活方式的养成发挥了极为重要的作用。目前，市场有专门提供企业趣味运动会的公司，此类公司负责把一些项目销售给社会上的各类组织。此类公司负责人表示，目前很多国企为了提高员工的工作积极性，倾向于举行具有凝聚力的趣味运动会，尤其是在节假日。众多银行、证券等金融机构和事业单位等给员工提供的体育福利，是由商业组织生产并被采购的，实现了公共体育服务的有效供给。

第三，市场扮演公共体育服务的"生产者—合作者"角色。公共管理过程中，合作主义是一个阐述多元主体合作的重要理论。在公共体育服务供给过程中，有些服务项目的供给需要多元主体参与。不同组织形态基于自身的管理优势，提供不同类型的服务项目，呈现出市场参与公共体育服务供给的合作态势。为实现民众参与健身，实现身体健康的目标，政府组织推动相关体育场馆对外开放，倡导相关社会组织参与服务供给，通过政策引导企业组织提供民众需要的"健康体检服务""专业化的健身指导服务"等。这样企业组织提供的服务类型就成为民众公共体育服务消费的一部分，企业组织成为合作生产者。在奥运会、全运会争光服务供给中，运动队没有生产优势，但体制外很多人基于兴趣爱好在从事此类运动，运动水平较高，所以此类服务就可以由相应的商业性健身俱乐部合作供给。我国深圳和江西萍乡等因基层业余体校萎缩，地方运动队的组建就以相应的商业性健身俱乐部成员为主体，深圳市体育局为健身俱乐部提供相应的经费和设施补助，形成了公共体育服务的合作供给模式。深圳市体育局所属的射箭运动员后备人才不足，但其民间射箭运动发展水平较高。深圳市体育局为了参与相关体育比赛，就和相关射箭俱乐部达成协议，由俱乐部派队员组队代表体育局参加比赛，深圳市体育局给予俱乐部经费支持，并允许俱乐部队员使用体育局下属的射箭馆进行训练，取得了良好的效果。因为民间射箭运动的发展，深圳世界大学生运动会建设的深圳湾射箭场规格档次较高，超过了北京奥运会射击馆的规模，并为深圳的射箭运动发展打下了良好基础。前几年，在该市关工委的协调下，市体育局和教育局合作，动员射箭俱乐部深度参与，为学校提供射箭上门服务，获得了良好的社会效益，同时培养了大批射箭爱好者，也为深圳射箭运动储备了较为雄厚的后备人才。该市地处龙岗区的福安学校，学校因射箭运动获得了较好的社会声誉，2006年被国家体育总局射箭部列入"全国第六十所重点射箭学校基地"，2007年被国家体育总局批准为"射箭重点项目后备人才基地"和"全国射箭重点训练基地"。射箭队还有一名队员获得国家级运动健将称号，三名队员获得国家一级运动员称号，十五名队员获得国家二级运动员称号，三名运动员被输送到省队。该市的射箭运动从危险性的运动项目变成市民普遍参与的运动项目，除了体育局的精心布局外，很多商业健身团体，如"一箭钟情"射箭馆、"飞天一箭"射箭馆、鹏城（国家）青少年体育俱乐部射箭基地等发挥了非常重要的作用。

第四，市场扮演公共体育服务的"购买者—提供者"角色。市场供给公共体育服务具有的一个特点，就是其服务对象基本都是组织内部成员。很多企业为了增强工作人员的体质，不仅对员工，而且对员工家属也给予相应的体育补偿，如购买相应商业健身服务提供给企业员工及其家属。无锡市的某些外企通过给予补贴等形式鼓励员工参与体育锻炼。一些外企对员工特别是管理层员工的健身体育锻炼活动十分重视，制定了各种经济补贴制度给予鼓励。据某羽毛球馆负责人介绍，对来参加体育健身活动的员工实行埋单或部分埋单的外企，就有海力士、相川铁龙、希捷、THL等20多家。外企埋单鼓励员工健身锻炼主要有两种模式：一种是对参加活动的员工每人每月提供固定补贴；另一种是给双休日参加活动的员工每人每次补贴50～100元。而对参加"福田欧V杯"等羽毛球大奖赛的员工，外企还免费提供球衣、球拍、球鞋等体育用品，鼓励员工参与体育锻炼。综合而言，在公共体育服务供给过程中，市场扮演的角色可以从"安排者"与"生产者"的角度来认识，市场通过与其他组织的合作，共同实现公共体育服务供给的目标。同时，也有学者讨论了虽然产权没有发生变革，但是由于服务供给的转变，部分基层体育场馆基于公共服务的价值取向，利用市场手段开展差异性的公共体育服务供给，具有"事业单位—经营性质"的性质，其中上海静安区体育馆的市场开发获得了一致肯定，属于"用市场谋公益"的典型案例。

3. 市场在公共体育服务供给中的实现机制

市场参与公共体育服务供给，本质上是一种基于委托代理的协调分工制度，引起了政府与公民及社会之间的良性互动。因此，在推动市场参与公共体育服务供给中，尤其需要注意伙伴关系、利益保障、方式创新和严格问责等问题。

第一，重视服务整合，构建新型合作关系。当前，我国公共体育服务已经进入"服务整合"时代，国家体育总局倡导的"大群体"就是服务整合的具体明证。政府的优势在于利用公共财政建设相应的硬性服务设施，如提供民众参与体育活动所需的全民健身场地、器械等，而市场则能够利用专业化的服务提升民众参与体育服务的质量。公共服务协议是英国公共服务在供给领域的创新方式之一。英国在社区体育发展过程中，通过构建"公共服务协议"，约束包含市场在内的各种合作伙伴在提供体育服务时的合作关系。以英国社区农村公共体育服务供给为例，在推进农村体育发展过程中，与"郡县伙伴关系"合作，无论哪种企业、社会组织，只要承诺能够按照英格兰体育理事会的要求提供体育服务，均可以申请政府的相关项目的资金扶持。在市场供给公共体育服务过程中，要充分利用和发挥市场具有的竞争、管理与技术优势。

第二，重视利益诉求，建立利益补偿机制。社会转型期，基于对普遍体育权利的重视，倡导公共体育服务的全覆盖发展。在培育市场供给公共体育服务过程中，需要重视各方面的利益诉求，无论是政府组织还是市场，其参与公共体育服务发展都离不开"利益驱动"。因此，在推动市场嵌入公共体育服务体系过程汇总时，要建立有效的利益补偿机制，让市场能够在追求部门利益和实现公共利益之间实现利益的整合，为市场参与公共体育服务供给提供正向激励。市场供给公共体育服务利益补偿机制的建设，需要政府利用税收、法律等制度对相关市场进行补偿。对居民满意度较高、成本控制明显和公共体育服务质量较高的市场，政府可以给予相应的税收优惠，并在信贷支持和政策优惠领域提供相应的补偿措施。

第三，推进方式创新，建立多元方式体系。市场参与公共体育服务，并不是市场替代了政府，而是竞争代替了垄断。市场能够充分引导民众实现"用脚投票"的权利，公共消费者可以在不同的市场提供的公共体育服务中进行自我选择，从而提高民众的公共体育服务满意度。针对不同性质和类型的公共体育服务，市场采取有针对性的供给方式。尤其是针对政府公共体育服务职能的改革手段，诸如政府购买、伙伴关系等，对转变政府职能、提高公共体育服务供给效率具有重要意义。在公共体育服务供给过程中，强调政府与市场的"公私合作"逻辑，对推进政府职能的改善和提高民间资本进入公共体育服务领域的积极性发挥积极作用。

第四，引导"退进"意识，确立公私契约关系。我国公共体育服务体系建设，是在政府体育行政部门的有效作为和市场积极参与的双向互动的过程。"政府—市场"双向互动也是西方公共服务改革的趋势之一。在建设服务型政府过程中，基于有限政府诉求，要保证政府在很多既往公共体育服务的微观生产领域的退出，给市场和社会组织留出相应的空间，这就是政府组织与市场的"退进"关系。在公共体育服务供给过程中，要合理面对政府退出留下的空间，同时要通过制度建构营造合适的环境。如徐州市体育局为推动全民健身运动的可持续发展，和市人保局共同制定了《职工基本医疗保险个人账户结存资金开展健身活动的实施意见》和《"专属健身卡"定点运动健身场馆管理办法》,首批"专属健身卡"定点健身场馆已完成申报。在此背景下,市场需要在"服务质量、服务成本和服务绩效"中展开竞争,尤其是对民众服务的回应,选择相应的服务。市场、政府组织和公共消费者在公共体育服务供给过程中建立"行政契约""社会契约"和"民事契约",以健全的"委托—代理"行为提供高质量的公共体育服务。

第五,确保问责态度,建立问责监督制度。公共服务型政府建设过程中,对各种行为主体的约束除了表现在法律规范、经济惩处等方面以外,建立问责制度是必要的选择路径。在公共体育服务过程中,既然介入公共体育服务生产与提供的相关环节,就需要履行必要的社会问责监督,坚决制止公共体育服务供给中的"撇脂"行为,约束市场,提供高质量的公共体育服务。

(三)社会组织:公共体育服务的重要载体

在我国一直使用的民间组织这一称谓,涵盖了社会团体、民办非企业单位、基金会这三类组织。党的十七大报告中第一次使用"社会组织"一词代替使用多年的"民间组织",这个信号让固有的传统非政府组织、非营利组织、第三部门和民间组织等面临一场新的改造,肯定了社会组织在社会主义民主政治建设中的积极作用,为社会组织的发展提供了政治保证。"社会组织"取代原来的"民间组织",在业界成为一个流行词,并获得民政部的确认。我国体育社会组织主要有体育社团、体育类民办非企业单位和体育基金会三种形式。民政部《2015 年社会服务发展统计公报》中显示,截至 2015 年年底,我国共有社会团体 27.1 万个,体育类 15 060 个;民办非企业单位 22.5 万个,体育类 8 490 个;基金会 3 029 个,体育类没有具体的统计数字。

1. 体育社会组织类别一:体育社会团体

社会团体是指我国公民自愿组成,为实现会员共同意愿,按照其章程开展活动的非营利性社会组织。我国的体育社团组织体系庞大、种类繁多,既有规模巨大、层级较多、会员众多的大型正式体育组织,诸如各行业的行业体育协会、体育单项协会等,也有规模较小、结构松散、成员较少的社区健身组织。

(1)行业体育协会。行业体育协会是我国群众体育组织体系中的重要组成部分。自中华人民共和国成立起,我国便在各个行业系统内部建立了体系较为完备、覆盖较为全面的体育协会。诸如 20 世纪 50 年代初期,我国便分别在铁路、金融、水利、电力、煤矿、通信等领域成立了行业体育协会。"文化大革命"期间,各体育协会的发展一度停滞。伴随十一届三中全会的召开,全党工作重心的转移,我国的体育社团组织重新焕发生机,一度停滞的各行业体育协会开始逐步恢复与建立。1978 年,中国火车头体育协会得以恢复。1981 年,全国总工会、国家体委联合下发《基层厂矿、企业、事业、机关体育协会章程(试行)》,大力推进基层职工体育组织的建设；20世纪80年代后期，陆续又有石油、建筑、林业、电子、航天等行业建立体育协会；20世纪90年代，化工、兵器、建设、交通等行业成立体育协会。各行业体育协会通过完善行业内部体育基础设施、体育规章制度、体育活动举办机制等，有效地促进了行业内部职工的群众体育发展。在行业体育协会鼎盛的时期，全国拥有行业体育协会4 000多个、基层体育协会69 000多个，受到影响的群众为6 600多万人，占据当时全国职工总数的一半，当然，伴随我国体制改革的深化，单位制逐渐走向式微，由此深刻地影响了行业体育协会的发展，当前全国性的行业体育协会，其规模、地位均不如从前。尽管行业体育协会在群众体育发展中的身份与角色已经发生了一定程度的改变，但基于我国是一个以公有制经济为主体的社会主义国家，各事业、行业部门的体育协会依然在动员本行业职工开展群众体育中具有其他社会组织所无法比拟的组织优势，它们依然是我国公共体育服务组织体系的重要构成部分。

（2）人群体育协会。人群体育协会是指在各社会阶层、社会群体内部建立的社会性体育组织，如农民体育协会、老年人体育协会、残疾人体育协会、青少年体育俱乐部。

①农民体育协会。1986年，经国务院批准，中国农民体育协会成立。中国农民体育协会是在农民这一社会阶层内部成立的群众性、社会性体育组织，是动员与发展广大农民参与体育活动的有效载体与组织形式。农民体育协会成立以来，在全国动员与发展了大量的农民朋友积极地参与体育活动，并举办了6届全国农民运动会和多届其他形式的农民体育活动。据不完全统计，截至2015年，全国31个省、区、市均建立了农民体育协会，全国80%的市、70%的县、60%的乡均建立了农民体育协会，由此在我国形成了从省到乡的四级农民体育协会组织体系。

②老年人体育协会。我国人口基数大，老年人人口众多，随着计划生育政策的深入执行，人口平均寿命的延长，我国正逐步迈入老龄化社会。老年人特殊的身体特征对体育提出了较高的要求，运动健身成为老年人生活方式的重要组成部分，由此也使得老年人成为群众体育发展中的一支主力军。1983年6月，经国务院批准，中国老年人体育协会成立，截至2015年，我国90%的城市社区和近半数的乡镇建立了老年人体育协会。经常参加体育锻炼的老年人有6 000多万。由于老年人群体具有较多的闲暇时间，且老年人拥有较高的社会地位，所以他们在群众体育动员、发展中具有较为独特的动员功效。老年人体育协会不但在动员老年人发展体育中具有十分积极的作用，而且在动员其他社会群体参与体育中的作用十分显著。当前，各社区的健身组织，以老年人为主体的健身组织占据了绝大多数。

③残疾人体育协会。体育在提高残疾人身体社会适应能力、锤炼残疾人的意志品质、促进残疾人正常社会生活回归等方面具有十分重要的作用。我国具有数量众多的残疾人，基于体育在残疾人人群中的发展有着十分重要的作用，为了动员广大残疾人参与体育，1983年，在天津成立了中国残疾人体育协会。截至2015

年，我国共31个省(市、自治区)成立了残疾人体育协会。

④青少年体育俱乐部。体育对于青少年有着十分重要的教育与健身价值，青少年由此成为除老年人之外的重要的体育运动参与群体。我国一贯重视青少年体育运动的开展，也十分注重青少年体育俱乐部的建设与发展。1950年与1951年，毛泽东主席先后两次写信给当时的教育部部长马叙伦，做出"健康第一，学习第二"的指示。1951年8月，中央人民政府政务院印发的《关于改善各级学校学生健康状况的决定》指出："要切实改进体育教学，尽可能地充实体育娱乐的设备，加强学生体格的锻炼。"规定"学生每日体育、娱乐活动或生产劳动时间，除体育课及晨操或课间活动外，以一小时至一小时半为原则"。在中央政府的积极鼓励下，各地纷纷组建基层青少年体育俱乐部。各地的青少年体育俱乐部主要依托地方的体育系统与教育系统，以学校、体校(含业余体校)、体育场馆、单项体育协会、社区等为依托单位而成立。各地的青少年体育俱乐部采取会员入会与登记制度，一般在当地的体育、民政部门进行了相应的注册登记，获取法定的民间组织身份，并依据《俱乐部章程》《俱乐部管理办法》《俱乐部工作人员岗位职责》《俱乐部奖惩办法》《俱乐部会员入会及收费办法》等管理制度来保障青少年体育俱乐部的运作。

(3)单项体育协会。改革开放以来，我国单项体育协会得到了迅速的恢复与发展。截至2014年6月，我国共有92个国家级单项体育协会。近年来，各单项体育协会蓬勃发展，各区域的民族传统体育项目也成立了相应的单项协会，这些民族传统体育项目单项协会的成立既起到了抢救、保护民族传统体育项目及其文化的作用，也在当地起到了良好的群众体育动员与参与的作用。依靠各种类型的民族传统体育项目组织，各地长期性地举办开展各种民族传统体育活动。

(4)基层体育组织。改革开放以来，经济体制与世界接轨，传统单位制逐渐式微，国家开始不断向社会让渡治理空间，由此使得社会力量得到不断的孕育与生长，各种类型的社会组织如雨后春笋般生成。为数众多的基层体育组织以其独特的结构与功能优势，在基层群众体育运行中扮演着十分重要的角色。

从结构来看，较多的基层体育组织采取的是"召集式"的运行模式，即依靠少数社区社会精英的个人动员，联系组织一批健身爱好者，由此形成组织，这类健身组织结构松散，内部没有严格的科层划分，组织对于成员的进入与退出并没有结构性的限定，由此使得组织的生命力较强；同时由于组织的结构小型化，组织运行的成本较低。此类组织往往依靠组织精英个人的资源背景或者成员互助的资源来维系组织的运行。

从功能来看，众多的健身组织是基于共同的"趣缘"关系而自发形成的组织形态，"趣缘"关系是一种情感性的社会关系，具有共同"趣缘"的社会成员往往具有很高的组织认同感与归属感，因此组织内部的整合程度与一体化行动的程度较高，组织运行的稳定性也比较好。当前的社区，其社会关系逐渐由传统的血缘、地缘、业缘多缘合一的关系形态向单一的地缘关系形态转变。尤其是依靠市场化机制而聚群形成的现代商品房小区，由于社区成员之间缺乏多样化的社会关系纽带，社会成员之间的陌生感比较强。依靠"趣缘"关系的带动与聚合作用，原本陌生的社区成员基于共同的体育爱好走到一起，形成了组织，由此强化了社区成员之间的互动与交往，也提高了社区的整合度。基层体育组织具有较强的与社会互动的积极功能，能够为社区的居民提供社会支持，因此受到了社区居民的认可与支持。

近年来，基层体育组织发展迅速，体育指导站、晨晚练点等遍及城乡，数量众多的基层体育组织契合了基层群众的体育需求，为群众提供了便利的体育组织服务，极大地推动了我国城乡社区群众体育的发展。

2. 体育社会组织类别二：体育类民办非企业单位

体育类民办非企业单位是指由企业事业单位、社会团体、其他社会力量和公民个人利用非国有资产举办的，以开展体育活动为主要内容的非营利性社会组织。如民办的体育俱乐部、体育场馆、体育学校等，这些体育类民办非企业单位缓解了政府财政资金不足的压力，为社会提供了日益增长的多元化的体育服务。

3. 体育社会组织类别三：体育基金会

体育基金会是指对国内外社会团体和其他组织以及个人自愿捐赠资金进行管理的民间非营利性组织，是社会团体法人。我国现有体育基金会大多在体育系统中，少部分综合性体育基金会则分布于政府各个部门中；非公募体育基金会分别属于体育系统、民政部门、工会和侨联主管等；另有一些属于境外注册或是正在注册中的境外体育基金会。

第二节 公共体育服务组织体系建设存在的问题

当前制约公共体育服务组织体系建设存在的诸多问题可归纳为四个方面：其一，体育组织建设与发展的合法性问题；其二，体育组织建设与发展过程中的资源约束问题；其三，体育组织建设与发展所遇到的结构性阻滞问题；其四，体育组织建设与发展的社区环境演变问题。这四个方面是当前建设与发展体育社团组织需要着力解决的问题。

一、体育组织建设与发展的合法性问题

合法性是一个内涵异常丰富的概念。在马克思看来，合法性是由道德、宗教、惯例和法律等构成的合法秩序，他强调了合法性所表达的"秩序"含义，这一解读与早期的自然法政治哲学所主张的"自然秩序"有许多相同之处。有别于韦伯的广义阐释，哈贝马斯将合法性理解为政治秩序，并以此为基点来理解国家的统治类型。可见，合法性既可以是法律层面的概念，也可以是一个社会系统所共同遵从

与信仰的一套价值体系。关于社团组织的合法性问题，通常有四种理解角度，分别为社会合法性、行政合法性、政治合法性和法律合法性。

社会合法性在于，因为符合某种社会正当性而赢得一些民众、一定群体的承认乃至参与。社团的社会正当性主要有三种基础：一是地方传统；二是当地的共同利益；三是有共识的规则或道理。一个社团要在一个地方站稳脚跟，至少应该具有其中的一个根基。对于民间社会来说，传统具有毋庸置疑、不容否认的正当性。社会力量的不断孕育与发展，逐渐催生与发展出数量众多的社会组织，这类组织虽未得到政府以及相关行政管理部门的明文认可，但契合了基层社会的各种需求，因此被群众广泛认可，在群众的日常生活中扮演着十分重要的角色。社会合法性基于社会生活的逻辑，与社会领域的道德、价值规范是契合的。与社会道德、社会文化规范的吻合，使得各社会合法性的组织能够在基层社会发挥较为良好的社会整合、公共服务供给等功能。因此，具备社会合法性的社会组织，不但在民间社会具有广泛的基础，而且能得到政府的认可。

行政合法性是一种形式合法性，其基础是官僚体制的程序和惯例。行政合法性对于中国的社团及其活动具有非常特殊的意义。在某种意义上，中国的社团管理是以单位为基础的行政体系的延长。从《社团管理条例》的条文来看，一个社团必须先找到一个主管单位，然后才能够申请成为法人，那么，行政或者准行政性质的主管单位是社团在法律上的构成要件或前提条件。如果没有一个单位同意赋予其行政合法性，一个筹建中的社团就连申请成为法人的资格都没有，更不用说被赋予法律合法性了。行政合法性对于普遍缺乏法律合法性的民间社团具有较为实际的意义。民间社团如果只在基层拥有一定的社会合法性，那么它们只能在一个很小的范围内活动。但是，如果它们能够被纳入行政体制的运行，将使其超越基层社会组织的局限，从而获得行政合法的身份。

相比行政合法性强调合法性的形式，政治合法性是重视合法性的实质内容，如社会团体、民间组织的宗旨、活动内容、意图、意义等是否符合主流政治意识形态的主张，符合主流政治意识形态则被视为具备政治合法性，反之，被认为不具备政治合法性。政治合法性对于社团的存在和发展都是至关重要的。在我国的公共空间的任何存在都要首先解决政治合法性问题。我国的社团管理偏重于采用行政模式，把社团视为国家单位体制的延伸。单位行政管理首先在于维护政治秩序。因此，一个社团要找到挂靠单位，必须满足政治规范的检验，服从上级并对现存政治秩序发挥建设性作用。只有在这种情况下，单位领导才让社团使用行政资源，才把行政空间让与社团开展活动。随后，社团才有可能申请成为法人。即使一个社团已经是法人，各个单位掌握着资源的领导在与其打交道时，也会不断地评判其活动的政治合法性，并做出适当的反应。而对于民间社团来说，在尚不具备法律合法性和行政合法性的情况下，它们一方面用社会文化的合法性进行内部的诉求；另一方面则用政治合法性来回应行政和执法部门的压力，往往因此免于被追究。

法律合法性是指符合某区域当前的法定规范，从而获得了合法的身份与地位。事实上，虽然对合法性可以做出四种不同内涵的解读，法律合法性却是合法性最为核心的要素。同时，法律合法性也构成了其他三类合法性的基础，其他三类合法性都可以在法律合法性中找到文本上的缩影。

合法性问题是体育组织生存与发展过程中最基本的要素条件。尤其是那些规模较大的体育社团，其能否取得合法性身份与地位，决定了社团活动的可能与否，合法的身份往往构成了大规模体育社团的生存底线。这是因为如果没有合法的社团身份，并且大规模的社团活动又未得到政府及其相关部门的认可，那么其活动性质会被定性为非法，非法的社团活动就将受到政府的禁止与取缔。除了对大规模体育组织活动具有限定的作用，是否具备合法身份对于组织的资源获取有很大的影响。按照我国现行的法律，如果体育组织到相关的机构进行了相应的登记备案，取得了民间组织的相应身份，那么该类型的组织将在税收以及其他政府层面获得较大的资助。税法规定：国家机关、事业单位、社会团体、军事单位将土地、房屋用于办公、教学、医疗、科研和军事设施的，免征契税。企事业组织、社会团体、其他社会组织和公民个人经过有关主管部门批准，利用非国家财政性教育经费面向社会举办教育机构，将土地、房屋用于教学的，也可以免税。税收方面的优惠政策意味着体育组织发展的成本将大幅降低，这对大规模体育组织而言，具有极大的促进与激励作用。当然，当前活跃在基层社区的体育组织，主要还是那些结构松散、小型规模的社区健身组织。对于存在于基层社区中的那些规模较小、不具有正式组织形态、以体育锻炼为主要活动内容的体育组织而言，由于组织的活动内容基本不涉及政治议题，在政府供给的公共体育服务尚不能有效满足基层群众体育需求的现实状态下，这类组织在客观上发挥了替代政府提供公共体育服务的功能，政府为了整合社会层面的公共体育服务供给力量，对小规模的体育组织基本采取"放任型"的治理手段，任由其发展。这类组织虽然没有通过相关的备案登记获得"法律合法"的身份，但在实际的运作中，由于具备社会合法性，很少遭遇由于不具备"法律合法性"身份所带来的困惑。当然，对这些组织"合法性"问题的讨论是有约束条件的，通常"法律合法性"问题与组织的规模和活动领域、活动内容、活动影响息息相关。不受"法律合法性"困扰的只能是小规模组织，待组织发展到一定的规模后，随着其活动领域的延伸、活动影响的扩大，一直未曾困扰的"法律合法性"问题将随之出现。

二、体育组织建设与发展过程中的资源约束问题

资源是人类赖以生存发展的物质基础。在社会经济活动中，经由人类劳动而创造出财富或资产的各种因素均可称为资源。从广义的角度看，资源可以指向人类存在与发展所需的经济资源、文化资源、组织资源。狭义上，资源一般是指经济资源，不仅包括人们所熟知的人力、物力、财力等有形资源（如体育管理人员、

社会体育指导员、体育志愿者、体育场地设施、体育器材、体育经费等），还包括各种体育信息、科研、管理制度、政策法规乃至社会舆论等无形资源；不仅包括已经被人们认识的各种显性群众体育资源，还包括各种即将被人们认识的潜在群众体育资源；不仅包括各种物质性的群众体育资源，还包括各种观念性的群众体育资源；不仅包括各种可以直接用来发展群众体育的群众体育资源，还包括那些虽不能直接运用，但可以通过一定条件转化并为群众体育提供支持的间接群众体育资源等。

体育社团组织作为一类社会实体，其存在与发展必然需要具备一定的资源条件。资源条件是体育社团组织良性运行的先决条件。尤其对大规模的体育社团组织而言，组织实施专业化的运作需要组织内部有相应的专业化结构与技术进行支撑，专业化的技术人才、职业化的技术支持，均需耗费大量的资源。同时，维系较大规模体育社团组织的运行还需要较多的日常维系经费。因此，资源的充足与否，较大程度地决定了大规模体育社团组织的运行质量。为了获得社团组织所需的发展资源，大规模的体育社团组织一方面通过获取合法的组织身份，积极争取政府税收减免、项目资助等优惠政策；另一方面也会用一定的市场化手段，如冠名等，积极地从市场领域筹集资源。另外，大规模的体育社团组织还会通过各种策略获取社会领域的资源赞助，如通过收取一定的会费，游说社会名人对体育社团组织进行赞助等。虽然大规模体育社团组织通过种种方式尽力地去化解组织发展的资源约束问题，但从当前的大规模体育社团组织的发展现状来看，资源短缺仍然是制约体育社会组织进一步发展的重要条件。资源短缺，使得较多的体育社团采用了依附性的生存策略——或挂靠或结构性依附，即通过依附政府而获得组织生存发展所急需的各类资源。依附政府，虽然有利于获取发展资源，但将较大程度地降低体育组织生长孕育的自主性，导致难以获得自我生长的能力。

当然，当前活跃在基层社区的较多体育社团组织是规模较小的健身组织，这类组织由于规模较小，其运行成本较低。在难以获得政府、社会、市场资助的条件下，小型体育社团组织往往依靠组织内部的社会精英分子个人的资源优势来解决组织的资源困境问题。社区的社会精英分子以公益人身份积极地介入健身组织的发展，不但无私地以个人的努力工作维系健身组织的运行与发展，还积极地将自己的社会资本、社会资源用于健身组织的发展。在社区调研中，笔者遇到了较多的社会精英推进健身组织发展的个案。例如，DLG 社区门球协会的主席、委员，非常努力地为门球协会的发展出谋出力，不但不拿协会的工资，还每年比普通会员上缴更多的会费。又如，CLL 社区的 W 老师，几年如一日地带领社区一批健身爱好者健身，不但自费购买健身舞蹈光盘等教学器具，而且自学之后，又无偿地教给健身爱好者。正是通过社区的社会精英分子的无私奉献，很多小型健身组织才能焕发出蓬勃生机。当然，依靠社会精英分子个人的努力来解决小规模组织发展的资源约束问题虽然高效，但由于这一资源供给模式将组织的发展过度地维系在某些社会个体之上,因此社会个体的因素严重地影响着健身组织的运行态势。如果社会个体个人生病或者外出,将使得健身组织的运行出现停滞现象。

三、体育组织建设与发展所遇到的结构性阻滞问题

结构是与功能相关联的,有什么样的结构就会出现什么样的功能,组织结构内在决定了组织运行的态势与模式。

不同的体育社团组织往往具有不同的组织结构。从当前活跃在基层社区的体育社团组织的结构来看,可以将其粗略地划分为两种类型。

第一种是具有正式科层组织结构的体育社团组织。马克思是较早提出科层制管理理论的社会学学者。他认为理性科层制是现代社会生活中每个社会过程中最为重要的因素,而其中包含着不断形成的精确性与合法性,这些精确性与合法性是占统治地位的社团组织必须具备的。通常而言,科层制是一种依托于正式规则的管理方式,科层制组织大多具有精细的分工与较为复杂的规章制度体系,其主要特征包括:第一,分工明确;第二,职权等级明晰;第三,规章制度体系明确;第四,私人关系和公务关系的分离;第五,量才用人;第六,管理权力依附于职位,而不依附于个人。一直以来,科层制都是现代社会组织的管理方式。以 DLG 社区门球协会为例,作为具有正式组织结构的 DLG 社区门球协会,基本按照现代科层制的管理体系建立了自己的管理架构,门球协会设立了门球协会的章程,以规章的形式约定了组织的构成、会员的加入方式,并对组织的主要领导——主席、副主席、秘书长、财务长等的职能与权限做出了明确的约定。协会下属的 20 支球队在 DLG 社区门球协会的统一领导下开展每年的训练、比赛活动。

当然,产生于乡土社会的基层群众性体育组织,虽然按照门球运动的发展规律与现代科层制的架构方式建立了组织,但组织的运行也依据科层制管理架构的运行规律进行规范管理。但组织毕竟根植于具有厚重传统文化的乡土社会,组织运行依旧带有浓厚的乡土社会特征,人情关系、传统社会的关系网络、非正式关系等均在组织的运行中发挥着重要的作用。具体而言,DLG 社区门球协会表现出如下特征:其一,具有正式的组织结构,依据科层制的架构建立了协会的管理体系,分工明确、等级分明、权力清晰;其二,组织具有合法的地位,组织虽未正式在相关部门登记,却挂靠在县门球协会与县老年会上,受上述两个正式组织的领导,通过挂靠正式的合法组织来解决组织的合法性问题;其三,组织与镇联校、镇行政体系等表现出结构上的"同构";其四,地方精英在组织运行中扮演了十分重要的角色;其五,组织是一个以"趣缘"关系为核心纽带,同时具有地缘、业缘、学缘、血缘等多重社会关系纽带的民间体育组织。从结构特征来看,DLG 社区门球协会这类民间组织是由民间自发形成的,没有法定的身份,依托于有法律身份的民间组织而解决其合法性问题,其治理结构属于组织自主型,组织的各项事宜以及协会的负责人均由组织自主产生。这类组织由于规模不是很

大，群体之间以"趣缘"为核心纽带，开展的活动不涉及政治议题，因此，组织不会存在不法性的危机，受上级组织的干预比较少，但组织内部有正式的结构，有明确的分工。

第二种是不具有正式组织结构的松散健身组织。这类健身组织少则数人、多则数十人，一般规模较小，依靠几个核心人物的组织联系开展体育活动。由于组织规模不大，组织对于人员的进入与退出也没有十分严格的界限，因此，组织的运行方式相对没有正式组织那么严格，组织活动开展的随意性较大。也正是由于组织的规模较小，组织活动开展的随意性较大，组织进一步成长乃至获取合法身份的意愿较弱，所以这类组织基本都无正式的法定身份。组织依靠社会领域广泛的认同而无拘束地开展社团活动。非正式的健身社团依靠基层社区的"能人"开展活动，"能人"凭借自己的社会关系网络、社会资本而能够迅捷地动员与聚集组织成员，并以自己独特的动员方式使得这些组织成员较为稳定地团结在自己身边。

从当前基层社区的体育社团组织构成来看，小规模的非正式健身组织占据了体育社团组织数量的绝大部分。2013年12月发布的我国首部体育蓝皮书显示，我国的群众体育参与，仅17.2%是由社团组织发动的，群众体育动员中，社团组织表现乏力；与此同时，一贯强大的政府以及政府关联部门也未能在群众体育参与中发挥有效的动员作用。数据显示，政府部门或居民（村民）委员会仅动员了9.1%的体育参与，另有10.9%的体育参与是由单位组织动员发动的。而高达54.9%的城乡居民则是通过自发组织的形式参与体育活动的。可见，当前我国的群众体育活动的开展，表现出较强的自组织运行特征——较多的群体活动是依靠群众自发形成的非正式组织形态动员发动的。

这类组织由于更多地契合了基层社区群众的体育需求，以单项、人群组织的形式集合而成，组织自身又依靠情感性的关系纽带联系组织成员，因而组织的整合度比较高。同时，由于组织规模较小，日常运行的成本相对较低，对于场地器材也无过于严苛的要求，因而它们的生命力较为旺盛。从调查的几个社区来看，平均每个社区都有数量较多的健身组织。由于这类健身组织的日常运行主要依靠组织内部的"能人"，组织自身并无严格的规范制度，所以组织的运行受"能人"的影响较大。"能人"个人的自身状态往往会较大程度地影响到组织的运行状态。从调查社团组织的运行情况来看，发展较好的健身组织一般都是组织内部"能人"工作状态较为稳定的组织，而少量组织出现了由盛转衰的情况，究其原因，就是因为主导组织运行的"能人"在代际流动的过程中出现了流动不畅的问题。因而，这类由个人主导的组织，较大程度地受到个人状态的影响。

对于正式组织而言，组织依据其正式的制度以及科层架构来自行治理，制度的刚性约束，使得组织的日常运行均较为正式、严苛。与非正式的健身组织"以一人之力治理组织"不同的是，正式的体育社团组织科层组织一般规模较大，组织运行需要专业化治理，因此组织内部会有十分明确的分工，使得其治理结构表现出"以一群人之力治理组织"的特征。组织内部治理精英的结构及其互动关系对于组织运行的影响较大，而具有良好治理结构的体育社团组织，运行状态也较为良好。调查中一些运行状态不佳的体育社团组织，从治理结构看，其精英构成是存在较大问题的，比如说某些组织内部的精英治理结构单一，依靠某一类型的精英来主导组织的日常运行。单一的精英意味着单一的资源背景，这显然是不利于组织运行的。当然，对于正式的体育社团组织而言，尽管有正式的科层架构，但由于大多数正式体育社团组织本身处于整体的社会权力网络之中，所以组织的很多日常运作仍然较多地受到非正式权力的影响。

四、体育组织建设与发展的社区环境演变问题

宏观的体制环境为体育组织的活动设置了基本的底线。大量的小规模体育组织虽游离于法外，但从未越过国家的法律底线。事实上，国家的影响往往是在民间组织越过国家底线后才会得到强烈体现，在不越线的状况下，国家的宏观体制因素对于小规模的体育组织的影响是微乎其微的，这些体育组织因此可以比较自由地翱翔于体制的空间之内。

相比宏观体制环境对体育组织间接、微弱的影响，体育组织生存的社区微观环境则能给予组织较为强烈的直接影响。

改革开放以来，我国基层的社区结构发生了大的变迁，单位制的衰落使得社区得以发展壮大。当前，无论是农村社区还是城市社区，均处在全速迈向现代化、城市化的进程中，在这场远离传统迈向现代的长距离赛跑运动中，由于各区域的地理环境、资源禀赋、历史传统存在差异，因而赛跑的途中朝着同一个方向迈进的选手逐渐分化、分层。依据传统与现代、农村与城市的区分维度，可以将当前的社区划分为四种类型。

1. 传统的城市社区

传统的城市社区，是指在计划经济体制下，按照单位制所建立起来的城市居民社区。在计划经济时期，除了少量街区按照中华人民共和国成立前的沿革建制外，大部分的城市居民都被按照单位的方式统一规划到一个一个的单位生活小区之内。这种按照业缘关系所建立起来的生活小区，社会关系紧密，情感型社会关系发达，社会互动频繁。由于单位福利配置与身份挂钩，小区的封闭性较强，社会排斥感也强，外单位人很难被纳入不属于自己的单位小区。改革开放以来，单位制的消逝使得单位传统的单位小区发生了较大程度的变迁。单位的退出，使单位人变成了社会人，单位社区逐渐演变、改制为社会社区。尽管旧有的单位体制已经消逝，但社区仍然较大程度地继承了原有单位社区的一些元素，如旧有的业缘关系、地缘关系等，改制后的单位社区仍然居住着曾经在传统体制工作过的一些同事以及同事的后代。这种有着共同记忆的社区对于社区民众的行为方式有着

很大的影响，这当然也包括了社区内居民的体育行为。

2. 现代的城市社区

在当今的城市社区中，传统单位社区已不多见，较为多见的是新型商业社区。新型商业社区完全是依靠后天的市场化、城市化的力量壮大的，社区居民并没有传统单位社区的记忆，它完全是在市场经济主导下所强力构建的一种"业缘"（这里的"业"，非行业的"业"，而是物业的"业"）社区。除了在同一小区内拥有房产外，居民之间别无其他先天的关系。这种比较原子化的社区形态使得居民之间的疏离感显著增强，居民之间的互动行为由此减少。由于安全管理的需要，一般的现代化商业社区都设置了较为严密的门禁制度，如此一来，小区更加封闭，形如孤岛，很难与外社区形成良性的互动。

3. 传统的农村社区

由于地理位置相对偏远、缺乏资源，一些老、少、边、远地区的村落依旧保留着为数众多且具有厚重传统的农村社区。这类社区中，地缘、血缘、业缘构成了社区主要的社会关系，并且三者高度融合；经济水平不高，经济分化不明显；尽管按照村民自治建立了科层制的村民自治机构，但传统的宗教精英、社会精英、文化精英仍发挥了重要的社区治理作用，"长老统治"痕迹明显。为了改变落后的经济状况，这类社区青壮年外出打工现象普遍，"单向度"的流动使社区的社会结构呈现出"老、幼、妇、残"的社会结构特征。

4. 现代的农村社区

市场化、城市化的冲击使得我国大部分地区延续数千年的农村传统被不同程度地割裂开来。当前，除了中西部地区或者传统文化影响厚重的区域外，较大部分社区在城市化的大路上逐渐与市场合流，由此迈入现代新农村的行列，旧有的村庄记忆基本上从人们的记忆中逝去，留下的只是依稀的传统身影与片段，旧有的生活方式、社会结构、社会关系被予以重塑。这类农村社区由于具有较强的经济基础，加之更为开放的社会观念，因而更容易接触新事物，民众的生活方式逐渐向城市社区的生活方式靠拢。尽管现代的城市社区越来越往现代城市小区的发展道路上迈进，但城乡差异的存在，使得现代的农村社区具有不同于现代城市社区的一些特征。现代农村社区虽然从物质上已经较大程度地背离了传统，但制度、文化、人们的社会心理层面仍然深刻地烙着传统的印痕，"长老统治"仍然在村治中发挥着重要的作用。随着经济的发展，业缘关系逐渐从地缘与血缘关系中分化出来，且越来越带有工具化的关系特征。但社会成员之间的社会关系依旧紧密，社会互动仍然频繁。社区的成员流动也较为频繁，既有社区外成员的流入，也有社区内成员的流出。

以上以城市与农村、传统与现代的区分维度为依据，讨论了当前中国存在的几种社区形态的社区特征。这种划分由于维度区分宏大，所以社区类别的划分带有一定化约论的痕迹，在现实生活中，实际的社区形态绝不仅是这四种类型，还有其他多种类型。但可以肯定的是，这四种社区类型具有较强的典型性，能够较好地反映出社区形态背后迥异的社会关系、社会结构、社会生活等方面的差异，这些差异无疑构成了体育组织运行最重要的社会环境，社区性质、社会关系、社会结构、社会生活必然生成不同的体育组织形态与运行逻辑。基于社区体育是以广泛的社会参与为前提的群众性文体活动，它的发展也是建立在一定的社会群体参与规模之上的。在社会生活实际中，除了小部分具有较强体育意识的社会群体，他们凭借自我价值提供驱动力参与体育活动外，其他较大部分的群体则是依靠不同类型的动员技术，被动地整合到群众体育活动中。在社区体育发展的过程中，依靠趣缘、地缘、血缘、业缘等社会关系的纽带作用，分散的社会个体被整合到社区体育活动之中，依靠社会关系动员，能够实现广泛的社区体育参与；同时，社会关系还起到维系社区体育组织化发展的重要作用，维系恒常化、生活化的社区体育良性运转，还将有赖于社会关系的黏合、激励作用。

传统的农业社区中，由于社区成员流动较少，从而形成了地缘、业缘、血缘高度重合的社会关系形态。传统的农业社区高度整合的社区形态使得社区体育的发展相对其他社区具有更为有利的社会条件。在当前农村地区，社区体育落后于城市社区，重要的原因在于农村地区的体育文化建设相对滞后，社区居民的体育意识相对薄弱，而非传统农村社区缺乏社区体育发展的社会关系基础。事实上，只要传统农村社区的体育文化建设有所进展，使社区出现社区体育的先知先觉者，就可能通过这些人的积极动员，有效地整合社区成员参与体育。传统的农业社区具备优良的社会关系基础，凭借社区精英分子的体育动员，社区体育的发展效率通常较高，其稳定性也比较好。

相比传统的农村社区，在传统的城市社区中，尤其是单位社区中，社区成员形成了地缘、业缘相互重叠的社会关系，社会成员对单位资源的依赖，使得单位对社会成员具有较强的控制能力，并表现出较强的动员效率。传统的城市单位社区，以职工体育为主要形式的社区体育发展是较为红火的。随着传统单位制的改革，越来越多的单位人从单位中释放出来，尽管仍有较多的社区居民由于传统的业缘关系而居住在同一片单位小区，但由于传统业缘关系的消失，传统的单位人对单位资源依赖局面被打破，由此降低了社区居民体育活动的整合能力，于是新的单位社区体育发展的组织化程度弱化。新型的商业社区往往配有一定数量的健身设施，使得这类小区的体育场地设施优于传统的城乡社区。尽管在器物上，现代城市社区占据优势，但从社会关系角度来看，其存在天然的劣势。由于现代商业小区居民以市场化的手段购买房产而成为社区居民，因此社区居民成分复杂，居民之间的社会关系纽带遭到极度弱化，地缘、物缘、业缘、血缘等重要的社会关系纽带不复存在。社会关系纽带的弱化降低了社区居民社会互动、社区整合的能力，使得社区体育的开展存在较大的整合、动员困难。由于既有的地缘社区关系纽带并不能满足社区居民的社会互动需求，因而在当前的现代城市社区中，有越来越多的居民超越地缘的限制，或基于业缘，或基于血缘，或基于网络所建立的趣缘关系而开展社区地域之外的体育活动。传统地域社区体育基于地缘、业缘、血缘、趣缘等社会关系，伴随社区的发展，这种社区体育关系形态分化为两种：其一，以地缘、趣缘为社会关系纽带的地域社区体育；其二，以趣缘、业缘等为社会关系纽带的社会网络社区体育。

第三节　公共体育服务组织体系的构建

从我国公共体育服务组织体系的演进历程可以看出，在我国计划经济体制下，政府通过体育部门以及作为其延伸的体育企事业单位承担着各种公共体育产品的供给。随着我国市场经济体制的确立，公共资源的配置逐步由国家政府一元主导转化为政府、市场和社会三元化结构，政府包揽社会事业、支配所有社会资源配置的"机械式团结"社会渐渐发展成为三元结构均衡协调的"有机式团结"社会。进入社会转型期，公共体育服务垄断式传统供给模式越来越难以适应公共体育服务组织体系建设的需要，寻求市场、社会多元力量的合作，探索公共体育服务的市场化和社会化道路成为呼应现实需求的逻辑原点。广大人民群众的体育需求是创新公共体育服务组织体系的动力，而建构政府主导、社会参与、市场配置的多元参与合作模式也势在必行。因此，处理好政府与市场、社会组织和体育事业单位之间的关系，显得尤其重要。

一、政府与市场：掌舵者和划桨者

中共中央在《关于全面深化改革若干重大问题的决定》中指出："政府要加强发展战略、规划、政策、标准等制定和实施，加强市场活动监管，加强各类公共服务提供。推广政府购买服务，凡属事务性管理服务，原则上都要引入竞争机制，通过合同、委托等方式向社会购买。"长期以来，政府体育部门供给公共体育服务，从投资、生产到供给、评估，整个过程"政企不分"，效率不高，已经无法满足人民群众日益增长的公共体育需要。将公共体育服务外包给市场进行运作，这种做法在体育领域也越来越常见。政府应该集中精力、时间，为公共体育服务"掌舵"，牢牢把握其目标性、根本性任务，而不是忙于本该属于市场"划桨"这样的具体、细节的事情。一方面，政府应从烦冗、具体的公共体育服务事务中脱离出来，专心于公共体育服务法律法规和政策环境建设；另一方面，要充分调动市场主体的积极性和专业性，引入竞争机制，从公众体育需求出发，提高公共体育服务的满意度和绩效。这样，政府采用委托生产、合同外包、特许经营等方式，将体育民生项目交给市场化的公司来承担，充分发挥政府和市场的各自优势，这样既节省了人力、经费，提高了效率，又能确保公共体育服务的社会效益。如浙江省慈溪市，从2012年年底开始探索学校体育场馆向社会开放，委托宁波文化广场华体体育发展有限公司慈溪分公司进行第三方管理，第三方属于国有企业，具有丰富的体育场馆运营管理经验，有良好的社会信誉。第三方负责学校体育场馆对外开放的日常管理、器材设施维护、开放时段水电费等支出，并负责配备日常管理必备的市民身份证读卡器、刷卡机等设备，建立第三方管理信息平台，确保市民凭"慈溪市全民健身卡"有序入校健身。慈溪市财政部门安排了370多万元资金，对体育场馆进行改造升级，主要用于安全隔离、灯光改造、地胶铺设等，对相关场地的开放情况按人次进行经费补助，收费在市场价的一半以下。据不完全统计，截至2014年3月，慈溪城区内共办理全民健身卡20 273张，累计接纳健身爱好者221 081人次。

在公共体育服务中要挥政府和市场的作用，行之有效的方法是政府在进行公共体育服务中要改变原有的全能式的领导和干预方式。在公共体育服务上政府要改变角色，把一些本该由市场提供的职能返还给市场，并同市场机制形成一种良性的"互助"关系。市场参与公共体育服务仍然面临着许多障碍，无论是参与体育设施建设、承包经营体育场馆，还是受政府委托推广体育项目、组织业务培训、开展群众性体育竞赛等，都有巨大的市场开拓空间。首先，应建立起一套有效的激励机制，提高企业参与公共体育服务的积极性，提高政府公共体育服务的行政效率。其次，政府科学研制公共体育服务的标准及规则，加强过程监督，确保公共体育服务的效率和公平，对市场本身的自发性和盲目性予以规范和制约。最后，政府要尊重市场规律，尽可能少做关于调控公共体育服务市场的决定，除非是市场无法自己调整。只有政府和市场相互依存、良性互助，公共体育服务组织体系的构建才可能成为现实。

二、政府与社会：官民合作和共同治理

从西方发达国家公共体育服务的经验来看，体育社会组织具有政府和市场都不具有的独特能力，它更加贴近普通民众，能够了解公众的体育需求，能够灵活、多样地提供公共体育服务。政府提供的公共体育服务往往具有基本性、公共性和普惠性，即政府在基本公共体育服务供给方面具有优势，能够发挥规模经济优势和资源动员优势，但面向特定人群提供个性化的公共体育服务时，政府有时就会显得信息不灵、定位不准。相比较而言，我国无论是在法律上还是在政策上，对体育社会组织还有许多限制，一方面，希望体育社会组织在某些领域发挥作用，另一方面，又担心其发展壮大可能会削弱政府职能的发挥。在公共体育服务产品的生产和供给方面，还会存在着"政府失灵"和"市场失灵"的双重困境。

政府部门式供给忽视了不同地区、不同群体对公共体育服务需求的多样性和差异性，容易造成公共体育服务的错位和缺位；企业追求最大利润和市场最大效益，也缺乏生产供给公共体育产品的积极性和主动性。体育社会组织数量众多、

形式多样、覆盖面广、渗透力强、灵活机动，可以填补公共体育服务供给的空白地带，发挥其独特作用。第一，树立官民合作共治理念。政府在某些公共体育服务领域有选择性地、部分性地退出，主动寻求与体育社会组织在公共体育服务建设方面的合作，形成"优势互补、相得益彰"的发展格局。第二，明确政府与体育社会组织权责。体育社会组织同样也有追求自身利益的冲动，在公共体育服务供给的过程中也存在"志愿失灵"的潜在风险。政府通过进行规章制度的顶层设计并委托、购买体育社会组织公共体育服务等方式，防止体育社会组织供给出现偏差。界定政府管辖范围，设计委托、购买、评估、问责等相关程序，明确公共体育服务项目、标准。第三，积极培育体育社会组织。政府在不断提高对体育社会组织扶持力度的同时，还要综合运用政策、经济、法律等手段对体育社会组织进行规范和管理，确保体育社会组织能向广大群众提供高质量的体育服务，满足多样化的体育需求。如江苏省常州市在建设基本公共体育服务体系的过程中，实施"3＋2"模式，充分发挥体育社会组织的作用，建立了"政府主导、社会参与、全民共享"机制，即每个乡镇（街道）必须成立体育总会、老年人体育协会和社会体育指导员协会，至少成立两个单项体育协会，实现体育社会组织乡镇（街道）全覆盖。通过对体育社会组织采取等级评估、购买服务、免费培训等措施，促进体育社会组织更加专业和规范，为居民提供丰富多彩的公共体育服务。自2012年起，95％以上的全市全民健身活动由协会或俱乐部主办或承办。

三、政府与体育事业单位：管办分离和政事分开

长期以来，我国的体育事业单位承担了大量的公共体育管理和公共体育服务职能，甚至是公共体育产品生产供给的职能。随着我国市场经济体制的不断完善和改革的不断深化，计划经济体制下那种政府几乎掌握全部社会资源的格局已经彻底改变，政府、市场、社会出现了分化，政府对体育组织和体育机构不再具有绝对的控制和支配力。1989年全国体委主任会议首次提出要转变体委职能，实行(行)政、事(业)分开，从中央到地方，各级政府进行探索。1993年地方政府体育行政"管办分离"进入操作性阶段，主要标志是事业单位社会体育指导中心的设置，形成了主管部门、事业单位直接对接（群众体育处—社会体育指导中心）的"政府管、单位办"的模式。1998年政府机构改革，将国家体委更名为国家体育总局，国家体育总局机关仅设置竞技体育司，负责对运动项目的发展进行宏观管理，而99个正式运动项目全部划归运动项目管理中心，实行了管办分离。篮球、排球、足球等运动管理中心，不仅承担着组建国家队参加各级国际比赛、建设各级运动队、培养后备人才等重任，而且承担着篮球、排球、足球等运动项目推广、普及的任务，这也是各运动项目管理中心义不容辞的责任，从目前来看，这方面的工作做得还远远不够。而根据《全民健身计划纲要》的要求，在县级以上体育部门设立的社会体育指导中心，其主要任务则是根据国家的体育方针、政策、法规，全面管

理和指导全国社会体育指导员、老年人、企业职工等人群的体育活动。

2004年修订的《事业单位登记管理暂行条例》中规定:"事业单位是指国家以社会公益为目的,由国家机关举办或者其他组织利用国有资产举办的,从事教育、科技、文化、卫生等活动的社会服务组织。"事业单位的实质就是提供公共服务,即体育事业单位的实质就是提供公共体育服务。在构建适应社会主义市场经济体制的新型公共体育服务组织体系时,应该明晰政府与体育事业单位之间的权利、义务关系,厘清政府对体育事业单位到底应该怎样管、管什么、管到什么程度。首先,体育主管部门应强化制定相关公共体育服务的政策法规、行业规划、标准规范和监督指导等职责,切实落实体育事业单位法人治理。其次,不断强化体育事业单位的公益属性,按照政事分开、管办分离原则进行科学分类,依据体育事业单位职能分工与产出性质,积极推进体育事业单位改革。最后,创新管理方式,改进管理手段,提高行政效能。体育部门应综合运用行政、经济、法律、技术等多种管理手段,努力提升政策调节、市场监管、社会管理和公共服务能力,为体育事业单位提供公共体育服务创造条件。

第四节 公共体育服务组织体系的建设发展对策

一、公共体育服务组织体系建设的价值诉求

(一)契合我国群众体育整体发展需要

群众体育是我国体育事业的基础与重要的工作内容,其规模与发展水平是反映我国体育事业发展水平的重要指标。由于群众体育的发展事关全体国民的健康素质,因此,一直以来,党和政府都较为重视群众体育的发展问题,不但在各级政府内部成立了专门负责群众体育工作的管理机构,政府还颁布了《全民健身条例》《全民健身计划纲要》等一系列旨在推进全民健身工作发展的政策文件。近年来,在体育强国的战略指引下,依据国家建立健全公共服务体系的总体部署,我国提出了全面构建公共体育服务组织体系的群众体育发展战略。构建公共体育服务组织体系,其核心则是抓住群众身边的场地、组织、活动三个环节。从政府体育工作的战略部署来看,体育组织建设是公共体育服务体系建设的重点领域之一,由于体育组织在动员群众参与体育、为体育提供组织活动的平台等方面具有重要的作用,因此,体育组织建设在公共体育服务组织体系构建、在群众体育事业发展过程中具有十分重要的地位与意义。当前,推进公共体育服务组织体系建设的重点是确保公共体育服务的均等化,也就是说,要通过进一步完善公共体育服务体系,确保全国各族人民都能享受平等的、基本的公共体育服务。为此,国家体

育总局提出要从保基本、强基层、建机制三个方面出发,来积极推进公共体育服务均等化。作为公共体育服务组织体系构建工作的重点领域,体育服务组织体系建设应当契合我国当前群众体育发展的整体需求,具体而言,就是应当在组织建设的过程中完好地体现"保基本、强基层、建机制"这一整体的工作思路,通过体育服务组织体系的建设,推动公共体育服务组织体系的健全完善,推动我国群众体育发展水平的整体提高。

(二)体现公共体育服务组织体系建设诉求

公共体育服务组织体系构建是一个庞大的系统工程。从结构来看,公共体育服务组织体系包含场地设施体系、组织体系、服务供给体系、政策法规体系、监管体系九个子体系。组织体系是公共体育服务体系的重要构成,在公共体育服务组织体系中具有十分重要的意义,是公共体育服务组织体系结构与功能实现良性耦合所不可或缺的重要元素。建设公共体育服务组织体系,组织建设是十分重要的建设领域与着力点。《"十三五"推进基本公共服务均等化规划》中提出:公共体育服务的重点是群众体育:实施全民健身计划,组织实施国民体质监测,推行《国家体育锻炼标准》,开展全民健身活动,实行科学健身指导。推动公共体育场馆向社会免费或低收费开放。全面实施青少年体育活动促进计划,培养青少年体育爱好和运动技能,推广普及足球、篮球、排球和冰雪运动等。《全民健身条例》第三条、第十七条、第十八条和第二十三条均强调了基层体育文化组织建设对于全民健身开展的重要性与必要性。《全民健身计划(2016—2020年)》再次强调了"全民健身组织网络更加健全"的发展目标。该部分提出的重点培育与发展的各类体育组织均为基层体育组织。上述群众体育发展的法规文件均强调了体育组织建设在公共体育服务体系建设中的重要地位。公共体育服务体系的组织建设应当体现公共体育服务体系总体的建设诉求,以组织建设为纽带来更好地促进公共体育服务体系的构建。《全民健身条例》第三条、第十七条、第十八条和第二十三条均强调了基层体育文化组织建设对于全民健身开展的重要性与必要性。《全民健身计划(2016—2020年)》再次强调了"全民健身组织网络更加健全"的发展目标。该部分提出的重点培育与发展的各类体育组织均为基层体育组织。上述群众体育发展的法规文件均强调了体育组织建设在公共体育服务组织体系建设中的重要地位。公共体育服务组织体系建设应当体现公共体育服务组织体系总体的建设诉求,以组织建设为纽带,更好地促进公共体育服务组织体系的构建。2013年国家体育总局群体司刘国永司长在群众体育工作会议中提出:以基层文化体育组织建设为抓手,调动街道办事处和社区居委会的积极性,与社体育指导员、全民健身活动站点、职工体育工作有机结合起来,做到硬件完善、专业运作、服务到位、长期投入,使社区体育组织健全、场地完备、管理规范、活动丰富,由此来促进公共体育服务组织体系的构建。

(三)回应公共体育服务组织现实问题

中华人民共和国成立以来,我国建立了从中央到地方的体育社团组织架构,建设了涵盖人群社团、项目社团、单位社团等多种类型的体育社团组织,取得了体育社团组织建设的诸多成绩,也积累了较多的体育社团组织的建设经验。但同时也应该看到,当前我国公共体育服务组织体系的组织架构建设工作仍然存在较多的问题,诸如体育社团组织数量规模仍然较小,仍然不能有效满足群众基本的组织需求;体育社团结构问题仍然突出,各类社团组织的比例结构仍不合理,各类社团的互补功能尚未得到有效的发挥;体育社团的功能发挥仍然有限,在满足群众多元化组织需求方面尚存在较多的不足;体育社团治理层面尚存在体制、机制不畅的问题,体育社团获取合法身份仍然存在较多的登记门槛;体育社团组织自身的活力仍然不强,难以依靠自身的努力有效化解资源约束的问题。当前,公共体育服务组织体系建设与运行中暴露的诸多问题对体育组织建设提出了较多的要求,建设公共体育服务组织体系必然需要着力化解这些制约公共体育服务组织体系良性运行的问题,以化解公共体育服务组织体系建设问题为契机,有效推进公共体育服务组织体系建设。

(四)满足群众健身参与的基本组织需求

建立健全公共体育服务的基本目的是满足人民群众基本的体育参与与健身需求。体育社团组织是联系群众参与体育的重要纽带,是组织群众开展体育活动的重要平台,是维系与激励群众体育参与热情的重要支撑。体育社团提供的组织服务是群众基本体育需求的重要构成。在建设公共体育服务组织体系的过程中,应当全面把握当前阶段群众基本的组织需求特征,依据群众基本的组织需求特征,建设体育社团组织。我国地域辽阔、民族众多,不同区域的社区群体对公共体育服务的组织需求存在一定的差异,不同的社会阶层的组织需求亦有所不同,在建设公共体育服务组织体系组织架构的过程中,既需要考虑如何满足群众基本的组织需求,还应当考虑不同区域、不同社会阶层之间存在的需求差异,以满足群众的基本健身需求。

二、公共体育服务组织体系建设的根本目标

要依据我国公共体育服务组织体系构建的整体目标,结合公共体育服务组织体系发展的实际,提出当前阶段我国公共体育服务组织体系建设的根本目标。

(一)保基本

公共体育组织服务作为国家运用公共权力与公共资源所提供的一项公共服务,其服务的标准与水平应当与我国群众体育发展的实际以及政府公共体育服务的供给能力相适应。政府有限的财力无法也不能满足不同社会阶层多元化、差异化的全部组织服务需求,因而政府所供给的公共体育组织服务所立足的只能是基本层

面的公共体育组织服务，所面向的只能是普通民众诉求最为强烈的公共体育组织服务需求。就当前而言，由于我国经常参与体育锻炼的人口数量仍然很少，因而基本层面的公共体育服务应当立足于如何确保人民群众能够有效地参与体育锻炼，因而这一阶段的公共体育服务应当将重心置于群众参与体育的各种必要性条件的保障之上。就组织建设而言，应当立足于基层，依托现有的各类人群体育组织、单项体育组织、行业体育组织，依靠社区、村委会等政府延伸组织的组织机能，努力将各类组织建设发展到基层的城市、农村社区，实现网络化的组织发展与建设布局，有效发挥各类组织的互补功能，从而吸纳与发动不同民族、不同年龄、不同兴趣爱好的群众广泛地参与体育锻炼。当然，强调公共体育组织服务的基本对象，并不是说公共体育组织服务的供给标准与供给水平将是固定不变的，事实上，伴随着经济社会的发展、国家公共体育服务供给能力与供给水平的提高，公共体育组织服务的标准也会相应提高。伴随着国家经济社会发展水平的提高，公共体育服务组织建设的内涵也将随之不断提升、领域不断扩大，服务的群体不断拓展。

（二）广覆盖

政府供给的公共体育组织服务的服务对象为全体国民，因而，公共体育服务组织体系的建设应当立足于国家的层面，通过公共体育组织服务体系的建设，使体育组织服务能够覆盖全国所有的区域，使公共体育组织服务能够惠及全国各族人民。当前阶段，我国的群众体育发展尚存在较为严重的区域不平衡现象，经济发达的东部沿海地区，尤其是东部沿海地区的城市社区，体育发展的组织条件比较成熟，依托人群体育组织、单项体育组织、行业体育组织以及各类松散的非正式健身集群的动员与聚集效应，形成了各类组织网络化、互补性的发展格局，组织的触角已经延伸到群众生活的小区之中，组织的覆盖面广、辐射能力强。相比于城市的广覆盖，我国中西部地区，尤其是中西部的农村地区，由于经济发展相对滞后，群众的生活方式受传统的习俗影响，人们的体育参与意识相对淡薄，因此制约了各类体育组织的建设与发展。在这些区域中，建设与发展体育组织仍然存在较大的观念层面、器物层面的阻力，因此建立健全公共体育服务体系，应当充分考虑区域平衡的问题，使打造与构建的公共体育服务组织体系网络能够真正覆盖不同区域的群众，使不同区域的群众都能够受惠于这一公共财政建设的体育组织服务。

（三）可持续

建立健全公共体育服务组织体系，从内涵而言，应当包括公共体育服务组织体系发展的可持续性，这意味着建设的公共体育服务组织体系应当能够稳定地、长期性地为群众提供公共体育服务。公共体育服务组织体系自身的稳定性以及其自身所具备的可持续的发展能力，应当是公共体育服务组织体系建设的应有之义。作为公共体育服务组织体系的重要组成部分，体育组织体系也应当充分体现公共体育服务体系运行的这一特征。因此，公共体育服务组织始终贯彻与落实体育组织可持续能力的培养与提升，通过一定的制度创新与机制建设，使公共体育服务组织体系具备可持续发展能力。当然，随着国家公共服务整体水平的提高，全国各族人民基本服务需求的提升，公共体育服务组织体系也将动态地适应环境的变迁，不断地做出相应发展姿态的调整，从而生产与提供能够满足全国各族人民基本层面的体育需求的产品。

(四)有层次

将纵向组织建设与横向组织发展(国家、省/市、县、街道/乡镇、社区/村为纵向层次，人群组织、单项组织、行业组织为横向层次)、全国组织统筹与区域组织发展、大型组织建设与基层组织建设三者有效地结合起来，从而构建起以政府为主导，全社会共同参与，自上而下"结构完整、机制健全、功能完备"的公共体育服务组织体系。

国家有限的财力喻示公共体育服务组织建设无法采取全面铺开、整体推进、一蹴而就的建设策略。建设公共体育服务组织体系应当依据我国群众体育发展的实际，采取有重点、有步骤的建设方针，将公共资源率先投放到发展效率高、发展效益好的体育组织建设领域。从当前我国的体育组织建设格局与功能来看，基层体育组织由于具备"亲民、便民、利民"的组织功能特征，能够长效化、生活化地为群众提供体育组织服务，此类组织应纳入政府优先建设的范畴。对于基层体育组织建设，则应当优先考虑社会弱势群体、青少年群体、老年人群体、妇女群体等人群的体育需求。

三、公共体育服务组织体系建设的实践取向

(一)转换理念，抓住力点

从内涵来看，可对公共体育服务组织体系建设做出两种理解，即广义的公共体育服务组织建设和狭义的公共体育服务组织体系建设。广义的公共体育服务组织体系不仅包括生产供给的组织体系，而且包括生产供给这些组织体系的组织体系。所以，广义的公共体育服务组织的体系建设，不仅涵盖如何生产供给组织服务，还涉及生产供给组织服务的组织自身建设。由于广义的公共体育服务组织体系建设外延过于宽泛，所涉及的组织类型过于庞杂，不具有实践操作性，在具体实践中，所提及的应是指狭义的公共体育服务组织体系建设，也就是如何生产与供给公共体育组织服务。狭义的公共体育服务组织体系建设，既包括动态的组织建设——政府或体育组织举办的活动过程即动态的"组织建设"，也包括静态的组织建设——各种实体性的体育组织。通常的理解中，公共体育服务组织体系建设所涉及的只是如何去建设与发展各种类型的体育组织。不可否认，建设与发展各种类型的体育组织是公共体育服务组织体系建设的重要组成部分，这是由体育组织在公共体育服务体系构建、群众体育事业发展中的重要地位决定的。但同时也应看到，在积极地推进各种类型的体育活动开展的过程中，也会客观地促成体育

组织现象的生成——或许短期性的体育活动开展只能够使群众形成并不稳固的临时性集群，尚不具备形成稳定的、正式的体育组织的可能，但经常性、长期性、制度化的体育活动的开展与举办，却能够稳定地将分散的体育参与者有机地整合起来——经常性的体育活动开展能够自然而然地使原本分散的体育参与者生成结构性的关系形态，并逐步演变为体育组织。可见，动态的体育活动在开展的过程中既蕴含了组织现象，又内含了孕育体育组织的内在机理，因而动态的体育活动开展过程亦是体育组织建设的重要过程。

从内涵的理解上看，对公共体育服务组织体系建设做出这一区分是具有十分重要的意义的。从理念上厘清公共体育服务组织体系建设的重点，可使得实践工作更具有指向性与针对性，实践工作也将更具有成效。

眼光下沉，将公共体育服务组织体系建设的工作重心下沉到基层社区；而内涵的厘清，进一步将公共体育服务组织体系建设工作指向基层社区中的组织服务。数量众多、项目各异的基层健身组织以其"贴近群众身边、契合群众需求，组织规模小型化、维系成本低，组织结构松散、准入门槛较低"的结构与功能优势，在基层社区具有极强的生命力，在公共体育服务组织体系构建、群众体育发展中的作用也更加凸显。构建公共体育服务组织体系，推进公共体育服务组织体系建设，工作重心应当下沉，应将工作的重点置于基层社区这一层级的体育组织建设上，从战略上重视与关注群众身边的组织。而对于群众身边的基层体育组织的培育与发展而言，其最为关键的要素则是支撑组织运行的"能人"（也是研究中的精英）。基于"能人"身上所蕴含的资源优势、所具备的社会威望、所连接的社会关系使其在基层社会具有极强的群体动员效力与号召能力，不但能够迅速地建立体育组织，也能够有效解决基层体育组织维系发展所必需的资源问题，确保基层体育组织的可持续发展。

一个"能人"能够转动一个组织，一群"能人"能够转活一群组织。因而，培育与发展基层体育组织的实质是搞好基层体育组织的人才建设——以抓"能人"为突破口，解决基层体育组织培育与发展的问题——"抓住一个'能人'即抓住了一个体育组织，抓好一群'能人'，则可能抓好一片体育组织"。基于这一认识，体育组织建设这个长期困扰着人们的问题就可以相应转化为有力可着的人才建设问题。当然，基层体育组织的人才建设并不仅仅体现于抓几个"能人"，而是要建立与完善基层体育组织精英储备、精英流动、精英更替等机制，只有建立机制，才能使基层社区的"能人"稳定地、长效地融入基层社区的群众体育发展，使组织在运行中始终有稳定的精英替代，只有这样，才能始终维系体育组织的稳定与发展，真正实现"抓人建点、连点成面"的良好组织建设功效。

（二）分门别类，注重互补

随着经济社会的发展，尤其是改革开放以来，在经济体制转轨、社会结构转型，工业化、市场化、城市化等一系列动力机制的作用下，我国原有的劳动分工、权力等级、生产关系、制度分割机制发生改变，由此引发社会阶层发生广泛、剧烈、深刻的分化。社会阶层的分化不仅表现为人们社会地位、职业的变化，还表现为人们生活方式、价值观念的变化。不同的社会阶层具有不同的社会地位、职业、收入水平、价值观念与生活方式，使得他们在体育参与过程中表现出迥然各异的体育需求、体育态度、体育消费与体育活动方式。不同社会阶层的差异化体育需求必然需要通过不同类型、不同性质的体育组织社团来满足，群众体育需求的变化在客观上起到了催生各类社区健身组织的作用，当前的基层社区生长出数量巨大、类型各异的健身组织。建设公共体育服务组织体系，应当充分重视与发挥基层社区各类健身组织的互补功能。组织建设工作首先要做到对组织的分门别类。要按照组织的性质做出正式组织与非正式组织、人群组织与单项组织等的区分，针对不同的体育社团组织，根据各社团组织的性质，采取对应的治理策略。如针对规模较大的正式体育组织，采取改革登记制度，赋予其合法身份，协助正式组织完善组织架构与制度框架，建立健全正式体育社团组织的人才流动机制、人才替代机制等；对于非正式组织，则可采取扶助＋激励的办法，促进非正式体育组织的良性运行。扶助措施包括为非正式体育组织提供活动所需要的场地、器材、技术指导等；激励主要指向的是非正式组织的带头人，通过物质激励、精神激励等手段有效地激励组织的带头人，使组织在带头人的领导下不断地孕育和发展。对于人群组织，则根据人群的特征予以有针对性的帮助；对于专项组织，依据专项的特征，予以场地、设施、器材、技术等多方面有针对性的扶助。依靠这种分门别类、针对治理的手段，能够有效地促进各种类型的体育社团组织的发展。各种类型的体育社团组织的发展，能够促进各自组织功能的发挥，组织功能的互补能满足不同社会阶层群众差异化的体育需求。

（三）盘活存量，提升增量

在一个人口众多的国家发展群众体育，需要一个数量庞大的组织体系来提供组织服务。目前我国现有的体育社团组织规模尚不能满足群众体育发展的需求。当前，我国经常参加体育锻炼的人口比例仍然较低，经常参加体育锻炼的人口数量尚有较大的提升空间，这也对公共体育服务组织体系建设提出了"量"的要求。公共体育服务组织体系建设应当进一步通过"盘活存量，提升增量"的工作思路扩大体育社团组织的规模。"盘活存量"是指应尽可能地利用与把握好当前存在于基层社区的各类组织，使其更好地发挥出组织服务功能。对于发展较好的组织，要以有效手段，激励其进一步发展；对于发展陷于困顿的组织，应当通过有针对性的措施，使其重新焕发生机，有效发挥组织功能。对于一些综合性组织，如老年会、妇女协会、青少年协会等，体育虽然不是这些组织的主要业务范畴，但仍应当有效地利用与发挥这些综合性组织在"盘活存量"中的作用，通过有效的手段，不断地拓展综合性社会组织的体育功能，使其融入公共体育服务组织体系建设的框架之中，发挥体育组织的功能，为群众提供公共体育组织服务。"盘活存量"能够以相对较小的成本在短时间内较为迅速地生产与提供体育组织服务。当然，基于当前尚不足以解决组织服务短缺的难题的情况,还应当通过"提升增量"的方式,来进一步扩大体育社团组织的规模数量。这里"提升增量"是指新建组织,新建组织必然需要投入更多的体育资源,为了避免资源的浪费,应当在新建组织的过程中有所侧重,应当优先考虑与建设那些群众需求迫切、组织基础薄弱的组织服务。依据区域平衡原则,优先考虑组织服务建设水平相对较低的"老少边穷"区域的组织建设;依据补偿性原则,优先考虑老年人、残疾人、青少年、妇女等特殊人群的组织服务建设。要通过"盘活存量,提升增量"大幅度地提升我国公共体育组织服务的规模数量,由此来满足群众日益增长的体育组织需求。

(四)多管齐下,注重实效

推进公共体育服务组织体系建设,既可以采用直接手段孕育组建体育社团组织,也可以运用多管齐下的策略,进一步优化体育社团组织的发展环境,从而促进基层体育社团组织的发展与孕育。

第一,将基层体育组织建设与体育文化建设联系起来。体育文化是从深层次影响人们体育价值、体育行为的要素。通过一定的宣传、弘扬、榜样方式,在全社会积极地传播全民健身的价值、知识和技能,营造浓郁的全民健身氛围。体育文化建设的强化能够有效地转化、提升人们的体育意识,为群众参加体育锻炼提供有效的整合与激励效能;依靠体育文化建设的基础作用,群众自发组建、维护、发展体育社团组织的能力也能获得大幅度的提高。因此,在体育社团组织建设的过程中,应当重视体育文化建设的基础性地位,将体育社团组织的建设与体育文化建设有效结合起来,依靠体育文化的带动作用,促进体育社团组织的孕育与发展。尤其是体育器物条件相对落后的区域,依靠狠抓体育文化建设,依靠体育文化的促进、推动作用,可以在一定程度上弥补器物条件方面的不足,甚至超越体育器物条件的限制而实现群众体育的跨越发展。

第二,将基层体育组织建设与体育人才建设联系起来。人才(包括广大社会体育指导员)是体育社团组织孕育、发展的根本,尤其是基层社区数量众多、结构松散的小型健身组织,往往依靠一个"能人"的个人能力与资源就能有效地转动一个健身组织。在体育组织的建设过程中,需要确立"以人抓组织"的工作思路,抓住社区健身爱好者中的"能人",依靠这些"能人"来建设与发展组织。我国目前拥有社会体育指导员100余万人,如果每一个社会体育指导员都能联系与发展多个体育组织,那么我国的体育组织数量将可以一下子激增到100万个以上。事实上,社会体育指导员由于具备相应的健身以及健身组织、健身指导等方面的技能,在发展体育组织上具有较大优势。当然,建设体育社团组织,将社团组织的建设与人才建设相互结合,除了善于识别、把握、激励社区的体育"能人"外,还需要建立健全稳定的精英替代机制。因为仅依靠某一个"能人"来发展组织仍然是不稳定的,"能人"的个人因素将影响组织的运行质量,为了使体育社团组织能够持续、良性地运行,必须建立一种稳定的能力生成与替代机制,使得体育社团组织有源源不断的"能人",从而确保组织的良性发展。

第三,将基层体育组织建设与政府职能转变联系起来。建设体育社团组织,从实质而言,是培育与发展群众体育领域的社会力量。培育与发展社会力量,调动社会力量发展群众体育事业的积极性一直都是群众体育工作的重点之一。一直以来,我国的群众体育事业都是依靠政府单方面的力量来推动与发展的。但政府单方面的资源显然不能承载群众体育发展所需要的巨量资源,从而使得群众体育发展速度缓慢,而政府直接介入群众体育发展事务,也与政府自身的职能不相吻合。所以在大力推进体育社团组织发展的同时,应当进行相应的政府职能转变。将组织建设与政府职能转变结合起来,通过政府职能的转变,改变政府单方面发展群众体育的方式,依靠政策的引导,培育与调动社会力量发展群众体育的积极性,尤其是采取政府购买体育服务的方式,来积极地培育体育社团组织。

第四,将基层体育组织建设与基层社区建设联系起来。体育组织孕育、发展于一定的社会关系之上。伴随社区的变迁,传统不善流动的社区形态逐渐为流动频繁的社区形态所替代。在传统的社区中,社区成员地缘、业缘、血缘"多缘合一",社区成员互动频繁、社区整合程度较高。在这样的社会关系基础上,体育社团组织易于组建发展。而在现代社区,由于社会成员构成的异质性程度较高,以往联系社区成员的业缘、血缘纽带不复存在,社区成员仅仅依靠地缘关系维系,在这样的社会关系基础之上,社区成员之间互动较少,社会关系较为生疏,社区的整合程度较低,所以体育社团组织的孕育与发展较为困难。基于社区的关系形态与体育社团组织的形成和发展的关联效应,在建设体育组织的过程中,亦可以通过优化社会关系的方式而间接地推进体育社团组织建设。

第五,将基层体育组织建设与体育场地建设联系起来。为了大力发展群众体育事业,我国体育管理部门曾经提出建设群众体育"三身边"的工作举措,即通过发展群众身边场地、身边组织、身边活动而使群众体育真正地融入百姓的日常生活之中,使体育成为广大群众伸手就可触及的事业。通过较长时期的"三身边"健身,我国群众体育发展的场地设施、组织水平、活动频次均有大幅度的提高。从"三身边"的建设来看,场地设施、体育活动均是较为容易贯彻的举措,而体育组织往往由于具有分散、形式各异的特点,难以以标准化的措施予以推进。事实上,如果转换工作思路,将基层体育社团组织建设与体育场地建设关联起来,群众体育发展的组织化水平将得到进一步的提高。那么,组织建设该如何与体育场地设施相关联呢?可以以场地设施为契机,在建设体育场地设施的同时,及时联系挂靠组织,使每一个场地的建设都有多个规范化的体育建设组织依附其上。当前,我国体育健身场地设施数量显著增加,全国各类体育场地超过 100 万个,建成"农民体育健身工程"近 35 万个、"全民健身路径"26 万多条,雪炭工程、全民健身活动中心、全民健身户外营地、体育公园、健身广场、健身步道等便民利民的健身设施遍布全国。将体育组织建设与场地设施建设关联,使体育场地设施有较高的利用效率,同时依靠健身组织的挂靠与依附,使体育场地设施有了组织化的维护力量,大幅度地提高了体育场地的使用寿命与质量。

四、公共体育服务组织体系建设的战略重点:基层体育组织

(一)基层体育组织作为公共体育服务组织体系建设战略重点的确立

1. 群众体育需求凸显基层体育组织的战略地位

公共体育服务组织体系是面向全民、惠及全民的服务体系,这样一个体系的建立必须贴近民众的生活、契合民众基本的体育需求,也就是说,公共体育服务组织体系必须坚持亲民、便民、利民的建设原则,只有贴近群众生活的体育组织才能够真正服务群众、满足群众体育需求,才能成为可持续、长效化的组织形态。

在我国的公共体育服务组织体系中,不乏由政府自上而下号召成立,具有较大规模的大型体育组织,这些组织由政府作为资源后盾,往往具有一定的影响力与号召力,在全民健身动员中发挥着比较重要的作用。但大规模的体育组织由于规模庞大,运行成本较高,往往承担的是全国性的群众体育活动动员,此类组织通常与群众的生活保持一定的距离。而对于生活在基层社区的群众而言,他们所需要的是便捷化的组织需求,所需求的是距离群众较近,经常举办活动,具有地方社会关系根基的社会型体育组织。基层体育组织是群众身边的组织,是贴近群众生活,亲民、便民、利民的体育组织形态。因此,这类组织构成了传递与实现公共体育服务全民供给最重要的组织形态。也只有接地气的基层体育组织,才能契合群众生活化的体育需求,才能真正地承载公共体育服务组织的功能。因此,群众生活化、经常化的体育组织需求凸显了基层体育组织在公共体育组织形态建设中的重要地位。

2. 体育法规对于基层体育组织战略重点地位的确立

从国家相关群众体育规划、政策看,基层体育组织现已明确被列为全民健身服务体系、公共体育服务组织体系建设的重点。

《体育发展"十三五"规划》根据全面建成小康社会的总体部署、实现体育强国的战略目标和建设健康中国的任务要求,深化体育重点领域改革,促进群众体育、竞技体育、体育产业、体育文化等各领域全面协调可持续发展,推进体育发展迈上新台阶。《体育发展"十三五"规划》明确提出:"全民健身公共服务体系日趋完善,人民群众健身意识普遍增强,身体素质逐步提高。"公共体育服务的内容包括:"向全民免费开放基层公共文化体育设施;为城乡居民参加全民健身活动提供免费指导服务。"公共体育服务的重点是:"加强基层公共体育设施建设。大力推动公共体育设施向社会开放,健全学校等企事业单位体育设施向公众开放的管理制度。全面实施全民健身计划,健全基层全民健身服务组织体系,扶持社区体育俱乐部、青少年体育俱乐部和体育健身站(点)等建设,发展壮大社会体育指导员队伍,大

力开展全民健身志愿服务活动。积极推广广播体操、工间操以及其他科学有效的全民健身方法,广泛开展形式多样、面向大众的群众性体育活动。建立国家、省、市三级体质测定与运动健身指导站,普及科学健身知识,指导群众科学健身。推动落实国家体育锻炼标准,加强学生体质监测,制定残疾人体质测定标准,定期开展国民体质监测。"

《全民健身条例》中第三条、第十七条、第十八条和第二十三条均强调了基层体育文化组织建设对于全民健身开展的重要性与必要性;《体育事业发展"十二五"规划》第十一条是专门论及体育组织建设的部分,该部分明确提出要通过积极发展城乡基层体育组织来健全全民健身组织网络;《全民健身计划(2016—2020年)》目标任务部分再次明确地强调了"全民健身组织网络更加健全"的发展目标。该部分提出的重点培育与发展的各类体育组织均为基层体育组织。提出通过这些基层体育组织的建设,由此形成"遍布城乡、规范有序、富有活力的社会化全民健身组织网络"。

从上述颁布执行的国家体育条例中可以看出,公共体育服务组织体系建设的核心是基层全民健身服务组织体系,重点建设的组织形态乃是基层体育组织。而基层全民健身服务组织体系培育的重点则包括社区体育俱乐部、青少年体育俱乐部和体育健身站(点)这三类,《体育事业发展"十二五"规划》所指出的体育总会、行业体育协会、单项体育协会和人群体育协会等体育社团。此外,还涉及网络体育社团、松散型健身组织等。

(二)基层体育组织的结构特征

1. 科层制的组织结构:以大栗港门球队为例

马克思是较早提出科层制管理理论的社会学学者。他认为理性科层制是现代社会生活中每个社会发展阶段最为重要的因素,其中包含不断形成的精确性与合法性,精确性与合法性是占统治地位的社会组织原则上所具备的。

作为具有正式组织结构的大栗港门球协会,基本按照现代科层制的管理体系建立了自己的管理架构,门球协会设立了门球协会的章程,以规章的形式约定了组织的构成、会员的加入方式,并对组织的主要领导——主席、副主席、秘书长等的职能与权限做出了明确的约定。协会下属的20支球队在大栗港门球协会的统一领导下每年开展训练、比赛活动。

从结构特征来看,大栗港门球协会这类民间组织是由民间自发形成的组织,没有法律的身份,依托于有法律身份的民间组织解决其合法性问题,其治理结构属于组织自主型,组织的各项事宜以及协会的负责人均由组织自主产生。这类组织由于规模不是很大,群体之间以"趣缘"为核心纽带。一般组织的活动不涉及政治议题,因此,组织不会存在合法性的危机,受上级组织的干预比较小,与政府之间的交往不多,但组织内部有正式的结构和明确的分工。

2. 多核心的组织结构:以赤岭路羽毛球队为例

与其说赤岭路羽毛球队为非正式的体育组织,还不如将其称为羽毛球爱好者的集群。从结构上看,赤岭路羽毛球队并不存在科层制的结构,没有组织章程、组织领导、组织结构,结构较为松散,会员加入与退出都比较自由。羽毛球队创立以来,其几年来的运转都依靠球队中的几个召集人、联络者。他们构成了羽毛球组织的核心,其他成员基本都是在他们的组织、协调下开展活动。因此,组织的结构特征是多核心的,也就是说组织是以几个核心成员为主要架构,核心成员周围又围绕着数量不等的队员。由于赤岭路羽毛球队是一支依附在高等学校内的非正式体育组织,体制内资源配置与身份挂钩的特征决定了身份是进入组织的主要凭证,由此造成组织结构具有一定的封闭性,组织成员的发展基本限定在长沙理工大学教职工群体中,"趣缘"是赤岭路羽毛球队的核心纽带,但业缘关系在组织的建设与维系中也发挥了较大的作用。正如费孝通先生所描述的"差序格局"的社会关系一样,赤岭路羽毛球队虽然是一支寄生于体制内的群众性体育组织,但组织内部仍旧表现出分明的"差序格局"。长沙理工大学教职工虽然具有进入组织的基本身份条件,但汲取体育资源能力的差别,使得同样具有单位身份的成员之间产生了内层与外层的结构分化。由于具备体育资源方面的职业优势,长沙理工大学体育部教师群体构成了组织的内圈成员,其他院系的教职工或者家属构成了组织的外圈。

另外,羽毛球队的核心成员的私人关系网络中的亲疏远近对组织关系结构的形成也产生了重要的影响,核心成员的"差序格局"关系在组织中也有直接的体现。

由于资源的稀缺性,赤岭路羽毛球组织的规模受到了资源约束条件的限制。除了身份条件的约束外,组织并没有明确的组织边界。资源的约束使组织始终能够自动调节组织规模,使其规模与资源供给之间基本实现了动态的平衡。除了几个核心成员以及关系较为紧密者,其他成员的进入与退出是相当随意的,并不会受到任何的限制。近年来,随着组织的不断壮大,资源短缺的矛盾日益突显,为了满足队员的健身需求,组织进行了多次分化。组织分化其实就是联络人与联络人关系纽带的断裂,其分化的产生基本与资源对组织规模的约束边界是相符的,超过了资源所能供给的边界,多余成员就会在核心成员的带领下从当前组织退出,另外选择一个时间段开展活动,久而久之,围绕新的核心又构成了一个新的组织。

3. 单核心的复合结构:以鹿芝岭老年会为例

鹿芝岭社区有多支群众性体育组织,在这些群众性体育组织中,一部分是由鹿芝岭老年会发动创建的;另一部分则是村民自发组建的,但接受老年会的协调与领导。从当前鹿芝岭各群众性体育组织的组织结构来看,组织均为非正式的体育组织,规模较小,成员均为本地的居民,以中老年人为主,组织结构虽然也较为松散,但由于鹿芝岭的部分群众性体育组织承担了配合政府开展文体活动的职责,因此,组织相对于一般的锻炼性组织要正规许多,队员虽然是自愿加入的,但由于承担了一些节假日的表演任务,需要经常排练。对于队员的退出会有一定的限制,当然这种限制一般都是情感性的、柔性的,而非刚性的。

在鹿芝岭各支群众性体育组织的日常运行中,鹿芝岭老年会发挥了十分重要的作用。老年会是普遍存在于我国农村社区的正式组织,它是一个由当地老年人组成,协助村委实现基层社会治理的民间组织,老年会在基层社会具有文化、政治、经济、体育等多个层面的功能。一般而言,老年会是依据现代科层制的架构建立的,但农村社会的乡土特征,使这种正式的科层架构真正发挥效力的还是农村的一些非正式的权力关系,尤其是在我国中西部地区的一些传统保存较好的农村,"长老统治"依旧是村治中的主要方式,村庄中德高望重的老人一般都是村中事务最具有话语权的人士,他们通常也是村庄行动的组织者和号召者。鹿芝岭位于长沙近郊,是一个经济较为发达的农村社区,近年来,城市化、市场化的快速推进,使传统的生活方式遭到了较大程度的冲击,村庄已迈向社会主义新农村的发展道路,人们的生活方式越来越现代化。但村庄中为数不多的德高望重,且具有较强公益精神的老年人仍在社区治理中发挥着重要的作用。因此,鹿芝岭的群众性体育组织表现出单核心的复合结构特征。

(三)基层体育组织的关系特征

正如马克思所说:"社会——不管其形式如何——是什么呢?是人们交互活动的产物。社会组织作为社会的基本表现形式,是人们为了实现某一目的而结成的一种社会群体关系,互动关系是组织生存与运行的最为重要的维系形式,甚至可以说,组织尤其是非正式的组织就是依靠社会关系建立与驱动的,组织内部的社会关系对于组织的运行起到十分重要的整合与驱动作用。"正是基于社会关系在社会组织运行中的作用,在西方社会学的传统中,大批优秀的社会学家都在这一领域倾注了心血,创立了各自的社会关系理论。如齐美尔的形式社会学、米德和布鲁默的符号互动论、戈夫曼的戏剧论、科塞的社会冲突论以及格兰若维特、林南等人的社会网络理论等。在中国,翟学伟等人将西方社会关系理论中国化,创立了中国特色的中国人际关系解释范式。

就基层社区中的群众性体育组织而言,基层社区的社会关系对于草根体育组织关系的形成起到了十分重要的作用,社区社会关系形式在一定程度上决定了社区内草根体育组织的关系形态。这是因为,基层社区的群众性体育组织是在既有的社区关系基础上产生的,而社区关系必然是以各种形式建立于社区社会关系之上的群众性体育组织。因此,既有的社区关系是基层社区群众性体育组织的决定性力量,它决定了基层体育组织内部的关系形式。另外,依靠已有的基层社区关系所建立起来的新的民间体育组织中的社会关系,在一定程度上又将对社区社会关系产生影响。因而,基层社区的社会关系与基层社区体育组织中的社会关系始终在相互建构的过程中动态发展。而民间体育组织在运行过程中所表现出的关系特征,必然是基层社区社会关系与基层社区群众性体育组织社会关系两者的交织与呈现,通过考察基层社区群众性体育组织运行中的社会关系特征,必然能够揭露出更为深层次的社区社会关系。

1."缘"：民间体育组织运行的关系纽带

通常而言，可以将组织内的社会关系按照人际纽带的类型划分为血缘关系、地缘关系与业缘关系。实际上，在基层体育组织中，另外还有两种社会关系——趣缘与学缘关系。尤其是趣缘关系，它是基层社区群众性体育组织关系形成的最核心的纽带。对社区体育组织中的社会关系做出地缘、业缘、血缘、趣缘、学缘的划分，均基于每一种关系形式在性质上存有差异。事实上，在社区群众性体育组织中往往会同时存在多种社会关系，多种社会关系会在社会群体之间重叠与交织；在不同类型与性质的基层社区群众性体育组织中，发挥作用的社会关系形式是存在较大差异的。

(1)趣缘。广泛存在于基层社区的各类群众性体育组织，一般都是在"趣缘"关系的驱动下建立的以运动健身、体育休闲为目的的体育组织。"趣缘"表达的是人们在共同的体育爱好、体育追求过程中结成的新型社会关系。由于"趣缘"迎合了人们共同的生活品位与价值追求，因此，这种社会关系是非功利性、非生产性的，它所满足的往往是人们的情感需求。这对于组织的生成与运行既提供了稳定的驱动力，也发挥了十分重要的纽带作用；它既是基层社区群众性体育组织生成的最直接力量，也是维系体育组织运行的最重要的社会关系形式。在调查的社区中，绝大部分的草根体育组织就是在"趣缘"关系驱动下生成的，大量的组织成员原本互不相识，在共同的体育爱好的驱动下，大家走到了一起，组成团队，共同开展体育活动。

(2)地缘。地缘关系是一种十分重要的社会关系，它是建立在区位位置或空间地理关系之上的社会关系。人们要生存，就必须占据一定的地理空间，共同的地理空间使人与人之间建立了较为亲密的关系。

从人类发展的历史来看，地缘关系一直都是人类社会发展进程中尤为重要的一种社会关系。几千年来，农业均为立国之本，这种以土地为主的生产、生活形式必然使人们深深地扎根于生于斯、长于斯的土地，由此造就了中国人安于乡土的民族品格。在生产力不发达的社会中，地缘关系代表了人与人之间的"互助"关系。生活在共同地域的人们必须团结一致才能够应对一系列的自然危害、生产灌溉、地域安全等方面的挑战，否则就无法生存下去；同时，地缘关系还代表了人与人之间的信任关系。人与人之间的信任关系是在多次的社会互动中形成的，它的强度与人们相互之间的熟悉度、认同度相关。由于地缘关系的存在，相同地域的人们有更多的机会进行面对面的交流互动，从而容易在面对面的互动过程中增进了解，彼此信任，结成熟人社会。在熟人社会中，信任是人们社会互动的重要前提，也是人们理性行动的重要基础。信任关系是地缘关系的一种重要属性。

随着现代社会的发展，市场化、工业化的不断推进，现代科技革命的日新月异打破了传统的生产生活方式，工业的发展，使得人们不必再以土地为生，人们从曾经束缚自我的土地上释放出来；市场的发展，使人们可以跟随资本游弋世界各地；现代技术的发展，极大地便利了人们的沟通与交流。由此，传统的以"地缘"关系为根基的社会关系逐渐瓦解,原本建立在地缘关系之上的互助关系被撕裂,基于地缘所形成的生产、生活相统一的关系也被打破。如今,"地缘"不再像过去那样具有维系人们社会关系的强大力量,伴随着地缘关系的减弱,生产与生活从"地缘"关系中分离,生活在同一区域的人们日渐沦为陌生人。

地缘关系的变迁必然对基层社区体育组织的发展产生重要的影响,虽然在体育领域,"地缘"仍然是人们发生体育互动关系的重要纽带,但是这种纽带作用随着业缘、血缘等社会关系与地缘关系的剥离而逐渐减弱。有着共同地缘关系的人们,由于互动关系的减弱,他们在共同开展体育运动的过程中面临诸多障碍,于是体育组织建设的成本加大。缺少了其他关系纽带的辅助作用,仅有的"地缘"关系必然难以有效地维系体育组织的良性运行。

当然,社区生活的原子化为社区体育的开展带来了诸多不便,但也正是这种特定的背景使得社区体育的开展别具意义,社区体育组织的建设、社区体育运动的开展在一定程度上起到了修复社会关系、重建社区的作用。社区体育组织的建设、社区体育运动的开展为重建社区关系迎来了曙光。

(3)业缘。业缘关系是建立在社会生产大分工基础上的社会关系,这一关系伴随着人类社会的产生而产生、发展。与地缘关系一样,业缘关系也是人们社会关系中十分重要的关系形式。

在传统社会中,地缘关系、业缘关系是高度合一的,这种延续数千年的地缘与业缘关系高度合一的状况即使在计划经济时期也未曾改变过。在户籍制度、城乡二元体制、单位制等制度的强化下,人们被分割在不同的生产单位内,由此使得他们对业缘关系产生依附。

在中国实行单位制的几十年中,全能的单位行使了社区的所有功能,也为单位中的人提供了从生到死的一切保障。在这一特殊体制下,单位体育一度举办得红红火火,各种类型的单位体育组织蓬勃发展。单位大院内篮球、乒乓球等开展群众体育活动的体育设施健全,单位体育组织经常性地举办各种类型的群众体育比赛,而生活在单位内的所有职工家属则是乐此不疲地投身于一浪又一浪的体育活动之中。

经济体制转轨以来,我国原有的单位结构已走向衰落,传统的业缘关系亦被市场环境下的新型业缘关系替代。现代社会的发展,虽然使得人们的互动交往、关系形式发生了较大程度的改变,但是业缘关系仍然是有效维系人们社会生活的一种重要的关系形式,尤其是在社会日渐原子化的背景下,当居住的社区难以给予人们社会认同感时,新型单位必然在人们获取社会认同感、寻求价值慰藉的过程中发挥重要作用,因此,业缘的重要性体现无余。

只要业缘关系仍在人们的社会生活中发挥强有力的纽带作用,那么这种作用就必然会在人们的体育生活方式中得到有效的体现。由于业缘关系有着深厚的情感依附与价值认同基础,它能够更为便利地使人们以较小的交往成本取得集体行动的一致,并能够使这种集体行动在有机整合的过程中得到长久的维系,因此,它有助于包括体育组织在内的其他集体行动的建立与维系。

(4)血缘。血缘关系是基于人们生理遗传的基础建立起来的一种社会关系,它是一种先赋性的关系形式,也是一种个人无法自我选择的社会关系。由于血缘关系是一种先赋性的社会关系,它的认同感也是与生俱来的,因而,具有血缘关系的人群,其认同感更强,更容易整合,更容易采取一致性的集体行动。

传统的中国社会,具有血缘关系的人群一般都是聚群生活的,家庭规模庞大、结构复杂。在现代社会中,旧有的家族聚居式大家庭结构逐渐解体,取而代之的是小规模的核心家庭。如今,核心家庭已成为家庭生活的主要模式。核心家庭生活模式的出现,使得旧有依靠血缘维系的大规模家庭模式被不断地分化,由此也使得强大的血缘关系逐渐弱化。

血缘关系的弱化在一定程度上是由大规模聚居家庭解体造成的,大规模家庭的解体,使得一致性集体行动的必要性减弱了,而非一致性行动的认同基础减弱了。在传统保存较好的农村社区,仍旧存在宗族聚居的现象,在这类社区中,血缘关系依旧是维系人们日常生活的重要纽带,在血缘关系的整合下,集体行动的能力依旧很强。而在现代化的城市社区中,由于家庭形式以核心家庭为主,因而血缘关系的影响只存在于家庭内部,对于家庭以外的社会互动基本不起作用。

通过对传统社区现代化过程中家庭模式演进状况、血缘关系演变形式的了解,就能理解为什么在农村社区的群众性体育发展过程中,血缘关系仍然能够在群众性体育组织的建设与维系中发挥重要的作用,而在城市社区的体育组织建设中,由于城市社区丧失了族群聚居这一基础,血缘关系基本丧失了功能发挥的土壤。

(5)学缘。学缘是在后天的教育社会化过程中发展起来的一种社会关系,通常是指在共同的学习过程中所结成的同学关系,这一关系并不只限于学校体系,学校以外的其他存在教育行为的领域都可能发生学缘关系。虽然青少年群体是学缘关系主要依存的社会群体,但其他人群依旧可以在共同学习知识、技术、技能的过程中建立学缘关系。对青少年而言,他们的人际交往基本是建立在学缘关系之上的,具有学缘关系的青少年基本都是同龄群体。他们大多具有共同的社会经历、共同的知识背景、共同的兴趣爱好,因而可能结成比较稳固的社会联系,集体行动的能力较强,内部的认同度与整合度都比较高。

在同龄群体的教育社会化过程中,兴趣爱好是可以相互影响的,往往一个成员的体育兴趣爱好可以影响其他人,这种互动影响的形式往往可以成为群众性体育组织发展方式之一。

对于社区中由于共同学习体育运动技术、技能而结成组织的群体而言,由于有了一起学习的过程,学员通过学习互动能够进一步了解彼此,更容易建立亲密的伙伴关系。这种关系可以很好地植入群众性体育组织,为群众性体育组织更好地运行发挥学缘层面的纽带功能。

2. 民间体育组织关系特征的表达

(1) 多"缘"交织。多"缘"交织可以以大栗港门球协会为例。大栗港门球协会所处的大栗港镇是我国中部地区的一个极为普通的农村乡镇，经济发展水平不高，民风、民俗淳朴，社会关系带有浓厚的乡土特色，地缘、血缘是维系人们社会生活的重要关系纽带。尽管大栗港镇近年来外出打工人口不断增加，甚至某些村的青壮年集体外出使村庄呈现出"留守"与"空巢"并存的现象，但这种"流出不流入"的单向度流动仍使得已有的地缘、血缘与业缘关系保持了较大程度的融合。单向度的流动维系了地缘、血缘、业缘三者的统一与完整。

大栗港的这种地缘、血缘、业缘三者融合的关系形态直接影响了大栗港门球协会的关系形态。尽管大栗港门球协会是一个为满足人们体育文化需求而存在的趣缘组织，但在组织的生长、发育过程中，血缘、地缘、业缘等社会关系均发挥了基础性作用，它们既促进了趣缘关系的形成，还在趣缘关系形成后，起到了强化趣缘关系、强化组织的作用。

大栗港门球协会发端于大栗港的教育系统，业缘关系是最早在趣缘关系形成过程中发挥作用的社会关系。此时，隐含在业缘关系之内的血缘、地缘关系的作用尚未凸显出来。直到门球协会不断壮大，组织发展规模突破教育系统，走向农村之后，地缘、血缘等社会关系的作用才真正地以直接的形式表现出来，按照血缘延伸、地缘扩展等逻辑，大栗港门球协会一步一步在既有的社会关系网络中不断地发展壮大。在大栗港的调查中，能比较清晰地观察到在大栗港门球协会建设过程中地缘、血缘关系发生作用的痕迹。如门球协会的核心领导中有一对儿女亲家，另外球会会员中有10余对夫妻，全家数口同时加入球会的案例也有多起，球会中年龄最小的少年队员就是在爷爷奶奶的带领下进入的。有了地缘、血缘这两个稳定的社会关系作为连接纽带，门球协会的结构变得更加稳定，运转更加高效。

综上所述，可将大栗港门球协会的社会关系特征总结为以下两个方面。第一，大栗港既有的地缘、血缘、业缘等社会关系促进了大栗港门球协会这一趣缘组织的形成；第二，在已经发展成正式体育组织的大栗港门球协会内部，趣缘、地缘、血缘、业缘、学缘等社会关系发达，且各类社会关系相互融合，发挥了正向的整合、驱动、链接等社会功能，促进了门球协会的稳定与发展。

(2) 以业缘为核心纽带。在我国的事业单位中，身份依然较大程度地与资源配置相关联，往往单位的身份决定了某人是否具有资格进入单位所提供的服务、福利的分配体系。这种身份与资源配置挂钩的模式虽然在市场条件下已呈现出不断弱化的趋势，但就当前而言，它仍然发挥着重要的作用。

赤岭路社区是由单位社区演变而来的。辖区就是由两家国有企业与一所高校组成的，随着这两个国有企业的衰落，原有小区的业缘关系被彻底打破。新型小区开发建成，不断涌入新的社会成员，由此使得这一区域的社会关系结构发生改变，新的社会成员之间逐渐形成了以房产为纽带的"物缘"关系。相比两家企业社会关系的迅速变迁，赤岭路社区的高等学校区域则较好地保持了原有的社区关系结构，作为国家所有的公办大学，其仍承袭了传统体制下单位生活的不少特征，学校部分的教职员工依旧聚群生活在半封闭的小区内，使得外单位的社会人员很难正式成为教师公寓的成员，从而使得小区内的业缘关系得到良好的维系，使小区居民的社会关系更加亲密，互动交往较多。由于小区居住的都是高校教师，具有较强的体育意识，又有高校丰富的体育资源，因此，小区内的群体活动异常活跃与丰富。每天的清晨与日落，校园内点缀着一支支太极拳队、民族舞队、门球队、篮球队、羽毛球队、健身操队等健身队伍，辅以学校优雅的园林环境，给人一种良好的感觉。

身份与资源配置关联，使得业缘关系在人们社会生活、社会互动中的基础性地位得到强化。赤岭路羽毛球队尽管像大栗港门球协会一样，本质上是一个趣缘组织，但业缘关系是趣缘关系得以维系的重要力量。依靠业缘关系，赤岭路羽毛球队能够源源不断地获得体制内的体育资源供给；依靠业缘关系，可以确保组织结构的半封闭性，组织结构的半封闭性使得组织的规模不至于过度扩张，因为过度扩张组织将超越体制内体育资源供给的阈限会降低单位人的体育福利水平。

可见，业缘关系是赤岭路羽毛球队这一趣缘组织得以生存与维系的重要关系形式，也使得赤岭路羽毛球队表现出浓厚的业缘关系的组织关系特征。

(3)以地缘关系为核心纽带。地缘在当今社会中无疑也是一种联系的纽带。鹿芝岭老年会就是这么一个例子。从社会关系结构上来看，鹿芝岭社区与大栗港社区并没有太大的差异。地缘关系、血缘关系依旧是社区生活中重要的社会关系形式。由于鹿芝岭社区的群众性体育组织多数是挂靠在村老年会之下的小规模健身组织，所以，鹿芝岭的群众性体育组织表现出依靠地缘关系来发展趣缘性群众性体育组织的特征，各支健身队伍的人员构成、活动方式都表现出较强的地域性特征。

第五章 河北省城乡群众公共体育服务发展研究

第一节 河北省部分地区城乡公共体育服务发展现状调查

一、引言

公共体育服务是基本公共服务体系的重要组成部分，也是贯彻落实基本公共服务体系的重要举措，对于完善公共服务水平、促进和谐社会建设具有重要意义。本课题已对城乡公共体育服务的价值、意义、理论基础、结构框架以及动力机制、评价指标等问题进行了分析探讨，这些基本上属于课题的理论部分。当然，理论的分析是必要的，缺乏理论必将导致思维混乱，最终导致实践的迷茫。不过，仅有理论分析是不够的，还需要实践的检验，这是理论之所以成为最终理论的必经之路。所以，这一章将对河北省部分地区的公共体育服务一体化发展现状进行调研、分析，目的是初步摸清这些地区的公共体育服务发展状况，从而既能检验理论，又能使理论服务于实践，为实践的健康发展指明方向。

这里有几点需要说明：

选择河北省部分地区进行城乡公共体育服务一体化发展的调研，而不是河北省全部地区，首先是因为课题组调查河北省全部地区不现实。从理论上讲，对有限的体育对象进行全部调查是可能的，这是由体育调查统计方法使用的可能性决定的，但是，如果有限的调查统计对象非常大，则采用全部调查的方法就不具有现实性。河北省有诸多乡镇，假如进行全面调查，那将需要付出巨大的时间和精力。

课题选择冀东、冀中、冀南、冀西、冀北五大区域范围内的12个县（区、市）进行调研。对县级市进行调研，有以下几方面考虑：首先，考虑到我国体育行政部门对群众体育管理的主线是国家体育总局，以及省（自治区、直辖市）、地（市）、县各级体育局中主管群众体育工作部门，并且我国体育行政部门的人员编制只到县级，没有延伸到乡镇，公共体育服务理应由政府部门为主体进行提供，在我国行政环境中，没有人员编制，很难成为提供服务的主体。其次，县级市在我国行政区域中具有重要的承上启下的作用，是我国城市与农村公共体育服务发展的重要阵地，县级市对下辖乡镇、街道，以及行政村、社区均有直接的指导作用。从县级市入手，能够反映出河北省城乡公共体育服务的发展状况。

二、调研方法

调研主要采用问卷调查方法，调查样本来自河北省冀东的卢龙、青龙、玉田，冀中的高阳、容城、博野，冀西的阳原、怀安，冀南的广宗、武安，冀北的隆化、康保，具有广泛的城乡代表性。问卷发放 300 份，回收 270 份，回收率为 90%，其中有效问卷 240 份，有效率为 80%。发放的主要对象是各县市体育局、教体局工作人员（主要是群体科），部分乡镇文体站工作人员，以及普通群众（包括城市居民以及农村居民）。

对获取的回收问卷的信息与数据进行分类研究和分项统计，并运用 SPSS 11.6 软件进行相关统计分析。

三、研究结果

(一)体育组织体系部分

调查表明，这些地区中县级市体育局、文体局、文广体局等均具有公共体育服务职能的部门，主要以群众体育科为组织结构，负责本县的群众体育等公共体育服务工作。在所调查的乡镇、街道中，具有专门负责群众公共体育服务职能的大多是村主任、居委会主任等。

在调查的几个地区中，100%的县级市都拥有体育协会，协会的数量不均，冀中富裕地区分布较多，如保定市拥有各类协会 30 余个，但有些稍偏僻地方的体育协会数量不多。调查表明，县级体育协会大都以企业法人形式存在，并在当地民政局中注册过。协会种类各异，但分布较多的是篮球、武术、舞蹈、太极拳等大众项目，各地根据自身的特点也拥有一些体现当地特色的体育协会，如武术协会、扭秧歌协会等。

(二)体育活动体系部分

现代体育是为满足人们娱乐享受和促进身心健康发展而创造的，以自觉意识支配的身体运动作为主要手段对自己的身心进行改造并使之臻于完善的实践。体育的表现形式是身体活动，身体活动不仅是体育的目的和手段，更是体育的本质特征。没有体育活动，人们体育锻炼中的其他任何要素均会失去发挥作用的载体，因而没有体育锻炼，也就没法谈及体育锻炼对国民体质健康的促进作用。

调查表明，各地大都以县区体育局牵头，由各体育协会组织体育活动，这种状况占所调查地区的 80%；100%的县市每年都会组织公共体育活动，并有专门的活动负责人，公共体育活动以为期 2～3 天的综合性运动会、全民健身日为主，农民体育运动会、各协会组织的专门比赛也在部分县区市中兴起。有 40%的人认为组织公共体育活动的主要原因是政府号召,有30%的人认为是群众要求,也有人认为是社会发展带来的结果。

在农村,公共体育活动除了基层机构组织外,还包括人们自发组织的一系列活动,如中老年人在晨晚练点共同进行的扭秧歌、舞龙舞狮等民俗体育项目等。本课题组对部分行政村的调查结果显示,有78%的农民认为,农村居委会等经常组织农民运动会、农民闲暇长跑运动等活动;有90%的农民听说过全民健身月、全民健身日等健身活动,并亲自参加过其中的部分项目;被调查者认为,运动会是农村最常见的公共体育活动组织形式,一般在秋后闲暇时间进行,而扭秧歌、舞龙舞狮等民俗体育项目在春节前后举行较多,并进行相应的比赛;针对目前新农村全民健身活动的开展状况,70%以上的被调查者表示一般需要在活动形式、活动次数等方面加以改善。

城市里的健身点、健身路径的体育活动开展情况较好,100%的县级市拥有2个以上参与人数超过200人的长期健身场所,如公园、广场等。活动项目以自编的健身操、太极拳、太极扇、各类健美操等为主。

公共体育活动参与人员总体呈现出老多少少的特点,特别是在冀中地区,参与体育活动的以老年人为主;在冀东地区,也是以老年人参与为主,与冀中相比,冀东青年人参与所占比例较高,如文登有专门的青年秧歌队,这与其他几个县级市多以老年人为主的秧歌队不同。

(三)体育场地体系部分

毋庸置疑,无论什么样的体育活动都需要一定的体育场地设施作为保障,身体运动不足的最大障碍就是缺少场地设施。河北省在加大推进体育现代化以来,在场地设施建设方面投入了较多的资金,也颁布了相应的政策、制定了一些制度,用来保障场地设施的不断完善。在河北省体育局统一的公共体育设施建设意见的基础上,100%的省辖市制定了符合自身发展状况的体育设施建设制度。

调查发现,社区、行政村的体育器材有68.2%来自当地体育局,其余大多是自发筹资基金购置的。56%的居民认为体育器材有专人维护,30%的人认为没有专人维修、无人管理;70%的居民认为体育器材质量较好、功能齐全,能够起到健身的效果,16%的人认为体育器材质量一般,14%的人认为质量不好、功能不全,缺乏一定的吸引力,不能满足居民的健身需求。

学校体育场地设施的开放情况影响着居民的体育健身。调查表明,12个县级市学校体育场地对外开放率为70%,大多数县级市都能采取一定措施促进学校向社会开放。如青岛市黄岛区采取以奖代补形式奖励学校体育场地的对外开放,还有的学校采用专门的围墙、大门,利用体育场地时关闭不向社会开放,每到学校不用场地时便向社会开放,据考察,已有60%的学校专门设置了这种装置。

调查表明,70%的居民认为锻炼场地距居住地在500米以上,30%的人认为距离在1 000米以上,特别是在农村地区,这一比例更高。有农民反映,要走很远才能到达健身场地，很不方便，特别是在农忙季节，本来身体就疲惫，再走几里①路，很不情愿。由此可见，一些地区健身场地与居住地的距离问题尚未很好地解决。调查显示，居民的锻炼场所比较多样化，而公共场地仍是居民锻炼的主要场所。比较而言，广场、公园、社区健身点、健身路径等免费场所的选项高于体育场馆和学校体育场地。城市以公园、社区健身点为主，农村以文体广场、健身路径为主。另外，居民家也成为锻炼的主要场所。可以看出，群众参加体育活动的地点已经多元化。

被调查地区平均每万人拥有体育场地数量以及人均体育场地面积均高于第五次全国体育场地普查水平。为贯彻党的十八大精神，适应全面建成小康社会的需要，不断满足广大人民群众多元化健身需求，促进体育事业与社会经济的协调发展，更好地掌握现有体育场地数量、分布和使用情况及其发展变化的新特点，科学配置体育场地设施资源，2013年国家体育总局、教育部、铁道部、国家旅游局联合发布了《关于开展第六次全国体育场地普查工作的通知》(体经字〔2013〕41号)。以我国最近的人口普查数13亿计算，平均每万人拥有体育场地6.58个，人均体育场地面积1.03平方米。与发达国家(如美国、日本等国)相比还存在一定差距，这些国家在20世纪80年代就已经远远超过了我国第五次普查的水平，如美国人均体育场地面积为14平方米。平均每万人拥有体育场，芬兰为45.7个，日本为26个，德国为24.8个，瑞士为22个，意大利为21.2个。同全国其他地方相比，今后一段时间，河北省体育场地面积与数量的增加仍将是公共体育服务发展的瓶颈。

(四)体育资金体系部分

体育资金是城乡公共体育服务开展的重要基础。调查显示，各地县级市体育局或文体局均具有公共体育服务资金，主要包含体育场地器材购买资金、体育指导员培训资金、体育活动开展资金以及奖励资金。资金主要来源为体育彩票收益、上级体育部门的拨款以及地方财政补贴、其他创收等，其比例分别为60%、20%、10%、10%。从所占比例来看，体育彩票收益是公共体育服务的主要资金来源，政府财政补贴占次要地位。

调查发现，乡镇、街道体育公共资金主要来自上级政府拨款，本级政府用于公共体育服务的资金较少，只占资金来源的40%，特别是在冀南地区，一些乡镇投入公共体育服务的资金几乎没有或者与文艺事业共用部分资金。在农村，同样呈现冀东、冀西北不同的状况，冀东农村较富裕，农村用于公共体育服务的资金除来自上面拨款外，许多行政村还有专门的体育资金投入，这些资金的主要来源为村里企业的上缴款。有些农村，除了上面拨款外，几乎没有专门的体育资金用于公共体育服务，所以农村体育运动会等体育活动也很少开展。

---

① 1里＝0.5千米。

(五)体育指导体系部分

体育指导体系是公共体育服务不可或缺的组成部分。截至 2015 年 12 月,河北省有社会体育指导员超过 10 万人,正式登记注册的有 8.3 万人。所有县级市从市区到农村均有社会体育指导员。

数据表明,63% 的社会体育指导员具有三级社会体育指导员资格证书,26% 的拥有二级社会体育指导员资格证书,11% 的拥有一级社会体育指导员资格证书。针对社会体育指导员如何培训的问题,调查显示有多种方式,如本地培训机构培训占 58%、请专家来培训占 23%、自费外出学习占 15%、其他占 4%。

在社会体育指导服务方式上,调查显示,有 32% 的居民选择的健身锻炼方法为现场指导,24% 的居民选择通过开展讲座现场示范,20% 的居民选择免费发放健身光盘等音像制品,18% 的居民选择上网浏览健身信息,6% 的居民希望通过体育健身宣传橱窗获得健身指导。

针对目前的社会体育指导服务,60% 以上的人认为不能满足健身指导的需要,20% 的人认为基本能满足,20% 的人认为能够满足健身指导的需要。

参与体育锻炼的居民不仅是公共体育服务主管部门的客体,而且是其服务的对象。居民是公共体育服务的享受者,有参与和分享各项体育服务的权利。服务与合作是一种同体育服务主管部门与居民关系相对应的行为关系。在这种行为关系中,体育服务主管部门的服务是第一位的。没有体育服务主管部门的主动服务,就没有市民的积极配合和参与。为居民主动提供体育信息咨询类的服务方式是服务本位的表现形式之一,居民锻炼时需要有专业体育信息服务类网站,也需要通过讲座、培训等活动以及有相关音像制品、宣传品等途径获取和了解相关信息。

(六)体育政策法规体系部分

体育政策法规体系部分处于城乡公共体育服务一体化发展的"车头"部位,作用重大。发达国家为一般民众提供所需要的公共体育服务,通过政策性文件的形式予以制度化。发达国家的大众体育政策具有共性的特征:一是政策目标都具有很强的可检验性,设立了可以量化的指标,以便于检验政策实施的效果;二是所建立的政策目标和国民个人的利益息息相关,为国民所关注和理解,因此具有较强的激励作用。另外,发达国家也往往在城市规划、土地使用、人才引进等多方面,对公共体育需求给予政策倾斜。

调查表明,所有县级市均具有与公共体育服务相关的政策法规制度,这些制度大多是依据国家以及河北省相关法律、条例、规定等制定的,如《中华人民共和国体育法》《全民健身计划纲要》《全民健身条例》《体育事业发展"十二五"发展规划》《河北省全民健身实施计划(2016—2020 年)》等政策,以及相关地区配套条例规定。调查显示,制定的政策法规制度涉及的内容包含全民健身条例、体育场地设施条例、国民体质监测条例、体育强市规定、体育基本现代化发展意见等。

(七)体育信息与监督反馈体系部分

体育信息与监督反馈体系是城乡公共体育服务开展的重要因素，若没有一定的管理政策，没有开展的情况反馈，城乡公共体育服务发展就如缺少了抓手以及开展的方向。调查表明，县市体育局有46%通过普通居民反映这种渠道来了解百姓对公共体育服务的需求，也有24%通过走访考察了解居民的公共体育服务需求，其他方式如通过媒体反映、通过上级文件获悉各占18%、12%。目前，我国政府处于向服务型政府的转变过程中，体育局等政府部门理应担当起"人民公仆"的角色，通过多种方式向老百姓"嘘寒问暖"，了解百姓体育健身需求。基本上所有县市体育局表示拥有接受老百姓公共体育服务的相关意见的结构，有90%的县市体育局认为能够对收到的公共体育服务意见进行及时的处理及反馈，只有10%的县市体育局认为由于一些原因不能及时处理相关反馈意见。

根据考察发现，所调查的行政村中，80%的行政村工作计划中均提到了与全民健身等公共体育服务相关的条目，这些都是根据镇、县(市)的工作要求而开展的，并且这些工作计划的开展状况要汇报给上级领导机构。考察还发现，在行政村中，建设体育政务公开及投诉渠道、结合本地实际制订全民健身计划、进行全民健身工作领导小组的建设等方面均开展较好，各村党支部书记、村主任等对全民健身认识较充分，均表示会按照上级工作计划做好这方面的工作；与城市相比，新农村全民健身服务网站建设情况、健身信息公开情况、体育门户网站或专门网页等不甚乐观，即便是在经济比较好的行政村，虽然新农村有自己内部的报刊，但是相应的网站、网页还没有建设起来。当然，有60%的被调查者认为，农村体育健身不需要建立自身的网站、网页，可以通过其他渠道，或者通过浏览其他体育网页来增加相应的健身知识，以及获得相应的健身指导等。

(八)体育绩效评价体系部分

调查表明，具备专门的公共体育服务绩效评价指标体系的县级市体育局占30%，70%不具备专门的评级体系或正在制定中；80%的被调查者认为不需要制定专门的公共体育服务绩效评价指标体系，如果制定很可能会与竞技体育、群众体育等工作发生冲突；20%的被调查者认为应该制定绩效评价指标体系，认为这是社会进步的重要体现，体育工作的开展应与国家发展大方向保持同步。

调查显示，影响公共体育服务发展的主要因素包括体育场馆、设施、器材，政府的重视程度，体育经费的投入，社会体育指导员的配备，居民的个人因素，体育知识和健身方法的宣传及教育等。

针对本地的公共体育服务工作开展状况，被调查者给予了相关的建议与要求，被调查者希望能够建立和健全体育法规和政策，来保证公民享有的体育权利，建立、设置与居民生活小区或区域相配套的体育活动场地、设施、器材，加强对体育运动知识、锻炼方法的宣传教育，有专人指导开展体育活动。

新型城镇化背景下我国城乡群众公共体育服务体系的建设研究——以河北省为例

国民体质测评是城乡公共体育服务的重要组成部分，也是达到促进全民体质提升这一目的的多种因素的综合，如国民体质监测中心、国民体质监测仪器以及国民体质监测工作人员等。《中华人民共和国体育法》明确规定："国家推行全民健身计划，实施体育锻炼标准，进行体质监测。"体质监测不仅可以了解不同地域、不同年龄、不同人群的体质水平和特点，还是检验全民健身计划的实施效果、提高群众体育管理工作科学化的必要手段。目前，我国学生体质监测任务由教育部组织完成，而其余人群的体质监测任务由国家体育总局组织完成。国民体质监测中心或监测站工作人员按照一定的体质测试标准对国民个体进行监测，从而使人们了解自身的体质水平状况，更好地选择有效的健身方法，提高体育锻炼的效果。

调查显示，城市、乡镇、街道具备国民体质监测中心、站点，并有专门的（或兼职的）人员配备，但农村中并不具备国民体质监测中心、站点，更没有相应的人员配备。这些农民的体质监测主要在镇一级进行，地点大多是学校，监测人员以学校里的体育教师为主，而监测设备也以学校里的体育器械为主。调查得知，一些农村存在国民体质监测不科学、不合理的现象，如监测时，村一级领导多是让身体健壮的农民去参加监测，并非采用抽样方式让农民去参加体质监测，这种状况在农村普遍存在，因而不能反映农民的真实体质状况。调查显示，65%的人认为国民体质监测能够基本反映真实状况，35%的人认为不能反映真实状况；影响居民参加国民体质监测的因素主要有时间冲突、监测不准、服务态度差、不开运动处方、不清楚这回事，相应的比例分别是45%、70%、40%、60%、20%。

本课题认为，除了以上城乡公共体育服务一体化发展的组织管理、体育活动、体育场地设施、体育资金、体育指导、体育评价等，城乡公共体育服务的健康发展还应加大文化建设、体育消费观念的引导等方面的工作力度。目前文化建设要以宣传为主，特别是在农村中，宣传仍发挥着重要的作用。由于受传统观念的影响，人们对体育健身的意识并不强烈，因而迫切需要提高人们的健身意识，改善他们的健身观念，使其形成良好的体育健康观念，进而使体育促进体质健康得到人们的接受和认同。所以，应充分利用电视、广播、报刊等媒体以及板报、专栏等形式，宣扬健身运动能提高体质健康水平，宣扬体质测定对提高和强化自我健康和健身意识的作用，说服和鼓动人们把自己还给自己，把透支变成投资，投资自己的身体，为自己的身体投入时间、精力和金钱，从而形成广大群众积极参加体育锻炼、提高体质的良好氛围，进而真正促进国民的体质健康。调查发现，农村群众关注最多的还是眼前那些关系自己和家人的利益问题，很少关注体育健身与体质健康问题，更有甚者连国民体质监测都从未听说过。

体育消费发展状况标志着人们体育消费观念的形成以及在观念引导下的体育行为状况，体育消费市场是与体育消费相关因素的综合体。与城市相比，农村全民健身服务消费市场还没能形成。调查发现，除了青岛市、烟台市、济南市部分县（区、市）农村体育消费市场形成外，冀西、冀北、冀南农村并没有相应的消费市场形成。调查发现，农民意识中的体育消费只是购买体育彩票、购买服装器材等方面，对于观看体育比赛、体育表演项目，购买体育报纸图书等不甚了解，有超过80%的农民没有到现场观看除综合性运动会以外的体育比赛；有60%的农民平时很少收看体育频道。

四、讨论

(一)政府公共体育服务供给职能结构略显单薄，城市与农村仍然失衡

毫无疑问，政府是公共体育服务供给的直接部门，并发挥着领导、协调及监督的重要作用。调查显示，12个县市(除县体育局)都具有专门的公共体育服务职能部门，下辖街道、乡镇并未全部具有相应的职能部门，并且街道具有的职能部门明显多于乡镇具有的部门。调查显示，即便是在县体育局，相应的职能部门拥有的工作人员也普遍很少。以青岛市黄岛区为例，教体局群体处拥有平均4位工作人员，乡镇、街道文体站拥有的工作人员更少，一些地方甚至无相应工作人员，或者由其他工作人员兼职。在冀西南农村，专门的体育职能机构基本没有(以相应人员配备为标准)，冀东地区农村配备也不多。由此可以看出，河北省公共体育服务的职能机构从城市到农村仍然不尽完善，各级职能机构工作人员配置也不够完善，城市与农村，冀西南与冀东、冀中地区仍然存在失衡的发展态势。从战略角度看，实现河北省城乡公共体育服务一体化发展的关键在于政府机构及工作人员的城乡一体化，城市与农村的失衡状态必然成为城乡公共体育服务一体化发展的羁绊因素。

(二)公共体育活动城乡互动不足，各级衔接不到位

公共体育活动是公共体育服务的重要载体。调查显示，普遍开展的公共体育活动多是综合性运动会、全民健身活动等。如在冀东部分县市，综合性运动会成为普通群众聚会、健身的平台。但问题是，县级市综合性运动会参与的主体仍然是各类运动员，许多农民反映，他们从来没有参加过县里举办的综合性运动会。同时，即使乡镇、街道举办的综合性运动会也很少涉及普通老百姓，许多村民从没有听说过镇里举办过综合性运动会，更别提去参加运动会了，这种状况在冀西南地区更为严重。全民健身日是国家规定的法定健身日，每年8月8日都会举行，但是考察发现，全民健身日大多是在县市体育中心举办，参与的人群仍然是来自城市不同行业的市民，农民仍然很少参与。对于市民来讲，全民健身日便是第二个综合性运动会，而对于农民来讲，全民健身日依然没有听说过。由此看来，城市与农村公共体育活动还存在城乡互动不足的情况，城市带动农村的作用依然没有发挥出来，这与农村离城市较远相关，与农民的参与度不高相关，但更为重要的是相关组织机构及工作人员的观念没有转变过来，没有加大这方面的宣传力度及鼓动力度。因此，城乡公共体育活动的互动缺乏，依然困扰着城市与农村公共体育服务的一体化发展。

(三)公共体育资金支持不合理,城市与农村呈现非均衡化

当前提供公共体育服务的资金来源主要包括以下几个方面。首先是体育基本建设资金,依据《中华人民共和国体育法》第六章第四十一条规定,县级以上各级人民政府应当将体育事业经费、体育基本建设资金列入本级财政预算和基本建设投资计划,并随着国民经济的发展逐步增加对体育事业的投入。其次是体育彩票公益金,依照《体育彩票公益金管理暂行办法》第十八条规定,公益金主要用于落实《全民健身计划纲要》和《奥运争光计划纲要》以下范围的开支,即资助开展全民健身活动,弥补大型体育运动会比赛经费不足,修整和增建体育设施,体育扶贫工程专项支出。再次是专项资金,依据2008年实施的《中央补助地方文化体育与传媒事业发展专项资金管理暂行办法》拨款。最后,除了财政部代表中央提供的专项资金外,很多中央部门都有本系统内部规模不等的专项资金,如为了推动"亿万农民健身工程",国家发改委也拿出1 000万元的专项资金。已经颁布实施的《彩票管理条例》规定,彩票公益金属于政府性基金(预算外),在提供公共体育服务过程中,体育彩票公益金往往与各级政府预算内资金一并使用。

调查显示,城市与农村公共体育服务资金支持仍然存在非均衡化态势。城市基本上都是政府所在地,因而具有公共体育财政支持得天独厚的优势,当地政府的财政支持很大程度上用于建设体育中心、修建体育场馆。在农村,即便是在较富裕的地区,其体育场地、体育器材的资金大多也来自上级政府的财政支持,本级政府很少投资建设体育场地设施。因此,要形成城乡一体化发展的公共体育服务资金支持体系,还是应该走依赖政府为主、自主扶持为辅的道路。一方面,适应我国进入工业反哺农业、城市支持农村新阶段的要求,调整国民收入分配格局和财政支出结构,使其更多地向农村倾斜,扩大公共财政覆盖农村的范围,建设健全财政支出资金稳定增长机制,保持农村公共体育服务资金投入的可持续性。另一方面,合理调整和改善财政支农资金的支出结构,加大对农村公共体育服务的投入力度,建设对农村公共体育服务的单项财政保障制度,使政府对农村公共体育服务的供给逐步纳入公共财政的保障范围并持续经常性和制度化,逐步缩小城乡间公共体育服务的差距。

(四)体育场馆设施相对不足,便民设施不方便

中共中央于2006年2月21日发布了《中共中央国务院关于推进社会主义新农村建设的若干意见》,提出了"生产发展、生活宽裕、乡风文明、村容整洁、管理民主"的新农村建设目标,对农村体育也明确要求"推动实施农民体育健身工程,开展多种形式的群众喜闻乐见、寓教于乐的文体活动"。推动实施农民体育健身工程,作为发展农村文化事业的重要内容,还被列入《中华人民共和国国民经济和社会发展第十一个五年规划纲要》。通过实施农民体育健身工程,在行政村修建经济、实用的小型公共体育健身场地,同时推动农村体育组织建设、体育活动站

(点)建设，广泛开展农村体育活动，构建农村公共体育服务体系，可以有效地推动农村体育的发展，使其在社会主义新农村建设中发挥应有的作用。然而调查发现，与城市相比，农村体育场地设施仍然相对不足，特别是在冀西南地区，一些农村仍然不具有最为简单的一片体育场地、两个篮球架、一个室内乒乓球室。即便是建有体育场地的地区，由于其规划不合理，部分地区体育场地距离农民集中区较远，村民健身场地上的健身器材也成了摆设。此外，有些健身器材"华而不实"，调查发现，像秋千、滑板、爬竿等器材更符合少年儿童的锻炼兴趣，而农民多是成年人，适合他们锻炼的器材与青少年的不同，因此，平时青少年上学时，这些器材便搁置一边，假期就成为儿童的乐园，这与国家实施"农民体育健身工程"的精神相背离，因而制约了农民体育健身的积极性，不利于农村公共体育服务的有效实施。

（五）社会体育指导员来源单一，不够"亲民"

社会体育指导员队伍是公共体育服务的重要组成部分，也是公共体育服务的重要抓手。从调查情况来看，虽然河北省近几年积极加大社会体育指导员的培训工作，并在全国首次倡导建立大学生村干部担任社会体育指导员的新模式，但是河北省依然缺乏一定的体育指导员。通过对城乡不同锻炼场所的观察发现，在各类群众体育活动场所中，未受过专门培训、不具备社会体育指导员资格的人员进行群众体育组织指导活动的情况还相当普遍，多数只是在广场上或健身点等参与者集中的场所开展一些拳、操、舞的教授，基本没有涉及对健身器材的使用、健身运动处方等方面健身的指导，这对群众体育的持续化、科学化发展将产生不利的影响。同时发现，现有的社会体育指导员基本为基层健身群体的领头者或者组织者，受过大学教育、毕业于社会体育专业或者相近专业的指导员甚少，这种状况与河北省多所院校不断培养社会体育专业毕业生的现状不相吻合，也与近几年来河北省社会体育指导员专业毕业生的工作去向是担任社会体育指导员的现状不相吻合。即使实行大学生社会体育指导员村干部制度，也不会立竿见影。首先，大学生村干部与居民年龄相差较多，不具备群众基础；其次，大学生村干部很多不是体育专业出身，接受新的体育技术、技能培训需要一定的时间和精力，而现有的短时、定点培训很难保证大学生村干部具备这些体育技术、技能。因此，要使大学生村干部真正担当起社会体育指导员的职责，仍然需要改善现有的条件，为他们创造更好的学习与实践环境。

从调查情况来看，河北省几个地区都需要培养一批层次清晰、结构合理、比例适当的社会体育指导员，具体措施是：进一步完善社会体育指导员登记和注册制度，实行社会体育指导员定人、定职和定岗分类管理，建立社会体育指导员定期再培训和考核机制，逐步引导社会体育指导员立足社区、面向居民，开展社区健身指导服务，切实提高城乡居民健身的针对性和有效性。

(六)配套法规条例、政策制度相对不足，还需进一步完善

总体来看，河北省体育局等省一级政府部门依据国家体育总局等部门颁布下发的相关文件，制定了相应的法规、政策。但是在县级政府一级，颁布的相应政府文件相对欠缺，特别是偏远县级市，这种状况更是普遍存在，而在乡镇、街道，基本上不具有相应的政策、制度。具体原因如下：首先，一些政府部门仍然没有改变过去的工作观念，国家打造服务型政府的精神仍然没有深入基层组织，许多工作还是依靠上级红头文件进行，仍缺乏一定的创新思维与思路。其次，还是缺乏制定公共体育服务配套条例、制定政策制度的意识，许多政府工作人员认为只要硬件服务（如体育设施）好就足够了，软件服务"看不着""摸不到"，可有可无。当下，县级体育部门要结合本地区实际，积极探索和完善《体育事业发展条例》《公益性体育事业捐赠管理办法》《公共体育设施保护条例》《体育公共服务与管理办法》等法规，培育和规范体育服务和体育市场，为建立和完善公共体育服务体系提供必要的法律保障。

(七)农村公共体育服务意识不足，健身文化还需繁荣

为城乡居民提供基本公共服务，保障其最基本的生存和发展权利，是政府的基本职责。政府作为公共权力和公共资源的掌控者，理应为公民提供基本的公共服务，使全体公民在基本公共服务方面的权利得到基本的实现和维护，特别是使困难群众和困难地区享受到社会平均水平的基本公共服务，这是政府存在的根本。调查结果显示，在一些富裕地区的农村建有提供公共体育服务的场馆设施，具备3或4名社会体育指导员，拥有相应的体育资金，但仍然难以看到农民锻炼的身影。究其原因，还是基层政府组织公共体育服务的意识薄弱，导致了农民的健身意识薄弱，使得农村没有形成一定的体育健身文化。像城市公园、广场常年存在的健身群体，在农村很少看到。

农村体育文化建设需要在一定的价值观指导下进行，文化，尤其是适合农民的体育文化，都有其特定的价值取向。因此，要实现城乡公共体育服务一体化大发展，需要帮助基层政府组织及人员树立正确的公共体育服务价值观，需要帮助农民树立正确的健身观。通过教育培训提高政府工作人员、农民的体育文化素质，广泛利用农民喜闻乐见的媒介进行体育文化宣传，努力提高农村体育比赛的宣传引导效益等，从而从根本上奠定城乡公共体育服务一体化发展的基础。

第二节 河北省城乡一体化规划与公共体育服务发展

无论是"社会主义新农村全民健身服务体系建设"还是"新型城镇化背景下城乡公共体育服务体系建设"，让人翘首以待的仍是如何发展城乡公共体育服务一体化

的问题。城乡一体化的思想已经在河北省乃至全国大规模地宣传开来,一些富裕地区的城乡一体化实践也在轰轰烈烈地开展着。

无论"十二五"规划还是"十二五"期间的建设与发展,均体现出河北城市化步入了科学发展、快速上升的快车道,河北在城乡一体化方面具有比较优势,河北省城乡二元结构的问题明显得到解决。"城乡一体化"并不意味着城乡一样化,也不意味着变乡为城或变城为乡。"一体化"旨在打破城乡二元结构,改革城乡之间政治、经济、文化、社会发展的制度隔离,创建城乡之间政治、经济、文化、社会共同运行的融合机制,是在制度和体制范畴上的一体化,而不仅仅是在地理空间范畴上的一体化。"城乡发展一体化"应在思想观念更新、制度创新及路径抉择创新上着力,并在户籍制度改革政策、劳动力市场政策、农村土地使用政策、公共物品供给政策以及农村金融政策等方面提出具体的对策与建议。

德国哲学家费希纳曾说过,有一天早晨,他坐在莱比锡玫瑰谷的凳子上休息,在春天晴朗的阳光下眺望鸟语花香、群蝶飞舞的牧场,心中一反过去那种无声无色的自然科学式的黑夜般的看法,而沉迷在当前现实的真实的白昼的思考。费希纳的实在思想通过一段美丽风景的描写表达了出来。日本哲学家西田几多郎认为实在必须就是现实原样,所谓物质世界也不过是从这种现实思考出来的。理论的阐述始终要回归并服务于实践。前一节对河北省公共体育服务一体化发展现状进行了分析,也引发了一些思考,现在,将进一步结合河北省公共体育服务发展的实际,立足现实,借鉴相关研究的成果,对河北省城乡公共体育服务一体化发展的途径进行深入探讨,以期找寻到合适的、合理的、科学的发展途径。

一、科学发展观与城乡公共体育服务一体化发展

科学发展观是我国推进城乡经济发展一体化的重要指导思想。发展观是关于发展的本质、目的、内涵和要求的总体看法和根本观点。发展观决定一个国家的经济发展道路、发展模式和发展战略,对经济发展的实践产生根本性的影响。城乡关系格局是发展观在一国经济运行中的具体体现。科学发展观是在立足我国国情、总结我国发展实践、借鉴国外发展经验、适应新的发展要求的条件下提出来的,实现了发展观的现代转变。这是继中共中央十五届五中全会实现关于工业化认识转变的又一次重大观念转变。党的十八大报告首次全面系统地概括了科学发展观的内涵,即第一要义是发展,核心是以人为本,基本要求是全面协调可持续,根本方法是统筹兼顾。统筹兼顾从方法论意义上讲,最根本的是要正确认识和妥善处理中国特色社会主义事业中的重大关系,既要总揽全局、统筹规划,又要抓住牵动全局的主要工作、事关群众利益的突出问题,这就要求统筹城乡发展、区域发展、经济社会发展、人与自然和谐发展、国内发展和对外开放,统筹中央和地方关系,统筹个人利益和集体利益、局部利益和整体利益、当前利益和长远利益,统筹国内国际两个大局。首要任务就是统筹城乡发展,"城乡统筹"字面上解

新型城镇化背景下我国城乡群众公共体育服务体系的建设研究——以河北省为例

释是"城""乡"在一定的时代背景中互动发展，以实行"城""乡"发展双赢为目的发展格局。充分发挥工业对农业的支持和反哺作用、城市对农村的辐射和带动作用，建立以工促农、以城带乡的长效机制，促进城乡协调发展。城乡统筹就是要改变和摒弃过去那种重城市、轻农村，"城乡分治"的观念和做法，通过体制改革和政策调整削弱并逐步清除城乡之间的樊篱，在制订国民经济发展计划、确定国民收入分配格局、研究重大经济政策的时候，把解决好农业、农村和农民问题放在优先位置，加大对农业的支持和保护；就是要坚决贯彻工业反哺农业、城市支持农村的方针，逐步改变城乡二元经济结构，加快社会主义新农村建设，着力解决好"三农"问题，逐步缩小城乡发展差距，推动农村经济社会全面发展，形成城乡经济社会一体化新格局。

科学发展观是河北省城乡公共体育服务一体化发展的重要指导思想，这要求河北省公共体育服务组织机构应紧跟国家、河北省的发展步伐，吸取国内外具有丰富启示的相关理论，抓住国家新农村建设、城市化建设的有利契机，立足国家全民服务体系建设、农民体育健身工程建设的新局面，结合不同地区自身特色，因地制宜、科学论证、稳步推进、扎实有效地促进城市与农村公共体育服务的一体化发展，从而最终服务于人民大众的公共体育需求，提升国民的身体素质。

二、协同学理论与城乡公共体育服务一体化发展

普适性是指某一事物特别是观念、制度和规律等比较普遍地适用于同类对象或事物。协同学理论的特点之一在于它是一种具有横断科学性质的理论，它的研究对象——非线性系统，是存在于其他各门类学科中的，不论自然现象、社会现象、体育现象或别的现象，只要是以非线性系统存在，就可以作为协同学理论的研究对象。生态科学中的共生理论也具有同样的特点，目前广泛应用于社会学、教育学、经济学、管理学等学科领域中。这些具有普适性的学科理论确实携带着更能为不同的文化传统所接受的普适信息，有利于促使世界上经历了不同发展路径的科学与文明相互尊重和相互沟通，公共体育服务也不例外。这一节仅选取了协同学理论、共生理论两个理论，通过对两个理论在公共体育服务一体化方面进行关照研究，得出一定的立足于这些理论的有益启示。当然，前面已知，这些理论的关照是带有普适性的，即任何学科都可以拿来应用，具体来说任何公共服务，无论是公共体育服务还是公共文化服务，抑或公共卫生服务都是可以拿来应用的。所以，得出的有益启示只是研究的一个阶段或者说是一个层次，更综合、更深入、更具体的研究还应该结合具体学科、具体实际得出，否则，也仅是"昙花一现"，虽然开过，但是不能欣赏，解决不了实际问题，但是这种先进行普适性的探讨、后进行具体的实际探讨是值得尝试的。

协同学创始人哈肯认为，协同是系统中诸多子系统相互协调的、合作的或同步的联合作用，是系统整体性、相关性的内在表现。系统从无序到有序的跃迁，

正是系统内部各组成之间由无协同向高度协同的转变所致。20世纪70年代，美国战略管理学家伊戈尔·安索夫首次将协同的理念引入企业管理领域，协同理念就成为企业采取多元化战略的理论基础和重要依据。渐渐地，这一理念又被运用到社会各行各业中，发挥着重要的作用。企业中协同理念的精髓是指通过诸多子系统的相互协作，可以使企业整体的价值大于各子系统价值的简单总和，也就是说两者融合以后能够发挥出比单个个体更大的效应，可以简单地描述为$1+1>2$。

协同理念为推进公共体育服务城乡一体化提供了新的思路，并为构建城乡一体化公共体育服务体系提供了有效的理论工具。运用协同学理论进行研究，还要看研究对象与该理论是否具有契合性。现实表明，城市和农村实行两种不同的管理制度，对于体育也是这样。城市公共体育服务系统与农村体育服务系统是现实存在的，两个系统的发展呈现出极不平衡的状况，特别是在体育场馆设施建设、体育经费投入等方面存在较大的差距。这种不同子系统非平衡态的发展格局是运用协同原理进行分析的前提条件。哈肯认为，竞争与协同的双重作用将导致系统发展的主导模式——序参量的出现，在协同与竞争的相互作用下，系统运动中的某些模式得到加强。对照我国公共体育服务系统，由于城乡公共服务的差距性不断演化，社会体育需求在公共体育服务不到位、体育公共产品短缺等问题存在的情况下得不到满足，这种矛盾一度阻碍着我国体育事业的良性发展。在正确把握当前的形势下，党的十八大提出要加快行政职能的改革，建立起城乡一体化下的公共服务体系，将我国从管制型政府转变成服务型政府。由此可以看出，我国公共体育服务系统发展的主导模式——序参量已经出现，并逐步壮大，城市与农村的协同效应将不断得到加强，有利于农村公共体育服务系统的局面将会打开。综上所述，公共体育服务城乡一体化发展与协同效应有一定的切合性。

(一)平衡公共体育服务城乡发展：加大农村公共体育服务的投入力度

哈肯认为，系统内部诸要素或系统之间的竞争是永存的，竞争有良性竞争与恶性竞争之分，良性竞争促使系统不断演化前行，而恶性竞争阻碍系统有序演化。长期以来，城市与农村系统存在恶性竞争，结果是体育资源、体育经费等"一厢情愿"地流向城市，农村则很少受到"眷顾"。与农村相比，城市公共体育服务系统的发展明显比农村迅速，而且公共体育服务更加全面和完善。因此，在继续坚持"农民体育健身工程""雪炭工程"等援助项目的前提下，应加大对农村公共体育服务的支持力度，在场馆设施、体育经费、体育指导、体育宣传等方面对农村公共体育服务给予倾斜，建设覆盖面广、简易耐用、就近方便的公益性体育健身场地设施和活动站点，从而促使城市与农村系统形成良性竞争。此外，还要结合农村自身的特点，发挥其资源优势。加强对既具有民族地域特色又具有时代先进性的农村体育的挖掘和引导，传承发展民族传统体育文化，这样既适合农村经济相对落后的实际情况，又能丰富农民的文化生活，通过组织城乡运动会等活动，利用城市的辐射力带动农村公共体育服务的共同、全面发展。在两者的协同作用下，可以推动城乡公共体育服务一体化的不断发展和完善。

(二)加快政府职能改革：注重构建城乡协同的公共体育服务系统

支配原理是协同学的重要原理，支配原理的巨大威力在于把数学上难以求解甚至无法求解的一组非线性方程简化为少数几个甚至一个序参量方程。而这一个简化手续远不只是数学上的过程，更大程度上是物理图像上的明朗化，因为找出了"带头"(处于支配地位)的变量或模式。在公共体育服务城乡一体化的发展过程中，体育管理体制起着重要的支配作用，它是形成序参量的前提与基础。遵循协同学的支配原理，首先应构建城乡协同的公共体育服务管理体制。按照城乡统筹的要求，改革和调整城乡公共体育服务管理体制，无论是省(市)体育局还是县(区)体育局，都要实行对区域内城乡公共体育服务的统一管理，改革过去某一级政府的体育管理部门只负责管理城市或只负责管理农村的体制上的分割机制。由于我国体育管理行政部门只设置到县，乡镇文体站、村一级干部公共体育服务职能还处于薄弱环节，所以要明确乡镇文体站、村干部的公共体育服务的责任，加强对农村的体育健身宣传，建立和完善农村的各类体育组织，切实提高基层体育组织的咨询、指导能力。此外，还要建立城乡一体化的公共体育服务绩效评价与监测体系，使实现基本公共服务的供给情况成为政府绩效评价的重要内容，强化对各级政府官员的激励机制，使公共体育服务的供给可问责。

(三)加强思想意识教育：注重提高农民和市民对城乡协同的公共体育服务系统的认识

协同学中的序参量既是各子系统竞争与协同的产物，又支配和役使各子系统相互作用，主宰着系统的整体演化。人们的意识是公共体育服务城乡一体化发展的序参量，是掌控竞争与协同这种动力机制的舵手。因此，探寻公共体育服务城乡一体化的发展，不能只见物不见人，不仅要从物质方面排查，还应当拓宽视野，对人们的思想、观念传统进行考察，这样才能得到更为深刻的答案，从源头上发现问题。如果人们对公共体育服务的认识不够，就会造成很多误解。因此，需要分别对城乡公民进行思想意识教育，让他们理解什么是城乡协同的公共体育服务、政府在城乡协同的公共体育服务体系中的职能以及它们可以参与体育公共问题的解决等。对于农民，要鼓励其积极参与公共体育活动，通过他们的亲身参与进而提出更好的、更完善的公共体育服务体系，推动公共体育服务业的不断发展。在此基础上，他们还可以通过自组织的模式以志愿者的身份提供一部分公共体育服务。对于市民，通过思想意识教育使他们了解城乡协同的公共体育服务体系需要城市的支持与扶持，并鼓励有为青年到基层去工作，加强农村的经济建设，从而更好地推动城乡公共体育服务一体化发展。

(四)健全法律法规体系：注重规范城乡协同的公共体育服务系统运行的宏观环境

任何一个开放系统，要维持一定的稳定性，实现其自身目标，都离不开反馈调节。从协同学角度出发,城乡一体化发展目标的实现离不开对公共体育服务系统的调控。从宏观层次分析,法律法规对城乡公共体育服务系统起着调节和控制作用,城乡协同的公共体育服务系统需要法律法规对其进行约束,否则这种期望很难实现。结合我国城乡公共体育服务发展的现实情况,建议应该从以下几个方面寻找突破口,建立健全城乡协同的公共体育服务体系的法律法规。首先,尽快健全《中华人民共和国体育法》《全民健身条例》的相关配套立法,不同省份、不同区域要结合自身的特点制定法律、法规、条例;其次,将各级政府的基本公共体育服务职责法制化,特别是出台针对乡镇、村一级干部的相关条例;再次,尝试将体育公共财政法制化,从法律上保障体育经费城乡投入的公平、公正化;最后,还要以法律法规的形式保障农民、残疾人、老年人等弱势群体公共体育服务的权利,真正做到以人为本。

第三节 河北省城乡公共体育服务一体化发展途径

一、逐步建立覆盖城乡的公共体育财政体制

公共财政通常是指政府按照社会公众的集体意愿提供市场机制无法有效提供的公共产品,以满足社会公共需要的经济活动或分配活动。公共体育财政是政府代表人民用于发展公共体育事业的公共资金,它具有公共性、非营利性和法制性的特征,并以实现公共体育服务均等化为最终目标。公共体育财政主要是通过不同的财政收支政策,特别是公共体育财政支出政策来促进其目标的实现。当前,我国公共体育财政存在投入不足、投入"错位"、投入"缺位"等问题。

据统计,我国的体育经费占财政支出的4.5%左右,占国内生产总值(GDP)的0.045%左右,而西方国家政府仅大众体育的投入就一般占国内生产总值的0.20%~0.61%。我国大众体育与竞技体育经费投入比例失调,国家投入竞技体育的经费相当于人均100元,而投入群众体育的相当于人均1元。日本政府1985年对竞技体育的投入约15亿日元,而在增进国民体力上共投入了1 740亿日元。2015年河北省体育彩票公益金支出中用于奥运争光计划的金额高于全民健身计划的金额。河北省体育资金用于农村体育建设的资金明显低于城市体育资金。公共体育财政投入的诸多问题严重影响了城乡公共体育服务的整体协调及可持续发展。

体育财政均等化是城乡公共体育服务一体化发展的重要前提,促进河北省城乡公共体育服务一体化发展首先应从体育财政投入抓起。

第一,河北省各级政府都要充分认识到公共体育服务在社会经济发展中的重要作用,不断增加对公共体育服务的投入,加大体育财政在各级财政的所占比例;要求政府调整体育财政支出结构,提高大众体育财政投入在体育财政支出结构中

的比重，着力改变现有的过分重视竞技体育的发展策略；要求政府之间通过均等化财政转移支付均衡不同区域、不同层级政府之间的财政能力，保障公共体育服务均等化事权与财权的统一，促使区域之间公众享有大体相同的公共体育资源和服务，特别是加大对乡镇、行政村、自然村、社区村等农村区域体育财政的投入力度。现阶段是公共体育财政体制从城乡差别管理到城乡一体化的过渡阶段，应实行"向农村倾斜"的体育财政分配政策，特别是向农村公共体育产品供给方面倾斜，这是缩小城乡差距、实现公共体育财政目标的理性选择。

第二，建立公共体育服务资金来源渠道的多元机制。通过税费减免、财政转移支付等多种形式，鼓励和引导民间组织广泛参与公共体育服务。在公共体育服务建设中可以通过引入"民办公助"和"公办民营"等多种实现模式，从而在一定程度上解决投入责任主体不明、效率不高的问题。一些具有现场存在、即时消费特点的体育文化活动和文化服务，均可借助政府购买的渠道逐步纳入"民办公助""公办民营"等公共经费的支持范围，通过扶持民间体育文化市场主体，形成国家主导下的综合型服务体系，满足公众体育多层次的文化需求。

第三，从建设节约型政府的角度考虑，应减少公共体育财政的纵向层次，特别是省以下政府体育财政层级，以降低体育财政能耗，将更多的公共体育财政应用于关系到群众切身利益的公共体育事业中去。

二、建立城乡统一的体育行政管理体制

改革开放以来，我国进行了六次行政管理体制改革，作为经济转轨国家的政府为社会提供的最重要的公共产品就是"良好的制度"。党的十六大报告强调要"进一步转变政府职能，改进管理方式"。政府行政管理体制创新是对政府职能、行政体制、管理方式及政府团队建设的一种创新，是提高政府执政能力的条件，是实现城乡一体化发展的重要前提。建立城乡统一的行政管理体制也是政府行政管理体制创新的一个重要方面，具体包括转变政府职能、改革政府管理机制、完善公务员制度等。

政府是指按照民众意志，通过法律程序选举产生的承担公共管理和公共服务责任的组织。我国体育政府的管理模式是从国家体育总局到各省（自治区、直辖市）、地（市）、县各级体育局自上而下的一条线模式。具有公共体育服务职能的主要是各级体育局中的群众体育工作部门，如国家体育总局的群体司、河北省体育局的群体处以及各市、各县的群体科等。不难发现，我国体育行政部门的人员编制只到县级，没有延伸到乡镇。基层乡镇是以文体站的设置进行体育的管理，文体站又多以行政职员任职，本身他们就分工不明、职能不清，即使有体育专业人员，其比例也较低。由于文体站工作人员没有编制，职能不清，平常又只注重上级的检查以及特殊事件和节假日的演出，所以公共体育服务职能很难在乡镇一级政府中体现出来。同时，我国体育各级政府也存在服务理念差、服务监督不到位、

服务测评不科学、权力意识浓、责任意识弱等问题。面对以上种种不足,要构建城乡公共体育服务一体化发展的格局,必须进一步转变政府的体育服务职能,改革政府体育管理体制,完善公务员制度。

(一)转变政府的体育服务职能

转变政府的公共体育服务职能,就是要按照城乡体育统筹发展的要求,全面实现从"全能政府"向"有限政府"转变,从"管制政府"向"服务政府"转变,从"权力政府"向"责任政府"转变,全面推进依法行政,建设服务型政府。从河北省地方政府的层级结构看,要改变地方政府的公共体育服务职能,首先要适当地减少地方体育政府的层级,因为地方政府层级多,不利于河北省体育局调控职能的行使,增加了体育财政支出。具体来看,应减少河北省地区市体育局的编制设置,形成体育行政"省管县"的新型管理体制,相对增加县级体育局的公共服务职能编制设置。其次,河北省体育局、各地体育局应进一步发挥在推进城乡公共体育服务一体化上的职能作用,重视政策调控职能,研究促进城乡体育共服务一体化发展的财政、税收政策、行政规章等,制定相应的推进公共体育服务一体化发展的政策制度;强化协调职能,特别是要加强群众体育与竞技体育发展的协调职能、城市与农村公共体育服务发展的协调职能,改变部门壁垒的管理体制,逐步走向公共体育服务管理的城乡一体化;完善检查监督服务职能,引入多元化的评估机制,坚持透明性、公开性的原则,以公民为中心、以满意为尺度,建立多元化的绩效评估体系,推动河北省城乡公共体育服务一体化发展。

(二)改革体育行政管理体制,建立公众和社会的参与机制

发达国家的公共体育服务均等化是在公民社会的基础上发展起来的,在"平等"的核心价值观下,其特殊群体的体育权利受到足够的重视。由于我国人口众多,社会转型期体育利益结构复杂,一些特殊群体,特别是农民、农民工以及其他弱势群体等的体育权利没有受到足够的重视。因此,当前有必要尽快制定政府体育信息公开一系列制度,实现政府公共体育服务信息公开,开展多层次、多方位的告知服务,进一步完善公共体育服务决策的公示制度、听证制度,保障行政决策的科学化、民主化。鼓励非营利性体育组织和社会公众积极参与公共体育服务的发展,构建"和谐互动的政府与社会的合作伙伴关系",利用体育社团、体育协会等加强对弱势群体体育权利意识、体育技能、体育知识的培训,使他们有能力、有意愿追求自己应当享有的公共体育服务权利,在全社会范围内推进公共体育服务均等化发展。同时,可以利用市场的力量矫正政府的角色,市场取向强调竞争,竞争导向就是政府应在公共体育服务领域引进竞争机制,以改变对公共体育服务的垄断做法,实现社会体育资源的高效配置,从而形成与市场体制相辅相成的服务型政府模式。信息化政府与传统政府的公共体育服务模式相比,它为民众获取方便、快捷、个性化以及界面友好的政府服务提供了更广阔的准入空间,

为政府行为规范化提供有效制约机制,将人为的不公正、不公平现象降低到最低限度。因此应加快公共体育服务的信息化建设,优化政府与社会群体之间的"界面",降低政府与群众的互动成本,全面提升政府公共体育服务的现代化品质。

(三)打造服务型公务员队伍

公务员队伍是党政工作人员的主体,是政府职能的具体执行者,公务员队伍的整体素质和能力直接决定政府的行政绩效。城乡公共体育服务最主要的提供者是地方政府部门,而体育政府部门中的公务员则是向社会群体提供公共服务的主力军。因此,必须提高体育政府公务员的工作能力,打造服务型公务员队伍。自1993年《国家公务员暂行条例》颁布施行以来,各级人事部门重点围绕公务员管理的"进""管""出"三个环节,做了大量工作。2005年4月27日,《中华人民共和国公务员法》在十届全国人大常委会第十五次会议上顺利通过。2008年7月22日,国家公务员局组建完成,又将我国的公务员管理工作带入一个新的发展阶段。然而也不难发现,在体育行政部门,部分公务员在平时面对社会群体的工作中,依然存在工作态度差、工作责任感差的问题,依然崇尚权力政府、藐视服务型政府。因此,在国家相关公务员法律法规的规定下,还应完善公务员管理机制,增强公务员行政意识,提高其职业道德,提升其岗位能力。提高公务员的行政能力,是建立廉洁、勤政、务实、高效政府的迫切需要。同时,与全国大多省份相同,河北省以县级市为中心的小城镇体育部门依然存在缺乏公务员编制的状况,如调查发现,有些体育局的群体科公务员编制非常少,很难对乡镇、街道乃至农村公共体育服务进行组织、管理与服务,由于缺少人手,一定程度上遏制了农村公共体育服务的发展。小城镇作为我国城镇化的重要途径,在20世纪90年代后期,在农村地区经济发展中发挥了巨大作用,其重要性越来越被充分地认识。同样,加强小城镇公共体育服务发展的战略步骤,是实现城乡公共体育服务一体化发展的必经之路。所以,当前河北省应增加县级政府体育局群体部门的公务员编制,或者将地区市级群体部门公务员编制压缩至县级市,从而直接面对乡镇、街道,接触最基层的社会群体,听取他们的建言,进一步推进城乡公共体育服务的一体化发展。

三、进一步完善城乡一体化的公共体育资源的布局

公共体育资源的布局,如体育场地设施、社会体育指导员、公共体育活动等是城市与农村公共体育服务一体化发展的重要基础。下面以体育场地设施为例来阐述公共体育资源的布局问题。

以前,政府大多在城市集中建设体育场馆设施,而在农村或者偏远山区则很少建设。由于行政隶属的原因,体育场地规划存在条块分割现象,大部分场地独立性和封闭性较强。随着经济社会的发展,以及国家对体育事业的日益重视,体

育场馆设施越来越向农村等偏远地区倾斜。如 2011 年河北省体育局印发《关于推进体育基本现代化试点工作的指导意见》的通知中提到,"全面完成市级体育中心和全民健身中心建设,县级体育设施新'四个一工程'和乡镇社区体育活动中心实现全覆盖,人均场地面积接近或达到发达国家水平,并有一批具有当地特色、群众喜欢的体育场地设施。公共体育场馆设施设备较为先进、项目较为齐全、功能较为完善,新建公共体育设施达到国际标准、具备承办国际高水平赛事的能力,并向社会开放。引入国际先进理念管理开发利用体育场馆,实行联网运行和管理,满足人民群众多样化的体育消费需求。推动学校、机关、企事业单位的体育场地社会共享,并建立一套行之有效的科学管理制度"。

目前,河北省各地均在热火朝天地兴建体育场地设施,而体育场地设施不是简单的建设,需要考虑许多影响因素,遵循一定的原则,才能最大限度地发挥体育场地设施的功能,满足城市与农村的健身群体的体育需求。因此,兴建体育场馆设施需要科学的前期调查研究和相应的理论支撑,在可行性得到充分论证的基础上才能兴建。

第一,遵循公平原则布局公共体育场地设施。一般来讲,建设公共体育场地设施的资金大多来自政府的公共财政投资。如果是公共财政,要先考虑公平原则,即城市与农村应公平地享有获得体育健身的机会,公平地享受政府通过体育场地设施提供的公共体育服务,从而按照一定的布局规划,合理建设城市与农村体育场地设施。在遵循公平原则的基础上,还应兼顾市场原则,使体育设施在开放的同时能够获取一定的经济收益,减少对地方财政的依赖,不至于因进行体育场馆设施建设而加重地方政府的财政负担。

第二,遵循交通原则布局体育场地设施。马志和等学者认为,很长一段时间以来,我国城市交通主要借助公共交通系统来完善,这使我国的体育设施空间布局受到很多限制。在今后一段时间内,随着城市经济的增长,公共交通系统将会更加发达,并且会有更多的私家车,体育设施的服务半径会大大增加,这就为体育设施的选址提供了更大的选择余地。因此,布局体育设施时应具有战略眼光,充分考虑交通原则。在城市里建设公共体育场地设施,应选择靠近居民居住地的地域,并形成向四周辐射的格局;在农村地区建设公共体育场地,也应考虑交通原则,选择交通比较便利的地方建设,如乡镇广场、农村村委会广场等。

第三,遵循与地方规划布局相协调原则。目前,按照国家新农村建设的战略部署,河北省也在全力推动新农村建设。要达到中央关于新农村建设"生产发展、生活宽裕、乡风文明、村容整洁、管理民主"的目标与要求,需要对新农村建设进行整体规划与布局,所以体育行政部门应与规划部门、建设部门等协调商议,在新农村建设规划的同时布局体育场馆设施,避免由于两者建设的不同步带来的先建后拆、边建边拆的诸多问题。在农村建设公共体育场地还应结合农村的地域特色建设,如冀东地区、冀西地区应建设游泳池,平原地区应建设篮球场,民族传统体育文化氛围浓厚的地区应结合民传项目建设等,不能搞"一刀切",不进行不具有实际应用价值的形象工程建设。有学者认为当前一些地方政府缺乏对农村基层的调查,没有形成有针对性的工作方法和工作步骤,简单地将新农村建设理解为搞工程建设,盲目地搞运动。著名旅游规划策划机构——北京绿维规划设计院有关专家认为,城乡有别,因地制宜,有特色者生存。我国城市规划历来得到政府、学界与业界的高度关注,也取得了不少成就,那是不是就可以将城市规划的经验照搬到农村规划建设中来呢？农村规划有着不同于城市规划的特点,只有因地制宜,突出特色,才能使农村规划得到科学的发展。

四、强化城乡公共体育服务一体化政策制定与执行

改革开放以来,党中央、国务院先后发出了多个具有重要战略意义、关系体育事业发展的方针政策。如1984年,党中央在总结中华人民共和国成立以来特别是改革开放后我国体育工作基本经验的基础上,发出了《关于进一步发展体育运动的通知》(中发〔1984〕20号),提出了加快我国体育事业发展的指导思想、主要任务和工作措施。30多年来,各级党委、政府和体育系统在该通知精神的指导下,大力开展全民健身活动,推行"奥运争光计划",群众体育蓬勃开展,人民体质普遍增强;竞技体育全面登上世界体育舞台,在国际赛场上屡创佳绩。我国的体育事业取得了举世瞩目的成就,对促进经济发展和社会进步起到了重要作用。

1995年6月,国务院颁布《全民健身计划纲要》；同年8月,全国人大常委会通过《中华人民共和国体育法》。此后又有一系列的法规和规章相继出台,群众体育和全民健身运动得以沿着健康的轨迹发展。"全民健身计划"旨在全面提高国民体质和健康水平,以青少年和儿童为重点,倡导全民做到每天参加一次以上的体育健身活动,学会两种以上健身方法,每年进行一次体质测定等。可以说,《全民健身计划纲要》的颁布对发展我国群众体育起到了至关重要的引导与督促作用,宣告了我国重视与推进全民健身服务体系时代的开端。

2002年7月22日,《中共中央国务院关于进一步加强和改进新时期体育工作的意见》(中发〔2002〕8号)发出了大力推进全民健身计划、构建多元化体育服务体系的号召。这是党中央国务院第一次在正式文件中提到体育服务体系,意见指出,要继续实施《全民健身计划纲要》。开展全民健身活动,增强人民体质,是体育工作的根本任务,是利国利民、功在当代、利在千秋的事业。体育工作一定要把提高全民族的身体素质摆在突出位置。努力构建群众性的多元化体育服务体系,要逐步改善群众性体育运动条件,为广大人民群众提供必要的体育设施和体育服务；根据不同区域、不同人群的不同需求,坚持体育服务的多元化,满足各方面的体育健身需要,保障广大人民群众享有基本的体育服务；注重区域体育、城乡体育共同发展,加大对中西部地区和农村体育事业发展的支持力度,构建群众性体育服务体系,着重抓好、建设好群众健身场地,健全群众体育活动组

织，举办经常性群众体育活动三个环节；构建群众性体育服务体系，要抓住学校、乡镇、社区、连队四个重点，构建群众性体育服务体系，要坚持政府支持与社会兴办相结合。

2009年8月19日，国务院第77次常务会议通过《全民健身条例》，自2009年10月1日起施行。该条例第二条明确规定，县级以上地方人民政府应当将全民健身事业纳入本级国民经济和社会发展规划，有计划地建设公共体育设施，加大对农村地区和城市社区等基层公共体育设施建设的投入，促进全民健身事业均衡协调发展。《全民健身条例》具有以下几个特点：一是在组织方面，坚持政府统一领导、部门各负其责、社会共同支持、全民积极参与，组织公众从日常工作中抽出部分时间投身全民健身运动；二是在管理方面，要求政府加大对农村地区和城市社区等基层公共体育设施建设的投入，明确管理责任，扩大现有公共体育设施的开放范围，促进全民健身事业均衡、协调发展；三是在安全方面，加强对高危险性体育项目经营活动的监管，加强社会体育指导人员队伍建设，确保公众参加健身活动的安全。《全民健身条例》的出台，对于动员广大人民群众积极开展各种健身活动，保障公民个人的健身权利，发挥了十分重要的作用，是21世纪以来我国群众体育事业进入快速发展的催化剂。

在国家这些政策方针的指引下，国家体育总局先后推出了"全民健身工程""农民体育健身工程""雪炭工程"等公益性的、规模较大的活动。"全民健身工程"由国家体育总局统一组织，将各级体育行政部门的体育彩票公益金作为启动资金，捐赠给城市社区和农村乡镇的受赠单位，由受赠单位兴建旨在开展全民健身活动的公益性体育场地设施。"农民体育健身工程"是国家体育总局为配合社会主义新农村的建设在全国范围内启动的，该工程以行政村为主要实施对象，以经济实用的小型公共体育健身场地设施建设为重点，同时推动农村体育组织和体育活动点的建设，广泛开展农村体育活动，构建农村体育服务体系。"雪炭工程"提出，"要继续实施援建全民健身设施的'雪炭工程'，积极扶持中西部地区和少数民族地区发展体育事业"，在国家体育总局"体育彩票公益金使用管理联席会议"的统一领导、协调、监督下进行，由群体司具体负责组织实施。"雪炭工程"援助的对象主要是革命老区、边疆少数民族地区、贫困地区、资源枯竭和下岗职工较多的地区、受灾受损严重的地区。

按照党中央、国家体育总局的方针政策，河北省也先后颁布和出台了一系列政策制度以及相关工程，在一定程度上推动了全省全民健身服务体系的大发展，人们进行体育健身的积极性不断提高，体育人口数量不断上升。

但是也应该看到，目前河北省人均体育场地、人均体育消费和经常参加体育活动的人数，与我国一些省市相比，仍有一定的差距；河北省总体的公共体育服务水平与世界发达或较发达国家相比，仍处在较低水平；河北省地区之间、城乡之间公共体育服务发展程度差距较大，实现城市与农村公共体育服务一体化还有一定的差距。因此，河北省还应全面客观地分析当前的体育发展形势，研究制定、改革相应的政策制度，加快城乡公共体育服务的发展，形成城乡公共体育服务一体化发展的新格局，促进河北省全民健身服务事业的大发展。

第一，继续制定与改革有利于农村公共体育服务发展的政策制度。无论是国家制定的还是河北省制定的相应政策制度，还不能有效促进农村公共体育服务的发展，因此，河北省还应结合实际，研究并出台促进农村公共体育服务发展的相关方针政策。

第二，为城乡公共体育服务一体化发展立法。国内关于基本公共服务均等化的一项研究认为，我国基本公共服务供给不足且非均衡的一个重要原因是缺乏可靠稳定的制度保障。为此，应该加快基本公共服务均等化的法治体系建设，并提出制定《基本公共服务均等化法》的立法建议。河北省可以借鉴这一做法，研究并制定《城乡体育公共服务一体化发展条例》，从而确立城市与农村公共体育服务一体化发展的法律地位，规定相应的城乡公共体育服务一体化发展的资金投入、组织结构、场地设施、体育活动、体育指导、体质监测、文化宣传等相关条款。

第三，建立城乡公共体育服务一体化发展的评估、激励制度以及惩罚制度。课题组调查发现，目前河北省各级体育政府均没有相应的城乡公共体育服务一体化发展的评估指标体系，因而政府不能有效地评价地方城乡公共体育服务一体化发展的状况，进而做出奖励与惩罚。课题组尝试构建的城乡公共体育服务一体化发展的评估指标体系只是一个基本的参照体系，由于河北省地域差异较大，城市与农村还是有一定的差别，各地还应该结合自身条件制定符合自身的评估指标体系，同时由于河北省城乡公共体育服务一体化发展的阶段不同，所以还要制定不同阶段的评估指标体系，这样所制定的评估指标体系才合理、科学。在评估指标体系完善的同时，还需要进一步落实奖励与惩罚制度，建立相应的责任追究机制，对在一定时期内完成任务的单位和个人进行奖励与激励，反之，则应追究其责任，并责成承担相应的责任。

参考文献

[1] 鲍恩荣. 大众体育指南[M]. 北京：中国工人出版社，2000.
[2] 崔占峰. 统筹城乡发展三题：农民工、新型农民与发展现代农业[J]. 经济问题探索，2007(10)：30-33.
[3] 陈雯."城乡一体化"内涵的讨论[J]. 现代经济探讨，2003(5)：16-18.
[4] 蔡有志，张一民，李文慧.《全民健身条例》颁布的战略意义[J]. 北京体育大学学报，2009，32(9)：12-18.
[5] 曹可强，徐箐，俞琳. 完善上海市体育公共服务体系的若干对策建议[J]. 体育科研，2008(2)：32-36.
[6] 曹德明. 文化视角下的欧盟研究[M]. 上海：上海外语教育出版社，2009.
[7] 陈振明. 政策科学：公共政策分析导论[M]. 北京：中国人民大学出版社，2003.
[8] 褚宏启. 教育制度改革与城乡教育一体化——打破城乡教育二元结构的制度瓶颈[J]. 教育研究，2010(11)：3-11.
[9] 冯健. 对我国农村体育现状与发展对策的分析研究[J]. 山东体育学院学报，2008(2)：28-31.
[10] 冯国有. 体育公共服务均等化及其财政政策选择[J]. 上海体育学院学报，2007(6)：26-31.
[11] 樊炳有. 体育公共服务的理论框架及系统结构[J]. 体育学刊，2009(6)：14-19.
[12] 傅毓维，胡萍. 中国竞技体育资源优化配置的动力因素与运行机制分析[J]. 学术交流，2009(2)：183-186.
[13] 傅广宛. 非线性视角中的公共政策执行过程[J]. 中国行政管理，2003(5)：33-36.
[14] 郭厚禄. 我国基本公共服务均等化研究[D]. 北京：中共中央党校，2009.
[15] 郭惠平，唐宏贵，李喜杰，等. 对我国公共体育服务社会化改革的再思考[J]. 武汉体育学院学报，2007，41(11)：1-6.
[16] 高善春. 论城乡文化一体化的内涵与实现途径[J]. 重庆科技学院学报(社会科学版)，2010(21)：40-41.
[17] 国家体育总局. 第五次全国体育场地普查数据公报，2005-02-18.

[18] 国家发展改革委经济体制综合改革司调研组. 以农村社区化为切入点推进城乡一体化发展——山东省诸城市统筹城乡改革实践的调查[J]. 中国经贸导刊, 2010(23): 15-17.

[19] 顾基发, 王浣尘, 唐锡晋. 综合集成方法体系与系统学研究[M]. 北京: 科学出版社, 2007.

[20] 顾益康, 许勇军. 城乡一体化评估指标体系研究[J]. 浙江社会科学, 2004(6): 95-99.

[21] 郝树源. 论体质与健康[J]. 体育学刊, 2002, 9(2): 124-127.

[22] 胡庆山, 王健. 新农村建设中发展"新农村体育"的必要性、制约因素及对策[J]. 体育科学, 2006, 26(10): 21-26.

[23] 胡金林. 我国城乡一体化发展的动力机制研究[J]. 农村经济, 2009(12): 30-33.

[24] 黄坤明. 城乡一体化路径演进研究: 民本自发与政府自觉[M]. 北京: 科学出版社, 2009.

[25] 韩铁稳. 普通逻辑[M]. 北京: 北京师范大学出版社, 1989.

[26] 蒋雪梅. 我国城乡基本公共服务非均等化问题及对策研究[J]. 内江师范学院学报, 2009(11): 42-45.

[27] 江亮. 我国群众体育有关资源的现状分析及对策[J]. 解放军体育学院学报, 2004(3): 39-42.

[28] 靳永翥. 公共服务及相关概念辨析[J]. 中共贵州省委党校学报, 2007(1): 62-64.

[29] 王才兴. 上海市体育公共服务的实践与探索体育科研[J]. 体育科研, 2008(2): 20-26.

[30] 龙叶, 白庆珉. 图书馆知识联盟的共生理论研究[J]. 情报科学, 2008(1): 18-23.

[31] 李军鹏. 公共服务型政府[M]. 北京: 北京大学出版社, 2004.

[32] 李鹏. 新公共管理及其应用[M]. 北京: 社会科学文献出版社, 2004.

[33] 李艳. 农村公共体育服务存在的问题与思考[J]. 成都体育学院学报, 2008(10): 30-32.

[34] 李浩然. 城乡一体化与农村体育发展[J]. 体育文化导刊, 2010(10): 31-33.

[35] 李羿琼. 城乡一体化视角下的中心村建设及其发展路径[J]. 福建行政学院学报, 2010(6): 57-61.

[36] 李强, 何江川. 体质研究有关概念辨析及健康促进应用讨论[J]. 河北体育学院学报, 2010(2): 76-79.

[37] 李萍美, 许玲. 我国公共体育服务市场化分析及路径选择[J]. 西安体育学院学报, 2008(6): 17-22.

[38] 李洪波,刘红建,孙庆祝,等.价值与困境——体育公共服务城乡一体化发展刍议[J].南京体育学院学报(社会科学版),2010(2):61-65.

[39] 卢映川,万鹏飞.创新公共服务的组织与管理[M].北京:人民出版社,2007.

[40] 罗珉.组织管理学[M].成都:西南财经大学出版社,2003.

[41] 刘红建,成卫民,张海道.NBA自组织特性分析及对我国的启示[J].首都体育学院学报,2009(3):378-381.

[42] 刘庆山.我国体育公共服务体系研究述评[J].上海体育学院学报,2008(3):24-26.

[43] 刘以安.县域经济发展路径与动力机制[M].南京:南京出版社,2005.

[44] 卢元镇.中国体育文化纵横谈[M].北京:北京体育大学出版社,2005.

[45] 马宣建.论中国群众体育政策[J].成都体育学院学报,2005(6):1-7.

[46] 苗东升.系统科学精要[M].北京:中国人民大学出版社,2006.

[47] [美]罗伯特·B.登哈特,珍妮特·V.登哈特.新公共服务[M].北京:中国人民大学出版社,2004.

[48] 裴立新,肖剑.从社会学视角看我国农民工体育问题[J].体育文化导刊,2007(2):6-9.

[49] 曲亮,郝云宏.基于共生理论的城乡统筹机理研究[J].农业现代化研究,2004(5):371-374.

[50] 任平,周介铭,张果.成都市区域城乡一体化进程评价研究[J].四川师范大学学报(自然科学版),2006(6):747-751.

[51] 宋杰,董杰.城乡群众体育协调发展理论探讨及对策分析[J].体育与科学,2009(2):48-52.

[52] 孙友祥,柯文昌.城乡基本公共服务均等化:价值、困境与路径[J].中国行政管理,2009(7):45-47.

[53] 孙庆祝,李国.奥运会系统自组织演进发展环境和条件因素的分析[J].体育与科学,2008(1):3-7+18.

[54] 孙冰.企业自主创新动力机制及启示[J].科技管理研究,2007(10):11-13.

[55] 孙庆祝.体育测量与评价[M].北京:高等教育出版社,2006.

[56] 田雨普,杨晓明,刘开运.我国城乡群众体育的统筹发展战略[J].体育学刊,2008(1):9-13.

[57] 田雨普,王欢,杨小明.和谐社会构建中城乡群众体育统筹发展的战略思考[J].中国体育科技,2009(6):91-96.

[58] 田雨普,王欢.文化当先的农民体育发展观[J].北京体育大学学报,2009(4):1-3.

[59] 王景波.加强体育行政部门体育公共服务职能研究[J].沈阳体育学院学报,

2009(1): 18-20.
[60] 王璋. 走向城乡一体化：未来城乡群众体育发展的战略思考[J]. 体育与科学, 2010(1): 52-55.
[61] 王洪跃, 张雄. 湖北省城乡一体化评价研究[J]. 现代农业科技, 2010(6): 397-398.
[62] 伍绍祖. 中华人民共和国体育史[M]. 北京: 中国书籍出版社, 1999.
[63] 吴明香. 协同视域下的城乡公共服务均等化[J]. 湖南医科大学学报(社会科学版), 2009(2): 40-42.
[64] 吴彤. 自组织方法论研究[M]. 北京: 清华大学出版社, 2001.
[65] 完世伟. 区域城乡一体化测度与评价研究——以河南省为例[D]. 天津: 天津大学, 2006.
[66] 夏成前, 田雨普. 新中国农村体育发展历程[J]. 体育科学, 2007(10): 32-39.
[67] 张静. 体育公共服务系统的耗散结构特征及动力机制[J]. 首都体育学院学报, 2010(4): 36-39.
[68] 赵锋. 广西城乡一体化评价指标体系的设计及实证研究[J]. 广西社会科学, 2010(1): 56-59.
[69] 郑志丹, 许月云. 农村体育公共产品供给中的政府公共服务职能[J]. 泉州师范学院学报, 2009(4): 104-109.